KB202880

유
마
경

내 인생의 롤 모델

유마경 維摩經

정운

불교시대사
1% 나눔의 기쁨

10여 년 전 일이다. 당시 박사학위를 받은 지도 몇 년 흘렀고, 강의
도 수년을 했던 터라 공부에 대한 새로운 모색이 필요했다. 새로운 모
색이란 경전 관련된 논문을 쓰는 일이었다. 마침 대학에서나 사찰 불
교대학에서 경전 강의를 꾸준히 하고 있던 터였다.

그냥 경전을 강의하는 것과 논문 작성에는 큰 차이가 있다. 논문은
정확한 전거와 논리 전개가 있어야 하고, 경전 간의 유사점과 차이점,
그리고 관련 사상을 연관시켜 논리정연하게 풀어야 한다. 또 우리나
라 경전은 한문 독송본이기 때문에 한문의 행간을 발견하는 일도 필
요하다. 솔직히 논문 작성은 쉬운 일이 아니다. 게다가 그 논문이 등재
학회지에 실릴 정도가 되려면 더 말할 것도 없다.

절집 밥을 먹기 시작한 뒤 강산이 여러 번 바뀌었다. 승려 학자로서
밥값을 내야 한다고 스스로에게 추궁했다. 이런 서원을 갖고 시작해
서 10년간 쓴 경전 관련 논문이 10여 편이 넘는다.『금강경』3편,『법화
경』3편,『유마경』3편,『능가경』1편,『화엄경』1편,『열반경』1편,「대

승불교 경전의 법공양(『금강경』·『유마경』·『법화경』) 고찰」 등이다. 또 출판사의 제의를 받아 경전 모음집도 3권 출간했다.

이렇게 함으로써 경전의 전체적인 프레임이 짜였고, 경전에 대한 안목이 조금이나마 열리었다. 『법화경』의 경우 필자 인생에 7~8회 강의를 했고 논문도 몇 편이다. 그런데 근자에 강의를 하면서 새로운 내용이 보였고 새로운 시각이 열렸다. 말 그대로 『법화경』의 참 의미를 맛본 것이다. 송나라 때 백운 수단白雲守端(1024~1072) 선사의 말씀을 늘 마음에 새긴다.

"나는 지난날 귀종사의 서당西堂에 은거하면서 경전과 역사 서적을 열심히 열람할 때에 수백 번도 더 읽었으며 책장이 떨어져 나갈 정도로 낡아 버렸다. 그러나 책을 펼 때마다 반드시 새로운 의미를 터득했다. 여기서 학문이 사람을 저버리지 않는다는 점을 터득했다."

『유마경』은 수년 전에 동국대 불교학술원 한문아카데미에서 1년을 강의했고, 두 번째는 삼선포교원 승가대학원에서 강의하였다. 물론 한글본으로 재가불자님 강의를 몇 차례 하였다.

『유마경』이 중국에서 역경된 이래 고대부터 근대까지 사대부들은 유마거사를 모델로 수행하였다. 그만큼『유마경』은 선경禪經으로, 유마거사는 선자禪者로 알려져 있다. 한편 선사들은 이『유마경』을 근거로 선 사상 정립에 활용했다. 필자의 전공이 선 사상인지라 늘 염두에 두는 경전이『유마경』이다. 이 경전은 재가불자가 설한 것으로 대승불교 사상을 표방하는 대표 경전이다(유마는 대승불교를 내포). 경전 구절구절마다 반야·공 사상을 표방하고, 공 사상의 실천적 측면을 나타내고 있다. 말 그대로 대승의 묘미를 전하면서 중생을 부처처럼 존중하라는 보살 사상이 담겨 있다.

이 책이 나오도록 도움 준 불교시대사 이규만거사님은 필자와 오랜 인연이다. 감사드린다. 필자가 공부하는 데 수십 년을 염려하며 후

원한 모친, 필자에게 오랫동안 공부하고 있는 경전 공부 팀, 10여 년이 넘도록 차 공양하는 관음정보살님에게 감사드린다. 이 세상의 모든 존재가 행복하기를 발원한다. 나무아미타불

2023년, 연꽃 만개한 여름
대승불전연구소 지겸 정운

제2부 정명淨名의 법문

제3부 불이법문

제4부 유마의 법문

제14 촉루품囑累品 _ 이 경을 널리 유포하라

해제

유
마
경

제1부

무구칭無垢稱의 법문

제1 불국품 佛國品

증생계 그대로가 보살의 불국토

1. 회상에 모인 보살들의 청정 덕행(本行)

이와 같이 내가 들었다. 부처님께서 바이샬리[1] 암라수원[2]에 계실 때, 비구 대중 8천 인과 함께하셨다. 보살은 3만 2천 명인데, 그들은 많은 이들에게 잘 알려진 이들이다. 대지혜와 본행(덕행)을 다 성취하였으니 제불의 위신력으로 건립된 바이다.

법성法城을 두호斗護하기 위해 정법을 수지하며, 사자후에 능해서 이름이 시방에 퍼져 있다. 보살들은 대중이 청하지 않아도 벗이 되어 편안케 해 주며, 3보를 이어 융성케 해서 능히 끊어지지 않게 한다. 마와 원수를 항복하고, 모든 외도를 제어하며, 다 이미 청정해서 번뇌[3]를 멀리 여의었다. 마음이 항상 무애해탈에 머물러 염念 · 정定 · 총지總持와 변재辯才가 끊어지지 않으며, 보시 · 지계 · 인욕 · 정진 · 선정 · 지혜 · 방편 · 력力을 모두 갖추었고, 무소득심의 경지에 이르렀다. (무생)법인을 일으키지 않고도 이미 능히 수순해서 법륜을 굴린다.

1　베살리Vesāli는 팔리어 표기이고, 바이샬리Vaiśāli는 산스크리트어 표기이다. 『유마경』이 대승경전이므로 '바이샬리'로 통칭한다.

2　암라수는 망고나무를 말한다. 암라수원은 망고나무가 우거진 정사이다. 유녀 암바팔리ambapāli가 공양 올린 사찰이다.

3　번뇌라고 해석했지만, 원문은 개전蓋纏이다. 개蓋는 일반적으로 5개五蓋(탐 · 진 · 의疑 · 혼침昏沈 · 도거掉擧)를 말한다. 5개는 4념처四念處 가운데 법념처法念處에서 제일 먼저 제거해야 하는 항목이며, 4선四禪 중 초선初禪도 이 5개를 제거한 뒤에 마음이 편안한 경지에 이른다. 전纏도 번뇌를 상징하는데, 3전(탐 · 진 · 치) · 8전 · 10전 등이 있다. 『구사론』에 전하는 10전은 무참無慚 · 무괴無愧 · 질투 · 인색 · 후회 · 수면 · 혼침 · 도거 · 분노 · 부복覆(죄를 은폐)이다.

如是我聞 一時 佛在毘耶離 菴羅樹園 與大比丘衆八千
人俱. 菩薩三萬二千 衆所知識 大智本行皆悉成就 諸佛
威神之所建立. 爲護法城 受持正法 能師子吼 名聞十方.
衆人不請 友而安之⁴紹隆三寶. 能使不絶 降伏魔怨 制諸
外道 悉已清淨 永離蓋纏. 心常安住 無礙解脫 念定總持
辯才不斷 布施 持戒 忍辱 精進 禪定 智慧 及方便力無不
具足 逮無所得. 不起法忍 已能隨順 轉不退輪.

법상法相을 잘 알아서 중생의 근기를 알며, 모든 대중의 으뜸이 되
어 두렵지 않고, 공덕지혜로 그 마음을 닦으며, 상호로 몸을 장엄해 그
얼굴이 제일인지라 세간의 꾸미는 것들을 버렸다. 명칭이 고원高遠하
여 수미산을 뛰어넘을 정도이며, 심신深信이 견고한 것이 마치 금강과
같다. 법보로 두루 비추고, 감로의 비를 내리며, 대중의 말 가운데서
미묘함이 제일이다. 연기緣起에 깊이 들어가 모든 사견을 끊으며, 유무
有無 양변에 남아 있는 습기習氣가 없고,⁵ 법을 연설함에 두려움이 없
는 것이 사자후와 같으며, 그 청한 바 설법이 마치 우레 소리 같고, 이
미 한계를 초월해 그 양을 초과하였다.

善解法相 知衆生根 蓋諸大衆 得無所畏 功德智慧 以修
其心 相好嚴身 色像第一 捨諸世間所有飾好. 名稱高遠

---

4   친구가 와서 청탁하지 않더라도 벗이 되어 그들을 편안하게 해 준다.

5   습기란 번뇌의 뿌리를 말한다. 유여의열반 단계를 지나 무여의열반 단계이다.

踰於須彌 深信堅固 猶若金剛. 法寶普照 而雨甘露 於衆
言音 微妙第一. 深入緣起 斷諸邪見 有無二邊 無復餘習
演法無畏 猶師子吼 其所講說 乃如雷震 無有量 已過量.

뭇 법보를 모으는 것이 바다의 선장과 같고, 제법의 심오한 뜻을 요
달해서 중생이 왕래하는 곳과 마음이 행하는 곳을 잘 알아서 무등등
한 부처의 자재한 지혜와 10력무외와 18불공법에 가까이 되었다.[6] 일
체 모든 악취문을 차단하되 5도에 태어나 그 몸을 나타내며, 대의왕이
되어 모든 병을 잘 치료하되 병에 응해 약을 주어서 복용토록 한다. 무
량한 공덕을 다 성취하고, 무량한 불토를 다 장엄·청정케 해서 보고
듣는 자가 다 이익을 얻고, 모든 하는 일들이 헛되지 아니하다. 이와
같은 공덕을 다 구족하였다.

集衆法寶 如海導師 了達諸法深妙之義 善知衆生往來所
趣及心所行 近無等等佛自在慧 十力 無畏 十八不共. 關
閉一切諸惡趣門 而生五道以現其身 爲大醫王 善療衆病
應病與藥 令得服行. 無量功德皆成就 無量佛土皆嚴淨
其見聞者 無不蒙益 諸有所作 亦不唐捐 如是一切功德
皆悉具足.

---

6   용어 해설(351쪽) 참조.

2. 회상에 모인 보살들

그 보살들의 이름은 다음과 같다. 등관보살·부등관보살·등부등관보살·정자재왕보살·법자재왕보살·법상보살·광상보살·광엄보살·대엄보살·보적보살·변적보살·보수보살·보인수보살·상거수보살·상하수보살·상참보살·희근보살·희왕보살·변음보살·허공장보살·집보거보살·보용보살·보견보살·제망보살·명망보살·무연관보살·혜적보살·보승보살·천왕보살·괴마보살·전덕보살·자재왕보살·공덕상엄보살·사자후보살·뇌음보살·산상격음보살·향상보살·백향상보살·상정진보살·불휴식보살·묘생보살·화엄보살·관세음보살·득대세보살·범망보살·보장보살·무승보살·엄토보살·금계보살·주계보살·미륵보살·문수사리법왕자보살이다. 이와 같은 보살이 3만 2천 명이다.

其名曰 等觀菩薩 不等觀菩薩 等不等觀菩薩 定自在王菩薩 法自在王菩薩 法相菩薩 光相菩薩 光嚴菩薩 大嚴菩薩 寶積菩薩 辯積菩薩 寶手菩薩 寶印手菩薩 常擧手菩薩 常下手菩薩 常慘菩薩 喜根菩薩 喜王菩薩 辯音菩薩 虛空藏菩薩 執寶炬菩薩 寶勇菩薩 寶見菩薩 帝網菩薩 明網菩薩 無緣觀菩薩 慧積菩薩 寶勝菩薩 天王菩薩 壞魔菩薩 電德菩薩 自在王菩薩 功德相嚴菩薩 師子吼菩薩 雷音菩薩 山相擊音菩薩 香象菩薩 白香象菩薩 常精進菩薩 不休息菩薩 妙生菩薩 華嚴菩薩 觀世音菩薩

得大勢菩薩 梵網菩薩 寶杖菩薩 無勝菩薩 嚴土菩薩 金
髻菩薩 珠髻菩薩 彌勒菩薩 文殊師利法王子菩薩 如是
等三萬二千人.

3. 이외 회상에 참가한 청중들

다시 1만의 범천왕 시기 등이 4천하[7]로부터 부처님 도량에 와서 법
을 들었다. 또 1만 2천 제석이 4천하로부터 와서 회중에 앉았다. 아울
러 대위력 제천·용신·야차·건달바·아수라·가루라·긴나라·마후
가라 등이 회중에 와서 앉았다. 모든 비구·비구니·우바새·우바이 등
이 함께 와서 회중에 앉았다.

그때에 부처님이 무량 백천 대중의 공경 위요함을 받아서 대중을
위해 법을 설하시니, 마치 수미산왕이 대해에 나타난 것과 같으며, 온
갖 보배로 꾸며진 사자좌에 앉으니 일체 모든 대중을 가려 버렸다.

復有萬梵天王尸棄等 從餘四天下 來詣佛所而聽法. 復
有萬二千天帝 亦從餘四天下 來在會坐. 幷餘大威力諸
天 龍神 夜叉 乾闥婆 阿脩羅 迦樓羅 緊那羅 摩睺羅伽等

---

7   욕계欲界 14유(4악도+4부주+6욕천) 가운데 4부주로, 동불바제·서구야니·북울단
월·남섬부주이다. 용어 해설 3계(330쪽) 참조.

悉來會坐. 諸比丘 比丘尼 優婆塞 優婆夷 俱來會坐. 彼時 佛與無量百千之衆 恭敬圍繞而爲說法. 譬如須彌山王顯于大海 安處衆寶師子之座 蔽於一切諸來大衆.

4. 보적거사가 회중에 참여해 공양 올리다

그때에 바이샬리 성에 한 장자가 있으니, 이름이 보적이다. 5백 장자의 아들과 더불어 7보로 된 일산을 가지고 부처님 도량에 이르러서는 머리를 숙여 부처님 발에 예를 올렸다. (5백 장자가) 각각 일산을 부처님께 공양 올리니, 부처님의 위신력으로 각각의 보배 일산을 합해서 한 개의 일산으로 만들어 삼천대천세계를 두루 덮으니, 이 세계의 넓은 모습이 다 그 가운데 나타났다. 또 이 삼천대천세계의 모든 수미산과 설산·목진린타산·마하목진린타산·향산·보산·금산·흑산·철위산·대철위산·대해·강과 개천과 샘물의 근원지와 해·달·별과 천궁·용궁·제존신궁이 다 보배 일산 가운데 나타나며, 또 시방의 제불과 제불의 설법도 모두 보배 일산 가운데 나타났다.

爾時 毘耶離城有長者子 名曰寶積. 與五百長者子 俱持七寶蓋 來詣佛所 頭面禮足. 各以其蓋共供養佛 佛之威神 令諸寶蓋合成一蓋 遍覆三千大千世界 而此世界廣長之相悉於中現. 又此三千大千世界 諸須彌山 雪山 目真

鄰陀山 摩訶目真鄰陀山 香山 寶山 金山 黑山 鐵圍山 大
鐵圍山 大海 江河 川流 泉源 及日月 星辰 天宮 龍宮 諸
尊神宮 悉現於寶蓋中. 又十方諸佛 諸佛說法 亦現於寶
蓋中.

5. 보적거사가 부처님의 위덕을 게송으로 찬탄하다

그때에 일체 대중이 부처님의 위신력을 보고 '미증유한 일'이라고
찬탄하여 부처님께 합장 공경하며 부처님을 우러러 바라보는데, 잠시
도 눈을 떼지 않았다. 장자의 아들 보적이 부처님 앞에 나아가 게송을
설하였다.

爾時 一切大衆睹佛神力 歎未曾有 合掌禮佛 瞻仰尊顏
目不暫捨. 於是長者子寶積 即於佛前以偈頌曰.

맑은 눈이 크고 시원해 청련화 같으며,

마음이 청정해서 이미 모든 선정을 얻었습니다.

오래전부터 업을 청정히 하였고,

고요히 중생을 제도한 스승님께 머리 숙여 예배합니다.

이미 대성존께서 신통변화로

널리 시방 무량한 국토에 나타냄을 보며,

그 가운데 제불이 연설하거늘

여기서 일체 모두를 다 보고 듣습니다.

目淨脩廣如靑蓮 心淨已度諸禪定.

久積淨業稱無量 導衆以寂故稽首.

旣見大聖以神變 普現十方無量土

其中諸佛演說法 於是一切悉見聞.

법왕의 법력이 모든 중생을 초월해서

항상 법재로써 일체에 베풀며,

능히 모든 법상을 잘 분별하나

제일의에 부동입니다(뛰어난 진리를 증득).

이미 모든 법에 자재하시니,

이 법왕께 머리 숙여 예배합니다.

法王法力超群生 常以法財施一切

能善分別諸法相 於第一義而不動.

已於諸法得自在 是故稽首此法王.

법은 있는 것도 아니고 또한 없는 것도 아니지만,

인연으로 제법이 일어나며,

'나'도 없고 지음도 없으며 받는 자도 없지만,

선악의 업은 사라지지 않습니다.

說法不有亦不無 以因緣故諸法生

無我無造無受者 善惡之業亦不亡.

처음에 부처님이 보리수 아래서 마왕을 항복받고,
감로의 열반을 얻어 도를 이루었습니다.
이미 심의도 없고 수행受行도 없으니,[8]
모든 외도를 항복받았습니다.

始在佛樹力降魔 得甘露滅覺道成
已無心意無受行 而悉摧伏諸外道.

법륜을 대천세계에 굴리시니,
그 법륜이 본래 항상 청정합니다.
천인이 도를 얻어 깨달았으니,
3보가 세간에 나타납니다.

三轉法輪於大千[9] 其輪本來常清淨
天人得道此爲證 三寶於是現世間.

---

8   이 부분은 해석이 분명치 않은데, 멸진정滅盡定 경지(九次第定[4禪+4무색無色定+滅盡
定] 가운데 마지막)를 말한 것이라고 본다. 멸진정은 상수멸정想受滅定이라고도 하는
데, 6근의 작용과 느낌(受)과 지각(想)이라는 마음의 움직임(心行, citta-saṅkhāra)이 작
용하지 않는 경지이다. 용어 해설 4선(334쪽) 참조.

9   3전12상三轉十二相은 3전법륜三轉法輪이라고도 한다. 부처님께서 4성제 하나하나에
대해 세 번씩 거듭 설하는 것이다. 고제에 대해 '이것이 고제다.'라고 말하고, 다시
'그대들은 고제를 반드시 알아야 한다'고 강조한다. 그리고 다시 '나는 이미 고제를
알았도다.'라고 말한다. 4성제는 용어 해설(338쪽) 참조.

이 묘법으로 많은 중생을 제도하시니,

한번 받으면 물러나지 않고 항상 적연하십니다.

노병사를 제도하는 대의왕이여,

마땅히 법해의 공덕이 무변하신 (분께) 예를 올립니다.

以斯妙法濟群生 一受不退常寂然

度老病死大醫王 當禮法海德無邊.

비방과 칭찬에도 수미산과 같아서

선과 불선에 평등해 자비로우니,

심행心行이 평등해서 허공과 같거늘

어느 누가 인보人寶를 듣고 공경하지 않겠습니까?

毀譽不動如須彌 於善不善等以慈

心行平等如虛空 孰聞人寶不敬承.

지금 세존께 이 작은 일산을 공양 올리니,

이 가운데 나의 삼천세계와

제천 용신이 거주하는 궁전과 건달바·야차가 나타나며,

세간에 있는 모든 것을 볼 수 있으니,

이는 10력으로 애민히 여겨 변화를 나타낸 것입니다.

대중들이 보고 희유하다며 부처님을 찬탄함일세,

지금 제가 3계의 부처님께 예를 올립니다.

今奉世尊此微蓋 於中現我三千界

諸天龍神所居宮 乾闥婆等及夜叉
悉見世間諸所有 十力哀現是化變
衆睹希有皆歎佛 今我稽首三界尊.

대성법왕께서는 대중들의 귀의할 바라.
청정한 마음으로 부처님을 뵈오니 매우 기쁘고
각각의 중생 앞에 세존이 나타나시니,
이 신력이 매우 뛰어난 것입니다.
大聖法王衆所歸 淨心觀佛靡不欣
各見世尊在其前 斯則神力不共法.

부처님이 일음으로 법을 연설하지만,
중생은 자신의 근기에 따라 이해해서
모두 세존의 말씀이 같다고 말하나니,
이는 신력이 매우 뛰어난 것입니다.
부처님이 일음으로 법을 연설하지만,
중생은 자신의 근기에 따라 이해해서
널리 받아 행함에 이익을 얻나니,
이는 신력이 매우 뛰어난 것입니다.
부처님이 일음으로 법을 연설하지만,
혹 두려워하거나 혹 즐거워하거나 혹 싫어하는 이도 있고,
혹은 의혹을 끊는 이도 있으니,

이는 신력이 매우 뛰어난 것입니다.

佛以一音演說法 衆生隨類各得解
皆謂世尊同其語 斯則神力不共法.
佛以一音演說法 衆生各各隨所解
普得受行獲其利 斯則神力不共法.
佛以一音演說法 或有恐畏或歡喜
或生厭離或斷疑 斯則神力不共法.

대정진으로 10력을 얻으신 분께 절합니다.

이미 무소외를 얻으신 분께 절합니다.

불공법에 머물러 계신 분께 절합니다.

일체대존사이신 분께 절합니다.

능히 모든 결박을 끊으신 분께 절합니다.

이미 피안에 도달하신 분께 절합니다.

능히 모든 세간을 제도하시는 분께 절합니다.

생사를 영원히 끊으신 분께 절합니다.

중생의 거래하는 모양을 다 알고,

모든 법으로 해탈을 얻으며,

세간에 집착하지 않음이 청련화와 같으며,

항상 공적한 행에 들어가며,

제법의 법상에 걸림이 없으시니,

의지할 것 없는 허공과 같은 분께 머리 숙여 절합니다.

稽首十力大精進 稽首已得無所畏.

稽首住於不共法 稽首一切大導師.

稽首能斷衆結縛 稽首已到於彼岸.

稽首能度諸世間 稽首永離生死道.

悉知衆生來去相 善於諸法得解脫.

不著世間如蓮華 常善入於空寂行.

達諸法相無罣礙 稽首如空無所依.

6. 보적거사가 불국토 청정에 대해 질문하다

그때에 장자의 아들 보적이 이 게송을 설해 마치고, 부처님께 말했다.

"세존이시여, 이 5백 장자의 아들들이 이미 모두 아뇩다라삼먁삼보리심을 발했습니다.

원컨대 불국토 청정에 대해 듣기를 원합니다. 세존이시여, 모든 보살의 국토를 청정하게 하는 행에 대해 설해 주소서."

부처님께서 말씀하셨다.

"선재 선재라, 보적아! 모든 보살을 위하여 여래의 정토 행(因行)을 물었으니, 잘 듣고 사념할지니라. 마땅히 그대들을 위해서 설하리라."

그때에 보적과 5백 장자의 아들들이 가르침을 받들어 들었다.

爾時 長者子寶積說此偈已 白佛言. 世尊! 是五百長者子

皆已發阿耨多羅三藐三菩提心. 願聞得佛國土淸淨 唯願
世尊說諸菩薩淨土之行.[10] 佛言 善哉寶積! 乃能爲諸菩
薩問於如來淨土之行 諦聽! 諦聽! 善思念之 當爲汝說.
於是寶積及五百長者子受敎而聽.

7. 부처님께서 보살의 불국토 청정에 대해 말하다 ①

부처님께서 말씀하셨다.

"보적아, 중생의 모든 존재가 이 보살의 불국토이니라.[11] 왜냐하면
보살이 중생의 교화할 바에 따라 불국토를 가지며, 조복할 중생에 따
라 불국토를 갖고, 모든 중생이 반드시 어떤 국토로써 불지혜에 들어
가는가에 따라서 불국토를 가지며, 모든 중생이 반드시 어떤 국토로
써 보살의 근본을 일으키는가에 따라서 불국토를 갖는다."

佛言 寶積! 衆生之類是菩薩佛土. 所以者何? 菩薩隨所
化衆生而取佛土 隨所調伏衆生而取佛土 隨諸衆生應以
何國入佛智慧而取佛土 隨諸衆生應以何國起菩薩根而

---

10   용어 해설 정토세계(355쪽) 참조.
11   보살이 중생을 제도한다는 대원을 가지고 있기 때문에 중생이 있는 곳이 바로 불
      국토라는 것이다.

取佛土.

　왜냐하면 보살이 청정한 국토를 취하는 것은 모든 중생을 요익케 하기 위함이다. 비유하자면 어떤 사람이 지상 빈터에 궁전을 세우고자 하면 어떤 걸림도 없는데, 혹 만약 허공에 짓고자 하면 지을 수 없는 것과 같다. 보살도 이와 같아서 중생을 제도하기 위해 불국토 갖기를 원하는 것이니, 불국토 갖기를 원한다면 허공에 집을 지어서는 안 된다.

　　　所以者何? 菩薩取於淨國　皆爲饒益諸衆生故. 譬如有人 欲於空地造立宮室　隨意無礙　若於虛空　終不能成. 菩薩 如是　爲成就衆生故　願取佛國　願取佛國者　非於空也.

8. 부처님께서 보살의 불국토 청정에 대해 말하다 ②

　보적아, 마땅히 알아라.
　직심이 보살의 정토이니, 보살이 성불할 때에 아첨하지 않는 중생이 그 나라에 와서 태어난다.
　심심深心이 보살의 정토이니, 보살이 성불할 때에 공덕을 구족한 중생이 그 나라에 와서 태어난다.
　보리심이 보살의 정토이니, 보살이 성불할 때에 대승 중생이 그 나라에 와서 태어난다.

　　實積當知! 直心是菩薩淨土 菩薩成佛時 不諂衆生來生
　　其國. 深心是菩薩淨土 菩薩成佛時 具足功德衆生來生其
　　國. 菩提心是菩薩淨土 菩薩成佛時 大乘衆生來生其國.

　보시가 보살의 정토이니, 보살이 성불할 때에 일체를 능히 중생에
게 베푸는 이가 그 나라에 와서 태어난다.
　지계가 보살의 정토이니, 보살이 성불할 때에 10선도를 행하고 소
원이 원만한 중생이 그 나라에 태어난다.
　인욕이 보살의 정토이니, 보살이 성불할 때에 32상이 장엄한 중생
이 그 나라에 와서 태어난다.
　정진이 보살의 정토이니, 보살이 성불할 때에 일체 공덕을 부지런
히 닦은 중생이 그 나라에 와서 태어난다.
　선정이 보살의 정토이니, 보살이 성불할 때에 마음을 잘 거두고 평
온한 중생이 그 나라에 와서 태어난다.
　지혜가 보살의 정토이니, 보살이 성불할 때에 바른 선정을 갖춘 중
생이 그 나라에 와서 태어난다.

　　布施是菩薩淨土 菩薩成佛時 一切能捨衆生來生其國.
　　持戒是菩薩淨土 菩薩成佛時 行十善道滿願衆生來生其
　　國. 忍辱是菩薩淨土 菩薩成佛時 三十二相莊嚴衆生來
　　生其國. 精進是菩薩淨土 菩薩成佛時 勤修一切功德衆
　　生來生其國. 禪定是菩薩淨土 菩薩成佛時 攝心不亂衆

生來生其國. 智慧是菩薩淨土 菩薩成佛時 正定衆生來
生其國.

　4무량심[12]이 보살의 정토이니, 보살이 성불할 때에 자비희사를 성취
한 중생이 그 나라에 와서 태어난다.
　4섭법[13]이 보살의 정토이니, 보살이 성불할 때에 해탈로 섭수할 중
생이 그 나라에 와서 태어난다.
　방편이 보살의 정토이니, 보살이 성불할 때에 일체법에 방편문이
한정이 없는 중생이 그 나라에 와서 태어난다.
　37조도품[14]이 보살의 정토이니, 보살이 성불할 때에 4념처·4정
근·4신족·5근·5력·7각지·8정도를 닦은 중생이 그 나라에 와서 태
어난다.
　회향심이 보살의 정토이니, 보살이 성불할 때에 일체 공덕이 구족
된 국토를 얻는다.

四無量心是菩薩淨土 菩薩成佛時 成就慈悲喜捨衆生來
生其國. 四攝法是菩薩淨土 菩薩成佛時 解脫所攝衆生
來生其國. 方便是菩薩淨土 菩薩成佛時 於一切法方便
無礙衆生來生其國. 三十七道品是菩薩淨土 菩薩成佛時

12　　자慈·비悲·희喜·사捨이다. 자세한 설명은 용어 해설(332쪽) 참조.
13　　보시·애어愛語·이행利行·동사同事이다. 자세한 설명은 용어 해설(338쪽) 참조.
14　　자세한 설명은 용어 해설(352쪽) 참조.

念處正勤神足根力覺道眾生來生其國. 迴向心是菩薩淨
土 菩薩成佛時 得一切具足功德國土.

8난[15] 제거함을 설하는 것이 보살의 정토이니, 보살이 성불할 때에
국토에 3악8난이 없다.

계행을 스스로 지키고 허물을 꾸짖지 않는 것이 보살의 정토이니,
보살이 성불할 때에 국토에 계를 범했다는 사람이 없다.

10선이 보살의 정토이니, 보살이 성불할 때에 생명이 요절하지 않
고, 부유하며, 범행하고, 말하는 것이 진실하며, 항상 부드럽게 말하고,
권속이 떠나지 않으며, 다투지 않고 잘 화합하며, 말이 반드시 요익되
고, 시기하지 않으며, 성내지 않는 정견 중생이 그 국토에 태어난다.

說除八難是菩薩淨土 菩薩成佛時 國土無有三惡 八難.
自守戒行 不譏彼闕是菩薩淨土 菩薩成佛時 國土無有犯
禁之名. 十善是菩薩淨土 菩薩成佛時 命不中夭 大富 梵
行 所言誠諦 常以軟語 眷屬不離 善和諍訟 言必饒益 不

---

15 ①지옥 ②아귀 ③축생 ④장수천長壽天 ⑤변지邊地 ⑥맹롱음아盲聾瘖瘂 ⑦세지변총
世智辯聰 ⑧불전불후佛前佛後이다. 지옥·아귀·축생은 고통에 시달려 수행할 수 없
기 때문이고, 장수천은 수명이 길고 편안하면 불법을 구하지 않기 때문이다. 변지
는 북구로주北俱盧洲로서, 사주四洲 가운데 가장 살기 좋은 곳이기 때문이고, 맹롱
음아는 눈 멀고 귀먹으며 말 못하기 때문이다. 세지변총은 세속의 지혜가 많아 바
른 생각을 일으키지 않고 그릇된 견해에 빠져 바른 가르침을 구하지 않기 때문이
고, 불전불후는 부처가 없는 세상에 태어난 것이다. 『사십이장경』에서는 2십난二十
難을 말하고 있다.

嫉 不恚 正見衆生來生其國.

9. 부처님께서 보살의 불국토 청정에 대해 말하다 ③

보적아! 이와 같아야 한다. 보살이 그 직심을 따라서 능히 행하고, 그 행함을 따르므로 심심을 얻으며, 심심을 따라서 뜻이 조복하고, 뜻이 조복하므로 말하는 대로 행하며, 말하는 대로 행하므로 회향을 잘하고, 회향을 따르므로 방편이 있으며, 방편이 있으므로 중생을 성취한다.

중생을 성취하므로 불토의 청정함을 성취하고, 불토가 청정하므로 설법이 청정하며, 설법이 청정하므로 지혜가 청정하고, 지혜가 청정하므로 마음이 청정하며, 마음이 청정하므로 일체 공덕이 청정하다.

이런 연고로 보적아! 만약 보살이 정토를 얻고자 한다면 그 마음이 청정해야 하나니, 그 마음이 청정해야 불토가 청정하다.”

如是寶積! 菩薩隨其直心則能發行 隨其發行則得深心 隨其深心則意調伏 隨意調伏則如說行 隨如說行則能迴向 隨其迴向則有方便 隨其方便則成就衆生. 隨成就衆生則佛土淨 隨佛土淨則說法淨 隨說法淨則智慧淨 隨智慧淨則其心淨 隨其心淨則一切功德淨. 是故寶積! 若菩薩欲得淨土 當淨其心 隨其心淨 則佛土淨.

10. 사리불과 부처님의 문답,
   '마음이 청정해야 국토가 청정한 법'

그때에 사리불이 부처님의 위신력에 힘입어 이런 생각을 하였다.

'만일 보살이 마음이 청정한즉 불토가 청정하다고 한다면 세존께서 본래 보살로서 행을 하실 때 뜻이 청정하지 않았다는 것인가? 그래서 이 불토가 이렇게 청정하지 못한 것인가?'

부처님께서 사리불의 생각하는 바를 아시고 그에게 말씀하셨다.

"그대는 어떻게 생각하는가? 해와 달이 청정하지 못한가? 아니면 맹인이 보지 못하는가?"

"그렇지 않습니다. 세존이시여, 이는 맹인의 허물이지 해와 달의 허물이 아닙니다."

"사리불아! 중생이 죄과 때문에 여래불토가 장엄하고 청정한 것을 보지 못하는 것이다. 여래의 허물이 아니다. 사리불아! 나의 국토는 청정하거늘 그대가 보지 못하는 것이다."[16]

爾時 舍利弗承佛威神作是念 若菩薩心淨則佛土淨者 我
世尊本爲菩薩時意豈不淨? 而是佛土不淨若此? 佛知其

---

[16] 여래의 불국토는 청정하지만, 중생이 청정한 불국토를 보지 못하는 것은 여래의 잘못이 아니라 중생의 잘못이다. 부처님께서는 중생들에게 일음一音(一相·一乘)으로 가르침을 펼쳐 보이건만 중생들은 자신의 그릇대로 받아들인다. 중생의 마음이 청정치 못해서 불국토를 보지 못하는 것이다. 자신의 지혜롭지 못한 번뇌가 문제이다. 결국 보살이 반드시 갖추어야 할 점은 청정심이 곧 정토임을 자각하고 이를 구족具足해야 한다.

念 即告之言 於意云何? 日月豈不淨耶? 而盲者不見. 對
曰 不也 世尊! 是盲者過 非日月咎 舍利弗! 衆生罪故 不
見如來佛土嚴淨 非如來咎 舍利弗! 我此土淨而汝不見.

11. 나계범왕의 충고와 덧붙임

그때에 나계범왕이 사리불에게 말했다.

"그런 생각 하지 마세요. 이 불토를 부정하다고 하지 마세요. 왜냐
하면 내가 보니, 석가모니의 불토가 청정함은 마치 자재천궁[17]과 같
습니다."

사리불이 말했다.

"내가 이 국토를 보니, 언덕·구덩이·가시덤불·모래·자갈·흙·
돌·여러 산에 더러운 것으로 채워져 있습니다."

나계범왕이 말했다.

"그대 마음에 높고 낮음이 있어 부처님의 지혜를 의지하지 않기 때
문에 이 불토가 청정하지 못하다고 보는 것입니다. 사리불이여, 보살
이 일체중생에게 두루 평등하며, 깊은 마음이 청정하고, 부처님의 지

---

17 욕계欲界 14유(4악도+4부주+6욕천) 가운데 6욕천의 마지막인 타화자재천他化自在天
이다. 이곳은 복덕 수용이 가장 수승한 곳이라고 한다. 용어 해설 3계(330쪽) 참조.

혜를 의지한다면 능히 이 불토가 청정하다고 볼 수 있습니다."

爾時 螺髻梵王語舍利弗. 勿作是意 謂此佛土以爲不淨.
所以者何? 我見釋迦牟尼佛土淸淨 譬如自在天宮. 舍利
弗言 我見此土 丘陵 坑坎 荊蕀 沙礫 土石諸山 穢惡充
滿. 螺髻梵言 仁者心有高下 不依佛慧 故見此土爲不淨
耳. 舍利弗! 菩薩於一切衆生悉皆平等 深心淸淨 依佛智
慧 則能見此佛土淸淨.

12. 중생을 교화하기 위한 방편으로 국토를 부정하게 하다

그때에 부처님께서 발가락으로 땅을 누르시니, 곧 삼천대천세계가
천백천의 진기한 보물로 장엄되었다. 마치 보장엄불의 무량한 공덕으
로 국토가 장엄된 것과 같았다. 일체대중이 미증유한 일이라고 찬탄
하였고, 각각 자기 자신이 보련화에 앉아 있는 것을 보았다.

부처님이 사리불에게 말씀하셨다.

"다음으로 이 불토가 장엄하고 청정한 것을 보리라."

사리불이 말했다.

"네. 세존이시여, 예전에는 보지 못했고, 듣지 못했던 일입니다. 지
금 불토가 장엄하고 청정함이 모두 나타났습니다."

於是佛以足指按地 即時三千大千世界. 若干百千珍寶嚴
飾 譬如寶莊嚴佛 無量功德寶莊嚴土. 一切大衆歎未曾
有 而皆自見坐寶蓮華. 佛告舍利弗 汝且觀是佛土嚴淨!
唯然世尊! 本所不見 本所不聞 今佛國土嚴淨悉現.

부처님께서 사리불에게 말씀하셨다.

"나의 불토가 늘 청정한 것이 이와 같았다. 하열한 사람을 제도하기
위해 매우 청정치 못한 국토를 나타낸 것이다. 비유하자면, 모든 하늘
이 모두 보배 그릇으로 음식을 먹는데, 그의 복덕에 따라서 음식의 색
깔이 다른 것과 같다.[18] 이와 같이 사리불아! 만약 마음이 청정하면, 문
득 이 국토의 공덕 장엄함을 볼 것이다."

佛語舍利弗 我佛國土常淨若此 爲欲度斯下劣人故 示是
衆惡不淨土耳. 譬如諸天共寶器食 隨其福德飯色有異.
如是 舍利弗! 若人心淨 便見此土功德莊嚴.

부처님께서 국토의 장엄되고 청정함을 나타낼 때에 보적과 그와 함

---

18 『법화경』의 「약초유품」과 비슷하다. 하늘에서 내리는 비는 모든 대지에 똑같이 내
리지만, 그 빗물을 식물마다 근기에 따라 받아들인다. 또한 의상조사의 "법성게"에
서도 "우보익생만허공雨寶益生滿虛空 중생수기득이익衆生受器得利益"이라고 하였다.
무한한 공덕과 환희와 기쁨을 허공에 충만케 한다. 그런데 그런 공덕과 환희로움
도 중생들이 자기의 근기에 따라 이익을 얻는다.

께 온 5백 장자의 아들들이 모두 무생법인[19]을 얻었고, 8만 4천 명의
사람들이 모두 아뇩다라삼먁삼보리심을 내었다. 부처님께서 발가락
으로 신통 보여 주었던 것을 거두시니 이 세계가 다시 예전으로 돌아
갔다. 성문승을 구하는 3만 2천 천인과 사람들이 유위법의 무상함을
알고, 번뇌를 멀리 여의어 법안이 청정해졌다. 8천 비구들은 제법諸法
을 받아들이지 않고[20] 번뇌가 소멸되며, 마음이 열렸다.

> 當佛現此國土嚴淨之時 寶積所將五百長者子 皆得無生
> 法忍 八萬四千人皆發阿耨多羅三藐三菩提心. 佛攝神足
> 於是世界還復如故. 求聲聞乘三萬二千天及人 知有爲法
> 皆悉無常 遠塵離垢 得法眼淨. 八千比丘 不受諸法 漏盡
> 意解.

---

19 용어 해설(353쪽) 참조.

20 한문으로 '불수제법不受諸法'인데, 더 이상 번뇌에 끄달리지 않는, 번뇌가 일어나지
않는 것으로 본다. 곧 걸림이 없는, 공한 이치를 깨달은 단계이다. '불생제법不生諸
法'이라고도 많이 쓰인다.

제2 방편품 方便品

유마거사, 방편으로 병을 보임

1. 유마거사의 청정한 덕행(本行)

그때에 바이샬리 성 안에 한 장자가 있으니 이름이 유마힐이다. 그는 일찍이 무량 제불에게 공양해서 선근공덕을 깊이 심었으며, 무생법인을 얻었고, 변재가 걸림이 없다. 신통이 자재롭고, 모든 총지를 얻었으며, 무소외를 얻었다. 마군과 원수를 항복받아서 법문에 깊이 들어갔으며, 지혜가 뛰어나 방편을 통달하여 대원을 성취하였다.

중생심의 나아갈 바(마음 씀씀이)를 분명히 알며, 모든 근기의 영리하고 둔함을 잘 분별하고, 오래도록 불도에 마음이 이미 순숙해져서 대승의 가르침에 결정되어 있었다. 여러 가지 하는 일을 잘 사량하며, 부처님의 위의에 머물러 있어서 마음이 대해와 같다. 제불의 찬탄을 받으며, 제자들·제석천·범천·국왕의 존경을 받았다.

> 爾時 毘耶離大城中 有長者 名維摩詰. 已曾供養無量諸
> 佛 深植善本 得無生忍 辯才無礙 遊戲神通 逮諸總持 獲
> 無所畏 降魔勞怨 入深法門 善於智度 通達方便 大願成
> 就. 明了衆生心之所趣 又能分別諸根利鈍 久於佛道 心
> 已純淑 決定大乘 諸有所作 能善思量 住佛威儀 心如大
> 海諸佛咨嗟! 弟子 釋 梵 世主所敬.

2. 유마거사의 참다운 모습

  그는 사람들을 제도하기 위해 바이샬리 성에 살았는데 방편을 잘하였다. 재물이 무량해서 모든 빈민을 잘 거두고, 계를 잘 지켜 청정해서 계율 범하는 자를 거두었다. 인욕으로써 행동을 조절해 성내고 분노하는 자를 잘 거두고(교화하고), 대정진으로써 게으른 이들을 잘 교화한다. 일심 선정으로 산란한 자를 잘 거두며, 결정된 지혜로써 지혜롭지 못한 자를 잘 교화한다.

  그는 비록 재가 신분이지만 사문의 청정한 계율행을 잘 받들며, 비록 재가자로 집에 머물지만 3계에 집착하지 않는다. 처자가 있으나 항상 범행을 닦고, 권속이 있으나 항상 멀리 여의기를 좋아한다(거리를 유지하고 있음). 비록 사치스런 옷을 입으나 상호로 몸을 장엄하고, 비록 음식을 먹지만 선열로 맛을 본다. 만약 바둑이나 장기 두는 곳에 갈지라도 사람을 잘 제도하고, 이교도의 가르침을 받아들이되 바른 믿음을 잃지 않는다. 비록 세속의 도서에 밝으면서도 늘 불법을 좋아한다.

> 欲度人故 以善方便居毘耶離. 資財無量攝諸貧民 奉戒
> 清淨攝諸毀禁. 以忍調行攝諸恚怒 以大精進攝諸懈怠.
> 一心禪寂攝諸亂意 以決定慧攝諸無智. 雖爲白衣 奉持
> 沙門清淨律行 雖處居家 不著三界. 示有妻子 常修梵行
> 現有眷屬 常樂遠離 雖服寶飾而以相好嚴身 雖復飮食而
> 以禪悅爲味. 若至博弈戲處輒以度人 受諸異道不毀正信
> 雖明世典常樂佛法.

모든 사람에게 존경을 받아서 공양받는 중에 최고가 되며, 정법을 잘 알아서 나이 든 사람과 젊은 사람을 잘 제도하고, 모든 생활에 있어 조화를 잘 이룬다. 비록 세속의 이익을 추구하지만 즐겨하지 않으며, 4거리에 노닐어 중생을 요익케 한다. 정치하는 곳에 들어가 일체를 구호해 주고, 강론하는 곳에 들어가 대승으로 인도하며, 학당에 들어가 어린아이들을 잘 지도하고, 음욕 있는 집에 들어가 욕망의 그릇됨을 보여 주며, 술집에 들어가 능히 그 뜻을 반듯하게 한다.

> 一切見敬爲供養中最 執持正法攝諸長幼 一切治生諧偶. 雖獲俗利不以喜悅 遊諸四衢饒益衆生 入治政法救護一切 入講論處導以大乘 入諸學堂誘開童蒙 入諸婬舍示欲之過 入諸酒肆能立其志.

3. 중생을 위한 유마거사의 방편행

혹 장자 가운데 있으면 장자 가운데 가장 높아 뛰어난 법을 설해 주고, 혹 거사 가운데 있으면 거사 가운데 가장 높아 탐욕의 애착을 끊어 주며, 혹 찰리 가운데 있으면 찰리 가운데 가장 높아 인욕으로써 가르친다.

혹 바라문 가운데 있으면 바라문 가운데 가장 높아 아만심을 제도하고, 혹 대신 가운데 있으면 대신 가운데 가장 높아 정법으로 지도해 주며, 혹 왕자 가운데 있으면 왕자 중에 가장 높아 충효로씨 보여 준다.

> 若在長者 長者中尊 爲說勝法, 若在居士 居士中尊 斷其
> 貪著 若在刹利 刹利中尊 教以忍辱. 若在婆羅門 婆羅門
> 中尊 除其我慢若在大臣 大臣中尊 教以正法, 若在王子
> 王子中尊 示以忠孝.

혹 내관 가운데 있으면 내관 가운데 가장 높아 궁녀를 바르게 교화
하고, 혹 서민 가운데 있으면 서민 가운데 가장 높아 복력이 생기도록
하며, 혹 범천 가운데 있으면 범천 가운데 가장 높아 수승한 지혜로써
가르친다.

혹 제석 가운데 있으면 제석 가운데 가장 높아 무상함을 보여 주며,
혹 호세천(사천왕) 가운데 있으면 호세천 가운데 가장 높아 모든 중생
을 보호해 준다.

장자 유마힐이 이와 같은 무량한 방편으로 중생을 요익케 한다.

> 若在内官 内官中尊 化政宮女, 若在庶民 庶民中尊 令興
> 福力, 若在梵天 梵天中尊 誨以勝慧. 若在帝釋 帝釋中尊
> 示現無常, 若在護世 護世中尊 護諸衆生. 長者維摩詰 以
> 如是等無量方便 饒益衆生.

4. 유마의 설법, 육신의 무상함과 실체

그는 방편으로써 몸에 병난 것을 나타내었다. 그가 병이 나자, 국왕·대신·장자·거사·바라문들·모든 왕자와 아울러 권속 수천 인이 모두 병문안을 갔다. 유마힐이 (병문안 온 사람들에게) 널리 법을 설하였다.

"여러분, 이 몸은 무상하고, 허약하며, 힘도 없고, 견고하지 못해서 빨리 노쇠해 갑니다.[21] 그러니 믿을 것이 못 됩니다. 고통스럽고 괴로우며 수많은 병이 집적된 존재입니다. 여러분, 몸이 이러합니다. 지혜로운 자는 신체를 결코 의지하지 않습니다.

> 其以方便 現身有疾. 以其疾故 國王 大臣 長者 居士 婆
> 羅門等 及諸王子幷餘官屬無數千人 皆往問疾. 其往者
> 維摩詰因以身疾廣爲說法 諸仁者! 是身無常 無强 無力
> 無堅 速朽之法 不可信也 爲苦 爲惱 衆病所集. 諸仁者!
> 如此身 明智者所不怙.

이 몸은 물방울이 모인 것과 같아서 만질 수가 없으며, 이 몸은 물거품과 같아서 오래도록 존재할 수 없고, 이 몸은 불꽃과 같아서 갈애로

21　장아함 2~4권 『유행경遊行經』에도 부처님의 인간적인 면모가 나타나 있다. 부처님께서 아난에게 이런 말씀을 하셨다. "아난아, 나도 이제 늙었고, 나이가 들어 몸이 쇠하였다.…… 마치 낡은 수레가 가죽 끈의 도움으로 간신히 움직이듯이 나의 몸도 가죽 끈의 도움을 받아서 유지하고 있는 것과 같다.…… 그러니 아난아, 너희들 비구들은 자신을 의지처로 하고 자신에게 귀의할 것이며 타인을 귀의처로 하지 말라."

부터 생겨난 깃입니다.

이 몸은 파초와 같아서 그 내부가 견고하지 못하고, 이 몸은 환영과 같아서 전도[22]로부터 생긴 것이며, 이 몸은 꿈과 같아서 허망하게 본 것과 같습니다.

> 是身如聚沫 不可撮摩, 是身如泡 不得久立, 是身如炎 從
> 渴愛生. 是身如芭蕉 中無有堅, 是身如幻 從顚倒起, 是
> 身如夢 爲虛妄見.

이 몸은 그림자와 같아서 업연으로부터 생겨난 것이고, 이 몸은 메아리와 같아서 수많은 인연에 속해 있습니다.

이 몸은 뜬구름과 같아서 잠깐 사이에 변해 사라지며, 이 몸은 번개와 같아서 잠깐도 머물지 않습니다.

이 몸은 주인이 없는지라 지대와 같고, 이 몸은 아我가 없으므로 화대와 같습니다. 이 몸의 수명이 짧은 것이 풍대와 같으며, 이 몸은 인人이 없는 것이 수대와 같습니다. 이와 같이 견고하지 못합니다. 곧 4대로 집을 삼습니다.

> 是身如影 從業緣現, 是身如響 屬諸因緣. 是身如浮雲 須
> 臾變滅, 是身如電 念念不住. 是身無主爲如地, 是身無我

爲如火, 是身無壽爲如風, 是身無人爲如水, 是身不實 四大爲家.

이 몸은 공空해서 '나와 내 것'이라는 것을 여의었으며, 이 몸은 앎이 없어서 초목와력草木瓦礫과 같고, 이 몸은 지음이 없어서 풍력으로 움직이고 있습니다.

이 몸은 청정치 못해 더러움이 충만하고, 이 몸은 거짓되어 비록 목욕하고 음식을 먹이지만 반드시 소멸됩니다.

이 몸은 재앙이어서 101가지 병고가 있으며,[23] 이 몸은 언덕 위의 우물과 같아서 늙음으로부터 핍박당합니다.[24]

이 몸은 일정함이 없어 반드시 죽고, 이 몸은 독사와 같고, 원수 도적과 같으며, 헛되이 모인 것이 5음·18계·12입(처)가 함께 모인 것입니다.

---

23 101가지 병고가 있는데 여기에 4대를 곱하면 404병 병고가 있다. 지대地大는 머리털·손톱·치아·피부·근육·뼈 등 단단한 성질이고, 수대水大는 침·눈물·고름·피·진액·대소변 등 습한 성질이다. 화대火大는 체온 등 따뜻한 기운이고, 풍대風大는 호흡·피의 흐름 등 움직임을 말한다. 404가지의 병은 4대의 부조화로 인해 발생한다.

24 『불설비유경』의 안수정등岸樹井藤 이야기를 말한다. 황량한 들판은 우리가 살고 있는 사바세계, 우물에 빠진 사람은 어리석은 중생들, 미친 코끼리는 누구나 피하고자 하는 죽음, 독사는 4대로 구성된 육신, 두 마리의 쥐는 낮과 밤을 상징하는 세월, 칡넝쿨은 죽지 않고 살겠다는 삶의 애착, 꿀은 인간의 5욕락(재산·수면·성욕·명예·식욕)을 비유한 것이다. 다급하고 위험한 생사 갈림길에서도 인간은 욕망에 빠져 있음을 비유한 이야기이다.

是身爲空 離我 我所, 是身無知 如草木瓦礫, 是身無作
風力所轉. 是身不淨 穢惡充滿, 是身爲虛僞 雖假以澡浴
衣食 必歸磨滅. 是身爲災, 百一病惱 是身如丘井 爲老所
逼. 是身無定 爲要當死, 是身如毒蛇 如怨賊 如空聚 陰
界 諸入所共合成.

5. 유마의 설법, 영원한 법신法身

여러분, 이 몸은 근심과 혐오스런 존재이므로 반드시 불신佛身을 좋
아해야 합니다. 왜냐하면 불신은 곧 법신이기 때문입니다.

무량한 공덕과 지혜로부터 생겨나며, 계·정·혜·해탈·해탈지견으
로부터 생겨났기 때문입니다.

자·비·희·사로부터 생겨나며, 보시·지계·인욕·유화柔和·근행·
정진·선정·해탈·삼매·다문多聞·지혜 등 모든 바라밀로부터 생겨납
니다.

諸仁者! 此可患厭 當樂佛身. 所以者何? 佛身者 即法身
也. 從無量功德智慧生 從戒定慧 解脫 解脫知見生. 從慈
悲喜捨生 從布施 持戒 忍辱 柔和 勤行 精進 禪定 解脫
三昧 多聞 智慧諸波羅蜜生.

방편으로부터 생겨나며, 6통으로부터 생겨나고, 3명으로부터 생겨나며,[25] 37조도품으로부터 생겨납니다. 지관止觀으로부터 생겨나며, 10력·4무소외·18불공법으로부터 생겨납니다.[26] 일체 좋지 않은 법은 끊어 버리고, 일체 선법[27]은 발생하도록 하는 것으로부터 생겨납니다. 진실로부터 생겨나며, 불방일로부터 생겨납니다. 이와 같이 무량청정한 법으로부터 여래의 몸이 생겨나기 때문입니다.

여러분! 불신佛身을 얻고, 모든 중생의 병을 끊고자 한다면 마땅히 아뇩다라삼먁삼보리심을 내어야 합니다.”

이와 같이 유마힐 장자가 모든 병문안 온 사람들을 위해 법을 설해 주니, 무수한 천인天人들이 아뇩다라삼먁삼보리심을 내었다.

> 從方便生 從六通生 從三明生 從三十七道品生 從止觀
> 生 從十力 四無所畏 十八不共法生. 從斷一切不善法 集
> 一切善法生, 從眞實生 從不放逸生 從如是無量淸淨法
> 生如來身. 諸仁者! 欲得佛身 斷一切衆生病者[28] 當發阿
> 耨多羅三藐三菩提心. 如是 長者維摩詰 爲諸問疾者 如
> 應說法 令無數千人皆發阿耨多羅三藐三菩提心.

---

25 용어 해설 3명 6통(330쪽) 참조.

26 37조도품(352쪽)·18불공법(10력·4무소외)(351쪽) 등은 용어 해설 참조.

27 용어 해설(354쪽) 참조.

28 중생이 병들었다는 것은 인간으로서 살아가는 한 전도된 판단을 하고 있기 때문이다.

제2부

정명淨名의 법문

제3 제자품 弟子品[29]

10대 제자들이 가르침을 받음

---

29 이 품은 석가모니 부처님의 10대 제자가 유마거사와 나눈 문답 형식이다. 용어 해
    설 10대 제자(349쪽) 참조.

1. 사리불, 유마와의 과거 일을 회상하다

그때에 유마힐 장자가 스스로 침상에 누워서 생각하였다.

'대자애로우신 세존께서 어찌하여 애민함을 베풀지 않는 걸까?'

부처님께서 그 뜻을 아시고 사리불에게 말씀하셨다.

"그대가 유마힐에게 병문안을 다녀오너라."

사리불이 말했다.

"세존이시여! 저는 그의 병문안을 감당할 자신이 없습니다. 왜냐하면 제가 예전에 숲속 나무 아래에서 좌선을 하던 일을 기억하기 때문입니다. 그때 유마힐이 제게 와서 이런 말을 했습니다.

> 爾時 長者維摩詰自念寢疾于床. 世尊大慈 寧不垂愍? 佛知其意 卽告舍利弗 汝行詣維摩詰問疾! 舍利弗白佛言 世尊! 我不堪任詣彼問疾. 所以者何? 憶念我昔 曾於林中 宴坐樹下. 時維摩詰來謂我言.

'사리불 존자님! 반드시 앉아 있는 것만이 좌선이 아닙니다.

좌선이라는 것은 3계에 몸과 뜻을 나타내지 않는 것이 좌선입니다.

멸진정에서 일어나지 않고 모든 위의를 나타내는 것이 좌선입니다.

도법을 버리지 않고 범부의 일을 나타내는 것이 좌선입니다.

마음이 안팎에 있지 않는 것이 좌선입니다.

모든 것에 동하지 않고, 37조도품을 닦는 것이 좌선입니다.

번뇌를 끊지 않고 열반에 들어가는 것이 좌선입니다.

만약 능히 이와 같이 좌선한다면, 부처님으로부터 인가받을 것입니다.'

> 唯! 舍利弗! 不必是坐 爲宴坐也. 夫宴坐者 不於三界現
> 身意 是爲宴坐. 不起滅定而現諸威儀 是爲宴坐. 不捨道
> 法而現凡夫事 是爲宴坐. 心不住內亦不在外 是爲宴坐.
> 於諸見不動 而修行三十七品 是爲宴坐. 不斷煩惱而入
> 涅槃 是爲宴坐. 若能如是坐者 佛所印可.

세존이시여, 제가 그때에 이 말을 듣고, 묵연히 아무 말도 하지 못했으며, 대답도 못 했습니다. 그러므로 저는 그에게 병문안을 갈 수 없습니다."

> 時我 世尊! 聞說是語 默然而止 不能加報. 故我不任詣
> 彼問疾.

2. 목건련, 유마와의 과거 일을 회상하다

부처님께서 목련에게 말씀하셨다.

"그대가 유마힐에게 병문안을 다녀오너라."

목련이 부처님께 말했다.

"세존이시여! 저는 그의 병문안을 감당할 자신이 없습니다. 왜냐하

면 제가 예전에 바이샬리 성에 들어가 어느 마을에서 거사들을 위해
법을 설한 일을 기억하기 때문입니다. 그때 유마힐이 제게 와서 이런
말을 했습니다.

佛告大目犍連 汝行詣維摩詰問疾! 目連白佛言 世尊! 我
不堪任詣彼問疾. 所以者何? 憶念我昔 入毘耶離大城 於
里巷中 爲諸居士說法. 時維摩詰來謂我言.

'대목련이여! 백의거사를 위해 법을 설할 때는 그대가 설하는 대로
해서는 안 됩니다. 설법이라는 것은 법답게 설해야 합니다.

법에는 중생이 없으니 중생의 번뇌를 여의었기 때문이고, 법에는
아가 없으니 아의 번뇌를 여의었기 때문입니다.

법에는 수명이 없으니 생사를 여의었기 때문이고, 법에는 인이 없
으니 전후제가 끊어졌기 때문입니다.

법은 항상 적연해서 모든 상을 멸했기 때문이고, 법은 상相을 여읜
것으로 반연된 바가 없기 때문입니다.

唯! 大目連! 爲白衣居士說法 不當如仁者所說. 夫說法
者 當如法說 法無衆生 離衆生垢故, 法無有我 離我垢故.
法無壽命 離生死故, 法無有人 前後際斷故. 法常寂然 滅
諸相故, 法離於相 無所緣故.

법은 이름을 여의었으니 언어가 끊어졌기 때문이고, 법은 설할 것

이 없으니 각관을 여의었기 때문입니다.[30]

법은 형상이 없으니 허공과 같기 때문이고, 법은 희론이 없으니 반드시 공하기 때문입니다.

법은 아소가 없으니 아소를 여의었기 때문이고, 법은 분별이 없으니 모든 알음알이를 여의었기 때문입니다.

> 法無名字 言語斷故, 法無有說 離覺觀故, 法無形相 如虛
> 空故, 法無戲論 畢竟空故, 法無我所 離我所故, 法無分
> 別 離諸識故.

법에는 비견할 것이 없으니 상대가 없기 때문이고, 법은 (직접적인) 인에 속하지 않으니 (간접적인) 연이 있지 않기 때문입니다.

법은 법성法性[31]과 같으므로 제법에 들어가기 때문이고, 법은 진여[32]를 따르므로 따르는 바가 없기 때문입니다.

법은 실제에 머물러 있으므로 어떤 변에 동하지 않기 때문이고, 법은 동요됨이 없으니 6진 경계에 의지하지 않기 때문이고, 법에는 거래가 없으니 항상 머물러 있지 않기 때문입니다.

> 法無有比 無相待故, 法不屬因 不在緣故. 法同法性 入諸
> 法故, 法隨於如 無所隨故. 法住實際 諸邊不動故, 法無

---

30   4선四禪에 대해서는 용어 해설(334쪽) 참조.

31   모든 존재에 그것을 존재하게 하는 본성을 말하고 있다.

32   진여眞如·여여如如라고 보아야 한다. 용어 해설 진여·여여(356쪽) 참조.

動搖 不依六塵故, 法無去來 常不住故.

법은 공을 따르고, 무상을 따르며, 무작에 응합니다.

법은 '좋고 나쁜 것'을 여의었고, 법은 증손이 없으며, 법은 생멸이 없고, 법은 돌아갈 바가 없습니다.

법은 안이비설신의를 초월하였고, 법은 고하가 없으며, 법은 항상 머물러 있어 동하지 않으며, 법은 일체관행을 여의었습니다.

法順空 隨無相 應無作, 法離好醜 法無增損 法無生滅 法無所歸. 法過眼 耳 鼻 舌 身 心, 法無高下, 法常住不動, 法離一切觀行.

목련이여! 법상은 이와 같거늘 어찌 설한다고 할 수 있겠습니까? 설법이란 설할 것도 보일 것도 없으며, 청법자는 들음도 얻을 것도 없습니다. 마치 마술을 하는 사람이 환인을 위해 설법하는 것과 같습니다. 마땅히 이런 마음을 갖고 법을 설해야 합니다.

또한 마땅히 중생의 근기가 수승하고 둔함을 알아야 하며, 지견에 뛰어나 걸림이 없어야 합니다. 대비심으로써 대승을 찬탄하고, 부처님의 은혜에 보답한다고 생각하며, 3보가 끊어지지 않도록 해야 합니다. 그런 연후에 법을 설해야 합니다.'

唯! 大目連! 法相如是 豈可說乎? 夫說法者 無說 無示, 其聽法者 無聞 無得. 譬如幻士 爲幻人說法 當建是意而 爲說法. 當了衆生根有利鈍, 善於知見 無所罣礙, 以大悲

心 讚于大乘, 念報佛恩 不斷三寶 然後說法.

유마힐이 이 법을 설할 때, 8백 거사가 아뇩다라삼먁삼보리심을 내었습니다. 저는 변재가 없어서 그의 병문안을 갈 수 없습니다."

維摩詰說是法時 八百居士發阿耨多羅三藐三菩提心. 我無此辯 是故不任詣彼問疾.

3. 가섭, 유마와의 과거 일을 회상하다

부처님께서 가섭에게 말씀하셨다.
"그대가 유마힐의 병문안을 다녀오너라."
가섭이 부처님에게 말했다.
"세존이시여! 저는 그의 병문안을 감당할 자신이 없습니다. 왜냐하면 제가 예전에 가난한 마을에 들어가 걸식을 한 일을 기억하기 때문입니다. 그때 유마힐이 제게 와서 이런 말을 했습니다.

佛告大迦葉 汝行詣維摩詰問疾! 迦葉白佛言 世尊! 我不堪任詣彼問疾. 所以者何? 憶念我昔 於貧里而行乞. 時維摩詰來謂我言.

'여보세요. 대가섭이여! 자비심은 있으나 두루 평등하지 못하시군요. 부잣집은 버리고 가난한 집에서만 탁발하는군요. 가섭이여, 평등법에 입각해 응당히 차례로 걸식해야 합니다.

(먹되) 음식을 먹지 않는 것으로 응당히 걸식해야 하며[33] 화합상 (5온·12처·18계 등)을 파하기 위해 덩어리로 된 밥을 빌어야 하고,[34] (받되) 받지 않기 위하여 저 음식을 받아야 합니다.

텅 빈 마을과 같은 생각으로 취락에 들어가야 합니다. 색을 보되 맹인과 같아야 하고, 소리를 듣되 메아리와 같이 들어야 합니다. 냄새를 맡되 바람과 같아야 하며, 맛을 보되 분별하지 않아야 하고, 모든 감촉을 느끼되 지혜를 증득한 것과 같아야 합니다. 제법이 환상과 같고, 자성이 없으며, 다른 것으로부터 얻어지는 것도 아니고, 본래 스스로 그런 것도 아니며, 지금 곧 사라질 것도 아니라는 것을 알아야 합니다.

唯! 大迦葉! 有慈悲心而不能普 捨豪富 從貧乞. 迦葉!
住平等法 應次行乞食. 爲不食故 應行乞食, 爲壞和合相
故 應取揣食, 爲不受故 應受彼食. 以空聚想 入於聚落,
所見色 與盲等, 所聞聲 與響等, 所嗅香 與風等, 所食味
不分別, 受諸觸 如智證. 知諸法如幻相 無自性 無他性
本自不然 今則無滅.

---

33 먹되 음식에 집착하지 않는 것이다.

34 인도인의 풍습은 식사할 때 수저를 사용하지 않고, 손으로 직접 덩어리를 뭉쳐서 입에 넣기 때문에 덩어리로 된 밥이라고 한다.

기섭이여! 8시[35]를 버리지 않고 8혜탈(8正道)에 들어가며,[36] 삿된 상相을 갖고 정법에 들어가고, 일식으로 일체에게 공양하며, 제불과 뭇 성현에게 공양한 연후에 음식을 먹어야 합니다. 이와 같이 음식을 먹어야 번뇌가 있는 것도 아니지만 번뇌를 여읜 것도 아닙니다. 선정에 들어가지만 선정에서 일어난 것도 아니며, 세간에 머무는 것도 아니지만 열반에 안주하는 것도 아닙니다.

迦葉! 若能不捨八邪 入八解脫, 以邪相入正法, 以一食施一切, 供養諸佛及衆賢聖 然後可食. 如是食者 非有煩惱 非離煩惱, 非入定意 非起定意, 非住世間 非住涅槃.

보시자는 큰 복도 없지만 작은 복도 없으며, 이익되지 않지만 손해 보는 것도 아닙니다. 이것이 바르게 불도에 들어가되 성문을 의지하는 것이 아닙니다. 가섭이여! 이와 같은 음식이어야 보시자의 베푼 음식을 헛되이 먹는 것이 아닙니다.'

其有施者 無大福 無小福 不爲益 不爲損, 是爲正入佛道 不依聲聞. 迦葉! 若如是食 爲不空食人之施也.

제가 그때 세존이시여, 그 말을 듣고 미증유함을 얻었으며, 일체 보

---

35 8정도의 반대로서 그릇된 길이다. 즉 사견邪見·사사유邪思惟·사어邪語·사업邪業·사명邪命·사정진邪精進·사념邪念·사정邪定이다.

36 『육조단경』에도 "1백 가지 생각을 끊어서 법신法身을 보려 하지 말라."고 했다. 끊은 뒤에 얻는 것이 아니라 번뇌 그 자리에 법신이 있기 때문이다.

살들도 깊이 공경심을 일으켰습니다. 그때 저는 이런 생각을 했습니다. '이 사람의 변재와 지혜가 이와 같거늘 어느 누가 아뇩다라삼먁삼보리심을 일으키지 않겠는가?' 저는 이후부터는 다시는 사람들에게 성문과 벽지불행을 권하지 않습니다. 그러므로 저는 그에게 병문안을 갈 수 없습니다."

時我 世尊! 聞說是語 得未曾有. 即於一切菩薩 深起敬心. 復作是念 斯有家名 辯才智慧 乃能如是 其誰聞此不發阿耨多羅三藐三菩提心? 我從是來 不復勸人以聲聞辟支佛行. 是故不任詣彼問疾.

4. 수보리, 유마와의 과거 일을 회상하다

부처님께서 수보리에게 말씀하셨다.
"그대가 유마힐에게 병문안을 다녀오너라."
수보리가 부처님께 말했다.
"세존이시여, 저는 그의 병문안을 감당할 자신이 없습니다. 왜냐하면 제가 예전에 그의 집에 들어가 걸식한 일을 기억하기 때문입니다. 그때 유마힐이 제 발우를 들고 가 음식을 가득 담아 가지고 와서는 제게 이런 말을 했습니다.

佛告須菩提 汝行詣維摩詰問疾! 須菩提白佛言 世尊! 我

不堪任詣彼問疾. 所以者何? 憶念我昔入其舍 從乞食.
時維摩詰取我鉢 盛滿飯 謂我言.

'수보리여! 만약 음식에 평등한 사람은 제법에도 평등하고, 제법에
평등한 사람은 또한 음식에도 평등합니다. 이와 같이 걸식을 해야 음
식을 먹을 수 있습니다.

수보리여! 음음婬·노怒·치癡를 끊지도 않지만 (3독과) 함께하지 않고,
몸을 파괴하지 않으면서 일상一相(空相)을 따릅니다.[37]

어리석음과 애착을 없애지 않고서 밝은 지혜와 해탈을 일으키며,
5역상五逆相(5역죄)으로서 해탈을 얻지만 벗어나지도 속박되어 있지도
않습니다. 4제를 보지 않되 4제를 보지 않는 것도 아니고, (증득의) 과
를 얻지 않되 과를 얻지 않는 것도 아닙니다. 범부가 아니되 범부의 법
을 여읜 것도 아니고, 성인이 아니되 성인이 아닌 것도 아닙니다. 비록
일체법을 성취했으나 제법의 상을 여의어야 음식을 먹을 수 있습니다.

唯! 須菩提! 若能於食等者 諸法亦等 諸法等者 於食亦
等. 如是行乞 乃可取食. 若須菩提! 不斷婬 怒 癡 亦不
與俱, 不壞於身 而隨一相. 不滅癡愛 起於明脫, 以五逆
相而得解脫 亦不解 不縛. 不見四諦 非不見諦, 非得果
非不得果. 非凡夫 非離凡夫法, 非聖人 非不聖人. 雖成
就一切法 而離諸法相 乃可取食.

---

37 색신色身을 그대로 두고, 실상의 몸을 따른다.

수보리여! 부처를 보지 말고, 법을 듣지 말며, 부란나가섭·말가리구사리자·산도야비라지자·아기다시사흠파라·가라구타가전연·니건타약제자 등 6사 외도[38]를 따라 출가해서 저 스승들이 떨어지는 곳에 그대도 또한 떨어져야 음식을 먹을 수 있습니다.

若須菩提! 不見佛 不聞法, 彼外道六師 富蘭那迦葉 末伽梨拘賖梨子 刪闍夜毘羅胝子 阿耆多翅舍欽婆羅 迦羅鳩馱迦旃延 尼犍陀若提子等是汝之師 因其出家 彼師所墮 汝亦隨墮 乃可取食.

수보리여! 모든 사견에 들어가되 피안에 도달하지 않으며, 8난[39]에 머물러 있지만 난이 없음을 구하지 마십시오. 번뇌와 함께해서 청정법을 여의어야 합니다. 그대가 무쟁삼매를 얻듯이 일체중생도 이 삼매를 얻습니다. 그대에게 보시한 자가 '복전'이 되지 않으며, 그대에게 공양한 자가 3악도에 떨어집니다.

모든 마군과 함께하여 모든 번뇌와 짝이 되며, 그대가 모든 마군·

---

38 용어 해설(342쪽) 참조.

39 8난이란 지옥·아귀·축생·장수천長壽天·변지邊地·맹롱음아盲聾瘖瘂·세지변총世智辯聰·불전불후佛前佛後이다. 지옥·아귀·축생은 고통에 시달려 수행할 수 없기 때문이고, 장수천은 색계色界·무색계無色界의 여러 천天으로 수명이 길고 편안하여 불법을 구하지 않기 때문이다. 변지는 북구로주北俱盧洲로서, 사주四洲 가운데 가장 살기 좋은 곳이기 때문이고, 맹롱음아는 눈이 멀고 귀먹고 말 못하기 때문이다. 세지변총은 세속의 지혜는 있어도 그릇된 견해에 빠져 바른 가르침을 구하지 않기 때문이며, 불전불후는 부처님이 계시는 세상이 아닌 시대를 말한다.

번뇌와 평등해서 다를 것이 없습니다. 일체중생에게 원망심이 있으며, 제불을 비방하고, 법을 훼손하며, 대중의 무리에 들어가지 않고, 마침내 열반도 얻지 않아야 합니다. 그대가 이와 같아야 음식을 취할 수 있습니다.'

若須菩提! 入諸邪見 不到彼岸, 住於八難 不得無難. 同於煩惱 離淸淨法. 汝得無諍三昧 一切衆生亦得是定. 其施汝者 不名福田 供養汝者 墮三惡道. 爲與衆魔共一手 作諸勞侶, 汝與衆魔及諸塵勞等無有異. 於一切衆生而 有怨心 謗諸佛 毁於法 不入衆數 終不得滅度. 汝若如是 乃可取食.

세존이시여! 그때에 그의 말을 듣고 망연해서 어떤 말을 해야 할지 몰랐고, 어떤 대답을 해야 할지도 몰라서 발우를 들고 그 집을 나오는데, 유마힐이 말했습니다.

'수보리여! 발우를 들고 가시고, 두려워하지 마십시오. 여래가 신통력으로 만든 사람이 이렇게 말한다면 두려워하겠습니까?'

'두려워하지 않습니다.'

時我 世尊! 聞此語茫然 不識是何言 不知以何答 便置鉢 欲出其舍. 維摩詰言 唯! 須菩提! 取鉢勿懼. 於意云何? 如來所作化人 若以是事詰 寧有懼不? 我言 不也!

유마힐이 말했습니다.

'일체제법이 환화로 만든 것이니, 그대는 지금 두려울 것이 없습니다. 왜냐하면 일체의 언설이 이 상을 여의었기 때문입니다. 지혜로운 자는 문자에 집착하지 않고, 두려워하지 않습니다. 왜냐하면 문자의 본성을 떠나서 문자가 없는 것이 곧 해탈이고, 해탈의 상이 곧 제법이기 때문입니다.'

유마힐이 이 법을 설할 때, 2백 천자가 법안이 청정해졌습니다. 그러므로 저는 그에게 병문안을 갈 수 없습니다."

> 維摩詰言 一切諸法如幻化相 汝今不應有所懼也. 所以者何? 一切言說 不離是相. 至於智者 不著文字 故無所懼. 何以故? 文字性離 無有文字 是則解脫 解脫相者則諸法也. 維摩詰說是法時 二百天子得法眼淨 故我不任詣彼問疾.

5. 부루나, 유마와의 과거 일을 회상하다

부처님께서 부루나에게 말씀하셨다.

"그대가 유마힐의 병문안을 다녀오너라."

부루나가 부처님께 말했다.

"세존이시여, 저는 그의 병문안을 감당할 자신이 없습니다. 왜냐하면 제가 예전에 큰 숲속 나무 아래에서 신참 비구들에게 법을 설하던 일을 기억하기 때문입니다. 그때 유마힐이 제게 와서 이런 말을 했습니다.

> 佛告富樓那彌多羅尼子 汝行詣維摩詰問疾! 富樓那白佛
> 言 世尊! 我不堪任詣彼問疾. 所以者何? 憶念我昔 於大
> 林中在一樹下 爲諸新學比丘說法. 時維摩詰來謂我言.

'부루나여! 마땅히 먼저 선정에 들어 이 사람의 마음을 관찰한 연후에 법을 설해야 합니다. 더러운 음식을 보배 그릇에 담아서는 안 됩니다. 마땅히 비구의 생각하는 바를 알아야 합니다. 유리를 수정과 같다고 봐서는 안 됩니다. 중생 근기의 근원을 알지 못하면서 소승법으로 인도해서는 안 됩니다. 그가 본래 상처가 없는데, 상처를 내어서는 안 됩니다. 대도를 가려고 하는데, 작은 길을 보여 주어서는 안 됩니다. 큰 바닷물을 소 발자국에 넣어서는 안 되며, 태양의 광명을 반딧불과 같이 생각하지 마십시오.

> 唯! 富樓那! 先當入定 觀此人心 然後說法. 無以穢食 置
> 於寶器. 當知是比丘心之所念 無以琉璃同彼水精. 汝不
> 能知衆生根源 無得發起以小乘法 彼自無瘡 勿傷之也.
> 欲行大道 莫示小徑, 無以大海 內於牛跡, 無以日光 等彼
> 螢火.

부루나여! 이 비구들은 오래전에 대승심을 발했으며, 중간에 잠깐 이 뜻을 잊은 분들입니다. 어찌하여 소승법으로 그들을 인도하려고 하십니까? 내가 보니, 소승 지혜의 미천함이 마치 맹인과 같습니다. 능히 일체중생의 근기가 수승하고 둔함을 분별하지 못하고 있습니다.'

富樓那! 此比丘久發大乘心 中忘此意 如何以小乘法而
教導之? 我觀小乘智慧微淺 猶如盲人, 不能分別一切衆
生根之利鈍.

그때에 유마힐이 삼매에 들어 이 비구들 스스로 자신의 숙명을 알게 했습니다. 일찍이 그들은 5백 부처님 처소에서 많은 덕을 심고 아뇩다라삼먁삼보리에 회향했습니다. 곧 그 사실을 확연히 알고 본심으로 되돌아갔습니다. 이에 비구들이 유마힐의 발에 머리를 숙였습니다. 유마힐이 법을 설할 때에 (그들은) 아뇩다라삼먁삼보리에서 다시는 퇴전하지 않았습니다. 제가 생각해 보니 성문은 사람의 근기를 살피지도 않고 법을 설해서는 안 됩니다. 그러므로 저는 그에게 병문안을 갈 수 없습니다."

時維摩詰卽入三昧 令此比丘自識宿命, 曾於五百佛所植
衆德本 迴向阿耨多羅三藐三菩提, 卽時豁然 還得本心,
於是諸比丘稽首禮維摩詰足. 時維摩詰因爲說法 於阿耨
多羅三藐三菩提不復退轉. 我念聲聞 不觀人根 不應說
法. 是故不任詣彼問疾.

6. 가전연, 유마와의 과거 일을 회상하다

부처님께서 가전연에게 말씀하셨다.

"그대가 유마힐의 병문안을 다녀오너라."

가전연이 부처님께 말했다.

"세존이시여! 저는 그의 병문안을 감당할 자신이 없습니다. 왜냐하면 제가 이런 일을 기억하기 때문입니다. 옛날에 부처님께서 모든 비구들에게 간략히 법을 설하셨는데, 제가 곧 후에 그 뜻을 부연해 설명했습니다. 무상無常의 뜻이고, 고苦의 뜻이며, 공空의 뜻이고, 무아無我의 뜻이며, 적멸寂滅의 뜻 등이라고 설했습니다. 그때 유마힐이 제게 와서 이런 말을 했습니다.

> 佛告摩訶迦旃延 汝行詣維摩詰問疾! 迦旃延白佛言 世尊! 我不堪任詣彼問疾. 所以者何? 憶念昔者 佛爲諸比丘略說法要, 我即於後敷演其義 謂無常義 苦義 空義 無我義 寂滅義. 時維摩詰來謂我言.

'여보세요. 가전연이여! 생멸심으로 실상법을 설하지 마십시오. 가전연이여! 제법은 반드시 생도 없고, 멸도 없는 것이 무상의 뜻입니다.

5온을 통달해 공空해서 일어나는 바가 없는 것이 고苦의 뜻입니다.

제법이 마침내 있음(고정적인 실체)이 없는 것이 공空의 뜻입니다.

아·무아, 둘 모두 없는 것이 무아의 뜻입니다.

법은 본래 스스로 그런 것도 아니며, 지금 곧 사라질 것도 없는 것이

적멸의 뜻입니다.'⁴⁰

이 법을 설할 때에 비구들이 해탈을 얻었습니다. 그러므로 저는 병 문안을 갈 수 없습니다."

唯! 迦旃延! 無以生滅心行 說實相法. 迦旃延! 諸法畢 竟不生 不滅 是無常義. 五受陰洞達空無所起 是苦義, 諸 法究竟無所有 是空義, 於我 無我而不二 是無我義. 法本 不然 今則無滅 是寂滅義. 說是法時 彼諸比丘心得解脫. 故我不任詣彼問疾.

7. 아나율, 유마와의 과거 일을 회상하다

부처님께서 아나율에게 말씀하셨다.

---

40 법이란 본래 그 자체의 고유한 성품도 없고, 지금도 멸해 없어질 것이 없다는 것이 적멸의 뜻이다. 이와 유사한 내용이 앞의 가섭의 이야기에도 있다. 초기불교에서 거론되는 법이란 그들 하나하나가 존재하는 현상을 성립시키고 있는 기체基體적인 존재를 말한다. 불교용어에서는 법法에 관한 용어가 많이 등장하는데, 다양한 의미를 지니고 있다. 힌두교는 윤리, 양속, 의무라는 어감이 강한 편이다. 불교 이전에는 선善이나 진리의 의미로만 쓰였다. 일반적인 불교학에서 법의 뜻이 그 쓰임에 따라 다음과 같이 다르다. ① 법法 : 진실, 교법 ② 불법승佛法僧 : 불교의 가르침. ③ 9분교九分敎의 법장法藏 : 경장經藏으로 완성되기 이전의 교법의 분류. ④ 법法을 구한다 : 깨달음, 진리. ⑤ 법계法界 : 연속의 세계, 즉 연기의 세계. ⑥ 제법무아諸法無我 : 모든 현상. ⑦ 6경六境의 마지막인 법法 : 의식의 대상.

"그대가 유마힐의 병문안을 다녀오너라."

아나율이 부처님께 말했다.

"세존이시여! 저는 그의 병문안을 감당할 자신이 없습니다. 왜냐하면 제가 이런 일을 기억하기 때문입니다. 예전에 제가 한 처소에서 경행을 하고 있는데, '엄정'이라는 범천왕이 1만 명의 범천왕과 함께 청정한 광명을 놓으며 저의 처소에 와서 머리를 숙이고, 제게 이렇게 물었습니다.

'아나율 존자님, 천안으로 어느 정도를 보십니까?'

제가 그때 이렇게 답했습니다.

'그대들이여! 석가모니부처님의 국토인 삼천대천세계를 손바닥 위의 암마륵과를 보듯이 봅니다.'

그때 유마힐이 제게 와서 이런 말을 했습니다.

'이보세요. 아나율 존자님. 천안으로 보는데, 보겠다는 관념으로 보십니까? 관념이 없이 보십니까? 혹 보겠다는 관념으로 본다면, 외도의 5신통과 다를 바가 없습니다. 보겠다는 관념이 없는 것이 곧 무위無爲이고, (보되) 보는 것이 아닙니다.'

佛告阿那律 汝行詣維摩詰問疾! 阿那律白佛言 世尊! 我不堪任詣彼問疾. 所以者何? 憶念我昔 於一處經行 時有梵王名曰嚴淨 與萬梵俱 放淨光明 來詣我所 稽首作禮, 問我言 幾何? 阿那律! 天眼所見. 我即答言 仁者! 吾見此釋迦牟尼佛土 三千大千世界 如觀掌中菴摩勒果. 時維摩詰來謂我言. 唯! 阿那律! 天眼所見 爲作相耶? 無

作相耶? 假使作相 則與外道五通等, 若無作相 即是無爲
不應有見.

세존이시여, 제가 그때 아무 말도 못 했습니다. 모든 범천왕이 그 말
을 듣고 미증유함을 얻었습니다. 곧 예를 갖추고 제가 이렇게 물었습
니다. '세상에서 누가 진정한 천안을 얻은 자입니까?'

유마힐이 말했습니다.

'불 세존이 진정한 천안을 얻은 분으로서 항상 삼매에 머물러 모든
불국토를 두 가지 상으로 보지 않습니다(분별심이 없음).'

엄정 범천왕 및 그 권속 5백의 범천왕들이 모두 아뇩다라삼먁삼보
리심을 내고, 유마힐의 발에 예를 올리고 홀연히 사라졌습니다. 그러
므로 저는 그에게 병문안을 갈 수 없습니다."

世尊! 我時默然. 彼諸梵聞其言 得未曾有 即爲作禮而問
曰 世孰有眞天眼者? 維摩詰言 有佛世尊 得眞天眼 常
在三昧 悉見諸佛國 不以二相. 於是嚴淨梵王 及其眷屬
五百梵天 皆發阿耨多羅三藐三菩提心 禮維摩詰足已 忽
然不現. 故我不任詣彼問疾.

8. 우바리, 유마와의 과거 일을 회상하다

부처님께서 우바리에게 말씀하셨다.

"우바리여, 그대가 유마의 병문안을 다녀오너라."

우바리가 부처님께 말했다.

"세존이시여! 저는 그의 병문안을 감당할 자신이 없습니다. 왜냐하면 제가 이런 일을 기억하기 때문입니다. 옛날에 두 비구가 계율을 범한 후에 부끄러워서 감히 부처님께 묻지 못하고 제게 와서 이런 말을 했습니다.

'우바리 존자님, 저희들이 계율을 범하여 진실로 부끄럽습니다. 감히 부처님께 물을 수가 없습니다. 원컨대는 의혹과 참회를 풀어 주어 이 허물을 면제케 해 주십시오.'

제가 법대로 해설해 주고 있는데, 그때에 유마힐이 제게 와서 이런 말을 했습니다.

> 佛告優波離 汝行詣維摩詰問疾! 優波離白佛言 世尊! 我
> 不堪任詣彼問疾. 所以者何? 憶念昔者 有二比丘犯律行
> 以爲恥 不敢問佛 來問我言 唯! 優波離! 我等犯律 誠
> 以爲恥 不敢問佛 願解疑悔 得免斯咎. 我即爲其如法解
> 說. 時維摩詰來謂我言.

'우바리 존자님. 이 비구들에게 거듭 죄를 무겁게 보태서는 안 됩니다. 곧 제멸시켜 주어야 하며, 그들의 마음을 괴롭혀서는 안 됩니다.

죄의 성품은 안에 있는 것도 아니고, 밖에 있는 것도 아니며, 중간에 있는 것도 아닙니다. 부처님께서 설하신 대로 마음이 번뇌롭기 때문에 중생이 번뇌로운 것이요, 마음이 청정하면 중생도 청정합니다. 그 마음 또한 안에 있는 것도 아니고, 밖에 있는 것도 아니며, 중간에 있는 것도 아닙니다. 마음이 그렇기 때문에 죄의 허물 또한 그러하며 제법 또한 그러합니다. 진여를 벗어나지 않습니다.[41]

> 唯! 優波離! 無重增此二比丘罪 當直除滅 勿擾其心. 所
> 以者何? 彼罪性不在內 不在外 不在中間. 如佛所說 心
> 垢故 衆生垢 心淨故 衆生淨. 心亦不在內 不在外 不在中
> 間. 如其心然 罪垢亦然 諸法亦然 不出於如.

우바리 존자님, 심상으로 해탈을 얻는 것인데, 번뇌의 때가 있을 수 있겠습니까?'[42]

---

41 용어 해설(356쪽) 진여 · 여여 참조.

42 "죄에는 본 성품이 없고 단지 그 마음에 따라 일어나니, 만약 그 마음이 멸한다면 죄도 또한 없어지며 죄와 마음, 이 두 가지가 모두 사라지면, 이를 두고 곧 진실한 참회라고 하네(罪無自性從心起 心若滅是罪亦忘 罪忘心滅兩俱空 是則名爲眞懺悔)." 『천수경』의 이 내용에는 단순한 참회를 넘어 공 사상이 담겨 있는데, 우리 삶 속에서 일어나는 일들과 연관 지어 볼 수 있다. 인간은 자신 스스로 만든 두려움 · 비굴함 · 자괴감 · 낮은 자존감이 지어 낸 죄의식으로 자승자박하는 경우가 많다. 자기 생각이 만들어 낸 고통에 의해 자신이 고통받고 있는 것이다. 그러니 죄의식도 번뇌가 만들어 낸 뜬구름과 같은 것이다. 어떤 일이나 사건도 하나하나의 요소에 의해서 형성되어 있다. 즉 그 하나하나 요소는 실체가 없는 무자성無自性이다. 그런데 실체가 있다고 착각하고 뜬구름을 붙잡고 괴로워하는 것이다. 이 점을 제대로 인식할 때 진정한 참회가 되는 것이다.

'아닙니다(번뇌의 때가 없습니다).'

유마힐이 말했습니다.

'일체중생의 심상에 번뇌가 없는 것이 이와 같습니다. 우바리님! 망상이 번뇌요, 망상 없는 것이 청정입니다. 전도가 번뇌요, 전도되지 않는 것이 청정입니다. 나에 집착하는 것이 번뇌요, 나에 집착하지 않는 것이 청정입니다.[43]

우바리님! 일체법은 생겨났다가 소멸해 잠시도 머물러 있지 않으며, 허깨비와 같고, 번개와 같습니다. 제법이 서로 의지하지 않으며, 한순간도 머물러 있지 않습니다. 제법은 다 허망하게 보는 것이어서 꿈과 같고, 불꽃과 같으며, 물 가운데 있는 달빛과 같고, 거울 중에 있는 형상과 같아서 망령된 생각에서 생겨난 것입니다 이렇게 알고 있는 사람을 "계율을 잘 지킨다"고 하는 것이고, 이렇게 알고 있는 사람을 "제대로 아는 것"이라고 할 수 있습니다.'

> 如優波離! 以心相得解脫時 寧有垢不? 我言 不也. 維摩
> 詰言 一切衆生 心相無垢 亦復如是. 唯! 優波離! 妄想是
> 垢 無妄想是淨 顛倒是垢 無顛倒是淨 取我是垢 不取我
> 是淨. 優波離! 一切法生滅不住 如幻 如電. 諸法不相待
> 乃至一念不住. 諸法皆妄見 如夢 如炎 如水中月 如鏡中
> 像 以妄想生. 其知此者 是名奉律 其知此者 是名善解.

---

43 범부는 고정적인 자기 관념(我相)에 입각해 자신에 대한 집착이 강하다. 모든 업은 바로 아상에서 발단된다고 본다. 하여튼 어떤 행동에도 그 순간의 행위는 사라지지만 뒤에 보이지 않는 힘을 남긴다. 그것이 업이다.

그때 두 비구가 (유마거사에게) 말했습니다.

'지혜로운 이여! 우바리로서는 능히 미치지 못하는 경지이며, 그는 계율제일인데도 능히 설할 수 없는 내용입니다.'

제가 이렇게 답했습니다.

'여래를 제외하고, 성문과 보살은 능히 설법 잘하는 변재를 제압할 이가 아무도 없습니다. 그의 지혜가 통달함도 이와 같습니다.'

그때 두 비구가 의혹과 참회가 제거되었고, 아뇩다라삼먁삼보리심을 내며 이런 말을 했습니다. '일체중생이 모두 이 변재를 얻게 하소서.' 그러므로 저는 그에게 병문안을 갈 수 없습니다."

> 於是二比丘言 上智哉! 是優波離所不能及 持律之上而
> 不能說. 我即答言 自捨如來 未有聲聞及菩薩能制其樂
> 說之辯, 其智慧明達爲若此也. 時二比丘疑悔即除 發阿
> 耨多羅三藐三菩提心 作是願言 令一切衆生皆得是辯.
> 故我不任詣彼問疾.

9. 라후라, 유마와의 과거 일을 회상하다

부처님께서 라후라에게 말씀하셨다.

"그대가 유마힐의 병문안을 다녀오너라."

라후라가 부처님께 말했다.

"세존이시여! 저는 그의 병문안을 감당할 자신이 없습니다. 왜냐하면 제가 이런 일을 기억하기 때문입니다. 옛날에 바이샬리 성의 수많은 장자의 아들들이 제 처소에 와서 예를 올린 뒤에 제게 이렇게 물었습니다.

'라후라여! 그대는 부처님의 아들입니다. 전륜왕의 지위를 버리고 도를 구하기 위해 출가했는데, 그 출가라는 것이 어떤 이익이 있습니까?'

저는 여법하게 출가의 공덕에 대해 설해 주었습니다. 그때 유마힐이 제게 와서 이런 말을 했습니다.

> 佛告羅睺羅 汝行詣維摩詰問疾! 羅睺羅白佛言 世尊! 我
> 不堪任詣彼問疾. 所以者何? 憶念昔時 毘耶離諸長者子
> 來詣我所 稽首作禮 問我言 唯! 羅睺羅! 汝佛之子 捨轉
> 輪王位出家爲道 其出家者 有何等利? 我即如法爲說出
> 家功德之利. 時維摩詰來謂我言.

'라후라 존자님! 출가 공덕의 이익에 대해 설할 것이 없습니다. 이익도 없고 공덕도 없는 것[44]이 출가입니다.

---

44 '공덕이 없다.'는 것을 잘 설명하는 이야기가 있다. 양무제와 달마의 대화이다. 양무제가 달마에게 "짐이 즉위한 이래 절을 짓고 사경하며, 스님들께도 공양을 많이 올렸습니다. 어떤 공덕이 있겠습니까?"라는 질문에 달마는 '공덕이 하나도 없다(無功德).'고 하였다. 달마는 이렇게 말했다. "이는 인천人天의 번뇌가 될 원인입니다. 그림자가 형상을 따르는 것처럼, 비록 진실은 아니지만 생각으로 설함이요, 이는 다만 작은 닦음의 인과입니다. 복을 구하는 것은 복의 덕목이 되지 못합니다." 덧붙

유위법으로는 "이익이 있다", "공덕이 있다"고 설합니다. 출가라는 것은 무위법입니다. 무위법 가운데는 이익도 공덕도 없습니다.

> 唯! 羅睺羅! 不應說出家功德之利. 所以者何? 無利 無功德 是爲出家. 有爲法者 可說有利 有功德. 夫出家者 爲無爲法 無爲法中 無利 無功德.

라후라여! 출가라는 것은 저것도 아니고 이것도 아니며, 중간도 아닙니다. 62견[45]을 여의었고, 열반에 머물며, 지혜로운 자가 받아들일 바이고, 성인의 행입니다. 뭇 마군을 항복받고, 5도 (중생을) 제도하며, 5안[46]이 청정하고, 5력을 얻으며, 5근을 세웁니다. 그래서 다른 이에게 피해를 주지 않으며, 수많은 악행을 여의고, 모든 외도를 항복하며, 거짓 이름을 초월합니다.[47] 번뇌에서 벗어나 얽매이지도 않고, 나의 것이 없으며, 받는 바가 없고, 요란함이 없으며, 안으로는 환희심을 품고, 사람의 뜻을 보호해 줍니다. 선정을 따르고 뭇 허물을 여의어야 합니

이자면, 유위복有爲福은 될지언정 무위복無爲福은 얻지 못한다는 뜻이다.

45 62견이란 부처님 재세시 불교의 가르침과 반대된 견해를 총칭한다. 여기서는 62가지의 그릇된 견해라기보다는 '62'라는 숫자 개념을 떠나 번뇌의 통칭이라고 본다.

46 5안이란 육안肉眼 · 천안天眼 · 혜안慧眼 · 법안法眼 · 불안佛眼이다.

47 '거짓 이름을 초월한다.'는 해석은 명예와 명성을 얻는 일에 초월한 것으로 본다. 중국에서 『고승전』을 최초로 편찬한 혜교慧皎(497~554)는 서문에 이렇게 언급하였다. "참되게 행동하면서도 겉으로 드러나는 빛을 감추는 사람은 고매하지만 유명하지 않다. 덕은 적으면서 시류에 맞춰 사는 사람은 유명하지만 고매하지 않다." 혜교는 고승高僧과 명승名僧을 구별하면서 '명성은 있어도 덕행이 부족한 스승'은 『고승전』에 전기를 싣지 않았다고 하였다.

다. 혹 이와 같아야 참 출가라고 할 수 있습니다.'

羅睺羅! 出家者 無彼 無此 亦無中間, 離六十二見 處於
涅槃 智者所受 聖所行處, 降伏衆魔 度五道 淨五眼 得五
力 立五根. 不惱於彼 離衆雜惡 摧諸外道 超越假名, 出
淤泥 無繫著 無我所 無所受 無擾亂 內懷喜 護彼意, 隨
禪定 離衆過. 若能如是 是眞出家.

그때에 유마힐이 모든 장자의 아들들에게 말했습니다.

'그대들은 정법 가운데 있으니 마땅히 함께 출가한 것입니다. 부처님 세상은 만나기 어렵기 때문입니다.'

모든 장자의 아들들이 말했습니다.

'거사여! 부처님께서 말씀하시기를, 부모가 허락하지 않으면 출가할 수 없다고 하였습니다.'

유마힐이 말했습니다.

'그렇습니다. 그대들은 아뇩다라삼먁삼보리심을 발했으니 이것이 곧 출가요, 구족계를 받은 것입니다.'

그때 32명 장자의 아들들이 아뇩다라삼먁삼보리심을 발했습니다. 그러므로 저는 그에게 병문안을 갈 수 없습니다.”

於是維摩詰語諸長者子 汝等於正法中 宜共出家. 所以
者何? 佛世難値! 諸長者子言 居士! 我聞佛言 父母不聽
不得出家. 維摩詰言 然! 汝等便發阿耨多羅三藐三菩提
心 是卽出家 是卽具足. 爾時三十二長者子 皆發阿耨多

羅三藐三菩提心. 故我不任詣彼問疾.

10. 아난, 유마와의 과거 일을 회상하다

부처님께서 아난에게 말씀하셨다.

"그대가 유마힐의 병문안을 다녀오너라."

아난이 부처님에게 말했다.

"세존이시여! 저는 그의 병문안을 감당할 자신이 없습니다. 왜냐하면 제가 이런 일을 기억하기 때문입니다. 옛날에 세존께서 작은 병이 나서 우유가 필요했습니다. 저는 곧 발우를 들고 대바라문 집 앞에 서 있었습니다. 그때 유마힐이 제게 와서 이런 말을 했습니다.

> 佛告阿難 汝行詣維摩詰問疾! 阿難白佛言 世尊! 我不堪任詣彼問疾. 所以者何? 憶念昔時 世尊身小有疾 當用牛乳 我即持鉢 詣大婆羅門家門下立. 時維摩詰來謂我言.

'아난이여! 무슨 일로 아침에 발우를 들고 여기에 서 있습니까?'

제가 이렇게 말했습니다.

'거사님! 세존께서 작은 병이 나서 우유가 필요합니다. 그래서 여기에 있습니다.'

유마힐이 말했습니다.

'그만두십시오. 그만두십시오. 아난존자님! 그런 말 하지 마십시오. 여래의 몸은 금강 같은 본체로서 모든 악을 이미 끊었으며, 수많은 선이 쌓여서 된 분입니다. 어찌 무슨 병이 나겠습니까? 어찌 괴로움이 있겠습니까? 조용히 이곳에서 가십시오.

아난 존자님! 여래를 비방하지 마십시오. 그리고 다른 사람들로부터 좋지 않은 말을 듣지 않도록 하십시오. 대위덕의 제천과 타방 정토에서 오신 모든 보살들이 이 말을 듣지 않도록 하십시오.

唯! 阿難! 何爲晨朝持缽住此? 我言 居士! 世尊身小有疾 當用牛乳 故來至此. 維摩詰言 止! 止! 阿難! 莫作是語. 如來身者 金剛之體 諸惡已斷 衆善普會 當有何疾? 當有何惱? 默往! 阿難! 勿謗如來 莫使異人聞此麤言 無令大威德諸天 及他方淨土諸來菩薩 得聞斯語.

아난존자님! 작은 복을 가진 전륜성왕도 오히려 병이 없거늘 어찌 하물며 여래의 무량한 복덕을 갖추신 수승한 분이 병이 나겠습니까? 가십시오. 아난존자님! 우리들이 부끄럽도록 하지 마십시오. 외도 범지야가 이 말을 들으면, 이런 생각을 할지 모릅니다. "어찌 스승이라고 하겠는가? 스스로 자기 병도 치료하지 못하면서 병든 사람을 어찌 구제한다는 말인가?" 그대여! 조용히 빨리 가시고, 다른 사람이 듣지 않도록 하십시오.

阿難! 轉輪聖王以少福故 尚得無病 豈況如來無量福會 普勝者哉? 行矣! 阿難! 勿使我等受斯恥也. 外道梵志若

聞此語 當作是念 何名爲師? 自疾不能救 而能救諸疾?
仁 可密速去 勿使人聞.

마땅히 아십시오. 아난 존자님! 모든 여래의 몸은 법신입니다. 욕망
으로 이루어진 몸이라고 생각하지 마십시오. 부처님은 세존이시고,
3계를 초월한 분입니다. 부처님 법신은 번뇌가 없고, 부처님은 모든
번뇌가 이미 사라진 분입니다. 불신은 무위無爲이고, 모든 제수諸數(有
爲)에 떨어지지 않습니다. 이와 같은 몸이거늘 어찌 병이 있겠습니까?'

그때, 제가 세존이시여! 실로 부끄러웠습니다. '부처님을 가까이 모
시었건만 그동안 (법을) 잘못 들었던 것인가?'라고 생각했습니다.

當知! 阿難! 諸如來身 即是法身 非思欲身. 佛爲世尊 過
於三界 佛身無漏 諸漏已盡 佛身無爲 不墮諸數. 如此之
身 當有何疾? 時我 世尊! 實懷慚愧 得無近佛而謬聽耶?

그때 허공 가운데서 소리가 들렸습니다.

'아난이여! 거사가 말한 바와 같습니다(거사의 말이 맞다). 다만 부처
님께서 5탁악세에 출현해 이 병을 나타내 보인 것은 중생을 제도하기
위한 방편입니다. 그대로 하십시오. 우유 취하는 것을 부끄러워하지
마십시오.'

세존이시여! 유마힐의 지혜와 변재가 이러합니다. 그러므로 저는
그에게 병문안을 갈 수 없습니다."

即聞空中聲曰 阿難! 如居士言 但爲佛出五濁惡世 現行

斯法 度脫衆生. 行矣! 阿難! 取乳勿慚. 世尊! 維摩詰智
慧 辯才爲若此也. 是故不任詣彼問疾.

이와 같이 5백 명의 대 제자들이 각각 부처님을 향하여 그 본연(유마
거사의 병문안을 갈 수 없는 이유)을 말하며, 유마힐의 설한 바를 아뢰면서
다 같이 '그에게 병문안을 갈 수 없다.'고 하였다.

如是五百大弟子 各各向佛說其本緣 稱述維摩詰所言 皆
曰 不任詣彼問疾.

제4 보살품 菩薩品

네 보살들이 가르침을 받음

1. 미륵보살, 유마와의 과거 일을 회상하다

부처님께서 미륵보살에게 말씀하셨다.

"그대가 유마힐의 병문안을 다녀오너라."

미륵이 부처님께 말했다.

"세존이시여, 저는 그의 병문안을 감당할 자신이 없습니다. 왜냐하면 제가 옛날에 도솔천왕과 그 권속에게 불퇴전지의 행에 대해 설법한 일을 기억하기 때문입니다. 그때 유마힐이 제게 와서 이런 말을 했습니다.

> 於是佛告彌勒菩薩 汝行詣維摩詰問疾! 彌勒白佛言 世
> 尊! 我不堪任詣彼問疾. 所以者何? 憶念我昔 爲兜率天
> 王及其眷屬 說不退轉地之行. 時維摩詰來謂我言.

'미륵이여! 세존께서 그대에게 수기하기를 "일생에 마땅히 아뇩다라삼먁삼보리를 얻을 것"이라고 하였는데, 어느 생에 수기를 받는 것입니까? 과거입니까? 미래입니까? 현재입니까?

혹 과거생이라고 한다면 과거생은 이미 사라졌고, 혹 미래생이라고 한다면 미래생은 아직 오지 않았으며, 혹 현재생이라고 한다면 현재생 또한 잠시도 머물러 있지 않습니다.

> 彌勒! 世尊授仁者記 一生當得阿耨多羅三藐三菩提 爲用
> 何生得受記乎? 過去耶? 未來耶? 現在耶? 若過去生 過
> 去生已滅, 若未來生 未來生未至, 若現在生 現在生無住.

부처님께서 이렇게 설하셨습니다. "비구여, 그대는 지금 순간이 곧 생生이고, 또한 노老이며, 또한 멸滅이다."

만약 무생으로 수기를 받는다면 무생이 곧 정위正位이고,[48] 정위 가운데 또한 수기를 받는 것은 없습니다. 또한 최상의 깨달음을 얻는 것도 없습니다. 그런데 어떻게 미륵이 일생에 수기를 받을 수 있겠습니까? 진여로부터 생겨서(生) 수기를 받는 것입니까? 진여로부터 멸滅해서 수기를 받는 것입니까?

> 如佛所說 比丘! 汝今即時亦生 亦老 亦滅. 若以無生得
> 受記者 無生即是正位, 於正位中 亦無受記 亦無得阿耨
> 多羅三藐三菩提 云何彌勒受一生記乎? 爲從如生得受記
> 耶? 爲從如滅得受記耶?

만약 진여로부터 생겨서(生) 수기를 받는 것이라고 한다면 진여에는 생生이 없는 것이요, 만약 진여로부터 멸해서 수기를 받는 것이라면 진여에는 멸이 있을 수 없습니다.

일체중생이 다 진여이고, 일체법이 또한 진여이며, 뭇 현성이 또 진여이고, 미륵 또한 진여입니다.

> 若以如生得受記者 如無有生, 若以如滅得受記者 如無
> 有滅. 一切衆生皆如也 一切法亦如也 衆聖賢亦如也 至

---

48 '무생無生이 곧 정위正位'라는 것은 생멸이 없는 경지가 곧 깨달음의 경지라는 것이다. 한편 깨달음의 경지에서는 굳이 최상의 깨달음을 얻을 필요가 없기 때문이다.

제4 보살품菩薩品　**091**

於彌勒亦如也.

　만약 미륵이 수기를 받는다면 일체중생 또한 수기를 받는 것입니다. 왜냐하면 "진여"라고 하는 것은 둘도 아니지만 다르지도 않습니다.

　만약 미륵이 최상의 깨달음을 얻는다면 일체중생 또한 그러합니다. 왜냐하면 일체중생이 곧 보리의 모습이기 때문입니다.

　만약 미륵이 멸도를 얻는다면 일체중생 또한 그러합니다. 왜냐하면 제불께서 일체중생이 마침내 적멸한 것이 곧 열반이므로 다시는 열반할 것조차 없다는 것을 알기 때문입니다.

> 若彌勒得受記者 一切衆生亦應受記 所以者何? 夫如者 不二 不異. 若彌勒得阿耨多羅三藐三菩提者 一切衆生 皆亦應得 所以者何? 一切衆生 卽菩提相. 若彌勒得滅度者 一切衆生亦應滅度 所以者何? 諸佛知一切衆生畢竟 寂滅 卽涅槃相 不復更滅.

　그러니 미륵이여! 이런 설법으로 모든 천자를 유인하지 마십시오. 실로 아뇩다라삼먁삼보리심을 일으킨 사람도 없는 것이요, 퇴보하는 자도 없습니다.

　미륵이여! 마땅히 모든 천자들로 하여금 (보리를 분별하는) 견해를 버리도록 하셔야 합니다. 왜냐하면, "보리"라는 것은 몸으로 얻는 것도 아니고, 마음으로 얻는 것도 아닙니다.

> 是故彌勒! 無以此法誘諸天子. 實無發阿耨多羅三藐三

菩提心者 亦無退者. 彌勒! 當令此諸天子 捨於分別菩提
之見. 所以者何? 菩提者 不可以身得 不可以心得.

적멸이 보리이거니 모든 상을 소멸했기 때문이고, 관하지 않는 것
이 보리이거니 모든 연을 여의었기 때문이며, 행하지 않는 것이 이 보
리이거니 억념이 없기 때문입니다.

끊음이 보리이거니 모든 견해를 버렸기 때문이고, 여읨이 보리이거
니 모든 망상을 여의었기 때문이며, 장애가 보리이거니 모든 원하는
것을 차단하기 때문입니다.

寂滅是菩提 滅諸相故, 不觀是菩提 離諸緣故 不行是菩
提 無憶念故, 斷是菩提 捨諸見故, 離是菩提 離諸妄想
故, 障是菩提 障諸願故.

들어가지 않음이 보리이거니 탐착이 없기 때문이고, 따르는 것이
이 보리이거니 진여에 따르기 때문이며, 머무는 것이 이 보리이거니
법성에 머물기 때문입니다.

도착하는 것이 보리이거니 실제實際에 이르기 때문이고, 불이不二가
이 보리이거니 의意와 법法을 여의었기 때문이며, 평등이 이 보리이거
니 허공처럼 평등하기 때문입니다.

무위가 이 보리이거니 생주이멸이 없기 때문이고, 앎이 이 보리이
거니 중생의 마음 움직임(心行)을 요달했기 때문이며, 알지 못하는 것
이 보리이거니 모든 받아들임(6入)을 알지 못하기 때문입니다.

不入是菩提 無貪著故, 順是菩提 順於如故, 住是菩提 住
法性故. 至是菩提 至實際故, 不二是菩提 離意法故, 等
是菩提 等虛空故. 無爲是菩提 無生住異滅故, 知是菩提
了衆生心行故, 不會是菩提 諸入不會故.

합하지 않는 것이 보리이거니 번뇌의 습을 여의었기 때문이고, 처
소가 없는 것이 이 보리이거니 형색이 없기 때문이며, 거짓 이름이 이
보리이거니 명자名字가 공하기 때문입니다.

허깨비와 같은 것이 이 보리이거니 취하고 버릴 것이 없기 때문이
고, 혼란하지 않은 것이 이 보리이거니 항상 스스로 고요하기 때문이
며, 선적善寂이 이 보리이거니 본성이 청정하기 때문입니다.

취하지 않는 것이 보리이거니 반연을 여의었기 때문이고, 다르지
않음이 이 보리이거니 제법이 평등하기 때문이며, 견줄 것이 없는 것
이 이 보리이거니 비유할 것이 없기 때문이고, 미묘함이 보리이거니
제법을 알기 어렵기 때문입니다.'

세존이시여! 유마힐이 이 법을 설했을 때에 2백 천자가 무생법인을
얻었습니다. 그러므로 저는 그에게 병문안을 갈 수 없습니다."

不合是菩提 離煩惱習故, 無處是菩提 無形色故, 假名是
菩提 名字空故 如化是菩提 無取捨故, 無亂是菩提 常自
靜故, 善寂是菩提 性清淨故. 無取是菩提 離攀緣故, 無
異是菩提 諸法等故, 無比是菩提 無可喻故, 微妙是菩提
諸法難知故. 世尊! 維摩詰說是法時 二百天子得無生法

忍. 故我不任詣彼問疾.

2. 광엄동자, 유마와의 과거 일을 회상하다

부처님께서 광엄동자에게 말씀하셨다.

"그대가 유마힐 병문안을 다녀오너라."

광엄이 부처님께 말했다.

"세존이시여! 저는 그의 병문안을 감당할 자신이 없습니다. 왜냐하면 제가 이런 일을 기억하기 때문입니다. 옛날에 제가 바이샬리 성을 나가려고 하는데, 그때 유마힐이 성으로 들어오고 있었습니다. 제가 예를 갖추고 그에게 물었습니다.

'거사님, 어디로부터 오십니까?'

'도량으로부터 옵니다.'

> 佛告光嚴童子 汝行詣維摩詰問疾! 光嚴白佛言 世尊! 我
> 不堪任詣彼問疾. 所以者何? 憶念我昔 出毘耶離大城 時
> 維摩詰方入城 我即爲作禮而問言 居士! 從何所來? 答
> 我言 吾從道場來.

제가 또 물었습니다.

'도량이란 어느 곳입니까?'

'직심이 도량입니다. 헛되거나 거짓이 없기 때문이고, 행을 일으키는 것이 도량이니 능히 일을 판단하기 때문이며, 심심深心이 도량이니 공덕을 증장시키기 때문입니다.

보리심이 이 도량이니 잘못됨이 없기 때문이고, 보시가 이 도량이니 되갚음을 바라지 않기 때문이며, 지계가 이 도량이니 소원하는 바를 갖추었기 때문입니다.

인욕이 이 도량이니 모든 중생에게 마음에 걸림이 없기 때문이고, 정진이 이 도량이니 해태함이 없기 때문이며, 선정이 이 도량이니 마음이 조복되어 유연하기 때문이고, 지혜가 이 도량이니 모든 법을 현상적으로 보기 때문입니다.

> 我問 道場者 何所是? 答曰 直心是道場 無虛假故, 發行是道場 能辨事故, 深心是道場 增益功德故. 菩提心是道場 無錯謬故, 布施是道場 不望報故, 持戒是道場 得願具故, 忍辱是道場 於諸衆生心無礙故, 精進是道場 不懈退故, 禪定是道場 心調柔故, 智慧是道場 現見諸法故.

자애가 이 도량이니 중생을 평등하게 대하기 때문이며, 대비가 이 도량이니 지치고 괴로움을 견디기 때문입니다.

기쁨이 이 도량이니 열락의 법이기 때문이고, 평온이 이 도량이니, 증오와 사랑을 끊었기 때문이며, 신통이 이 도량이니 6통을 성취했기 때문입니다.

해탈이 이 도량이니 (번뇌를) 등지고 버렸기 때문이고, 방편이 이 도량이니 중생을 교화하기 때문이며, 4섭법이 이 도량이니 중생을 거두기 때문입니다.

> 慈是道場 等衆生故, 悲是道場 忍疲苦故. 喜是道場 悅樂
> 法故, 捨是道場 憎愛斷故, 神通是道場 成就六通故. 解
> 脫是道場 能背捨故, 方便是道場 教化衆生故, 四攝是道
> 場 攝衆生故.

많이 듣는 것이 이 도량이니 들은 대로 실천하기 때문이고, 마음을 조복하는 것이 이 도량이니 제법을 바르게 관하기 때문이며, 37조도품이 이 도량이니 유위법을 버렸기 때문입니다.

진리가 이 도량이니 세간을 속이지 않기 때문이고, 연기가 이 도량이니 무명에서부터 노사에 이르기까지 모두 다함이 없기 때문이며, 모든 번뇌가 이 도량이니 여실하게 알기 때문입니다.

중생이 이 도량이니 무아를 알기 때문이고, 일체법이 이 도량이니 제법이 공한 줄을 알기 때문이며, 마군을 항복하는 것이 이 도량이니 기울거나 동요되지 않기 때문입니다.

> 多聞是道場 如聞行故, 伏心是道場 正觀諸法故, 三十七
> 品是道場 捨有爲法故. 諦是道場 不誑世間故, 緣起是道
> 場 無明乃至老死皆無盡故, 諸煩惱是道場 知如實故. 衆
> 生是道場 知無我故, 一切法是道場 知諸法空故, 降魔是
> 道場 不傾動故.

3계가 이 도량이니 나아갈 바가 없기 때문이고, 사자후가 이 도량이니 두려울 바가 없기 때문이며, 10력·4무외·18불공법이 이 도량이니 모든 과오가 없기 때문입니다.

3명이 이 도량이니 조금도 걸림이 없기 때문이며, 한 순간이 일체법인 줄을 아는 것이 이 도량이니 일체 지혜를 성취하기 때문입니다.

이와 같이 선남자여! 보살이 만약 모든 바라밀로 중생을 교화하면 온갖 행위 즉 일거수―擧手 일투족―投足이 모두 이 도량으로부터 와서 불법에 머무는 것입니다.'

이 법을 설했을 때에 5백 천인이 다 아뇩다라삼먁삼보리심을 발했습니다. 그러므로 저는 그에게 병문안을 갈 수 없습니다."

三界是道場 無所趣故, 師子吼是道場 無所畏故, 力 無畏 不共法是道場 無諸過故, 三明是道場 無餘礙故, 一念知一切法是道場 成就一切智故. 如是 善男子! 菩薩若應 諸波羅蜜教化衆生 諸有所作 擧足下足 當知皆從道場來住於佛法矣! 說是法時 五百天人皆發阿耨多羅三藐三菩提心. 故我不任詣彼問疾.

3. 지세보살, 유마와의 과거 일을 회상하다

부처님께서 지세보살에게 말씀하셨다.

"그대가 유마힐의 병문안을 다녀오너라."

지세보살이 말했다.

"세존이시여! 저는 그의 병문안을 감당할 자신이 없습니다. 왜냐하면 제가 이런 일을 기억하기 때문입니다. 제가 옛날에 고요한 곳에서 머물고 있는데, 마왕 파순이 1만 2천 천녀를 데리고 왔습니다. 그 모습이 제석천과 같았는데, 악기를 두드리고 노래를 부르며 저의 처소에 왔습니다. 그의 권속과 함께 저의 발에 머리를 숙이고 합장공경한 뒤에 한쪽에 서 있었습니다. 저는 제석천이라고 생각하고, 그에게 말했습니다.

> 佛告持世菩薩 汝行詣維摩詰問疾! 持世白佛言 世尊! 我不堪任詣彼問疾. 所以者何? 憶念我昔 住於靜室 時魔波旬 從萬二千天女 狀如帝釋 鼓樂絃歌 來詣我所. 與其眷屬 稽首我足 合掌恭敬於一面立. 我意謂是帝釋而語之言.

'잘 오셨습니다. 교시가憍尸迦여!⁴⁹ 비록 복이 있다고 하지만 스스로 자만해서는 안 됩니다. 마땅히 5욕의 무상함을 관해서 선근을 구해 몸·목숨·재물에 견고한 법⁵⁰을 닦으십시오.'

그가 제게 이렇게 말했습니다.

---

49   제석천왕의 성이다.

50   3견법三堅法을 말한다. 곧 무상하지만, 무상하지 않게 하는 방법. 무상한 몸·생명·재물에 가려져 있는 영원히 무너지지 않는 법을 언급하고 있다.

'보살님! 1만 2천 천녀들을 받아들여 먼지를 쓸고 물 뿌리는 등 청소 일을 시키십시오.'

'교시가여! 이 천녀들은 제게는 법답지 못한 이들입니다. 나는 석가 사문의 자식으로서 이는 마땅하지 않습니다.'

> 善來 憍尸迦! 雖福應有 不當自恣 當觀五欲無常 以求善本 於身 命 財 而修堅法. 即語我言 正士! 受是萬二千天女 可備掃灑. 我言 憍尸迦! 無以此非法之物 要我沙門釋子 此非我宜.

내 말이 미처 끝나기도 전에 유마힐이 와서 말했습니다.

'그는 제석천이 아닙니다. 마왕이 와서 당신을 농락하는 겁니다.'

유마가 마왕에게 말했습니다.

'모든 천녀들은 내게 주세요. 내가 응당히 받을 것입니다.'

마왕이 곧 놀라서 이런 생각을 했습니다.

'유마힐이 장차 나를 괴롭게 하지는 않을까? 형상을 숨기려고 하지만 숨을 수가 없구나. 신통력을 다해도 도망갈 수 없구나.'

곧 허공에서 소리가 들렸습니다.

'파순이여 천녀들을 그에게 주고 떠나라.'

> 所言未訖 時維摩詰來謂我言. 非帝釋也! 是爲魔來嬈固汝耳. 即語魔言 是諸女等 可以與我 如我應受. 魔即驚懼念 維摩詰將無惱我? 欲隱形去而不能隱 盡其神力亦不得去. 即聞空中聲曰 波旬! 以女與之 乃可得去.

마왕 파순이 두려워하면서 머리를 숙인 뒤에 (그녀들을) 주었습니다.

그때 유마힐이 그녀들에게 말했습니다.

'마왕이 그대들을 내게 주었다. 지금 너희들은 모두 아뇩다라삼먁 삼보리심을 발해야 한다.'

곧 응한 바에 따라 법을 설해 주었습니다. 도의 뜻을 발하게 하고 다시 말했습니다.

'그대들이 이미 도의를 내었으니 법락을 스스로 즐길지니라. 반드시 다시는 5욕락을 즐기지 말지니라.'

> 魔以畏故 俛仰而與. 爾時 維摩詰語諸女言 魔以汝等與
> 我 今汝皆當發阿耨多羅三藐三菩提心. 即隨所應而爲說
> 法 令發道意. 復言 汝等已發道意 有法樂可以自娛 不應
> 復樂五欲樂也.

천녀가 물었습니다.

'어떤 것을 법락이라고 합니까?'

'법락이라는 것은 부처님을 믿고, 법문 듣기를 즐겨하며, 승가에 공양하며, 5욕을 여의는 것입니다.

법락은 5음(색·수·상·행·식)을 도적처럼 보는 것이고, 4대(지·수·화·풍)를 독사처럼 보며, 6입(안·이·비·설·신·의)으로부터 들어오는 것들을 텅 빈 마을처럼 관찰하는 겁니다.

법락은 도의를 보호하는 것이고, 중생을 요익케 하는 것이며, 스승을 공경하고 공양하는 것입니다.

법락은 널리 보시를 행하는 것이고, 지계를 견고히 지키는 것이며, 인욕·유순하는 것이고, 부지런히 선근을 모으는 것이며, 선정으로부터 산란치 않고, 번뇌를 여의어 지혜를 밝히는 것입니다.

> 天女即問 何謂法樂? 答言 樂常信佛 樂欲聽法 樂供養衆
> 樂離五欲. 樂觀五陰如怨賊 樂觀四大如毒蛇 樂觀內入如
> 空聚. 樂隨護道意 樂饒益衆生 樂敬養師. 樂廣行施 樂堅
> 持戒 樂忍辱柔和 樂勤集善根 樂禪定不亂 樂離垢明慧.

법락은 보리심을 넓히는 것이고, 뭇 마왕을 항복하는 것이며, 불국토를 청정히 하는 것이고, 상호를 성취하는 것이며, 모든 공덕을 닦는 것입니다.

법락은 도량을 장엄하는 것이고, 심오한 법을 듣고 두려워하지 않는 것이며, 3해탈문(空·無相·無願)[51]을 즐기되 (완전한 해탈을 얻기 전까지는) 때가 아닌 것을 즐기지 않는 것입니다. 법락은 동학을 친근히 하되 혹 동학이 아닌 이들과 함께 있을지라도 마음에 걸림이 없는 겁니다.

법락은 악지식을 거느려 보호하고, 선지식을 친근히 하는 것입니다.

법락은 마음에 기쁨이 청정하고, 무량한 도품의 법(37조도품)을 닦는 것, 이것이 보살의 법락입니다.'

> 樂廣菩提心 樂降伏衆魔 樂斷諸煩惱 樂淨佛國土 樂成
> 就相好故 修諸功德. 樂嚴道場 樂聞深法不畏樂三脫門

---

51 용어 해설 3해탈문(331쪽) 참조.

不樂非時 樂近同學 樂於非同學中 心無恚礙. 樂將護惡
知識 樂親近善知識 樂心喜清淨 樂修無量道品之法. 是
爲菩薩法樂.

그때, 파순이 그녀들에게 말했습니다.

'그대들이여! 함께 천궁으로 돌아갑시다.'

그녀들이 말했습니다.

'우리들을 이 거사에게 주었습니다. 법락이 있어서 우리들은 매우
즐겁습니다. 다시는 5욕락을 즐기지 않을 것입니다.'[52]

파순이 말했습니다.

'거사여 그녀들을 버리십시오. 일체 소유한 것을 다른 이들에게 베
푸는 것이 보살입니다.'

유마힐이 말했습니다.

'나는 이미 버렸습니다. 그대가 데리고 가십시오. 일체중생에게 법
원이 구족토록 하십시오(천녀들이 법을 좋아하는 원을 구족하도록 해 주라
는 것).

그녀들이 유마힐에게 물었습니다.

'우리들이 어떻게 마의 궁전에 머물러야 합니까?'

於是波旬告諸女言 我欲與汝俱還天宮. 諸女言 以我等

52　대체로 5욕락은 안眼·이耳·비鼻·설舌·신身 5근 각각이 탐착하는 욕망을 말한다.
　　한편 재財·수睡·색色·명名·식食에 대한 욕망도 '5욕'이라고 한다.

與此居士 有法樂 我等甚樂 不復樂五欲樂也. 魔言 居士! 可捨此女 一切所有施於彼者 是爲菩薩. 維摩詰言 我已捨矣! 汝便將去 令一切衆生得法願具足. 於是諸女 問維摩詰 我等云何止於魔宮?

'자매들이여! 무진등이라는 법문이 있습니다. 그대들은 마땅히 배워야 합니다. 무진등이라는 것은 비유하자면 마치 하나의 등이 1백천 등에 불을 붙여 주어 어두운 것을 다 밝혀서 밝음이 다하지 않습니다(끊어지지 않음). 자매들이이여! 한 보살이 1백천 중생을 개도해 주어 아뇩다라삼먁삼보리심을 내게 한다면 그 도의 또한 멸진되지 않을 것입니다. 설법한 바를 따라 일체선법을 스스로 증익케 하나니, 이것이 무진등[53]입니다. 그대들은 비록 마의 궁전에 거주하지만 무진등으로서 무수한 천자들과 천녀들에게 아뇩다라삼먁삼보리심을 발하게 한다면, 이는 부처님 은혜에 갚는 것이고, 일체중생을 요익케 하는 것입니다.'

維摩詰言 諸姉! 有法門名無盡燈 汝等當學. 無盡燈者

---

53 한 등불이 다른 등불에 불을 밝혀 주어도 원래의 등불은 그대로요, 또 한 등불은 수천 등에서 백천 등으로 불을 밝혀 줄 수 있으므로 '무진등'이라고 한다. 곧 한 사람의 전법이 수많은 이들을 구제할 수 있다는 뜻이다. 설령 머무는 곳이 지옥일지라도 얼마든지 법을 전할 수 있음을 언급하고 있다. 참 보시의 보살행은 어디에 처해 있어도 청정하게 베풀 수 있다는 것을 강조한다. 이런 유사한 내용이 『사십이장경』에도 나타나 있다. "어떤 사람이 보시하는 것을 보고, 그를 도와 함께 기뻐한다면 그 얻는 복이 매우 크다. 비유컨대, 한 개의 횃불이 있는데 수천 명의 사람이 각기 불을 붙여 가지고 가서 음식을 익혀 먹거나 어둠을 밝힐지라도 원래의 한 개 횃불은 조금도 변함이 없는 것처럼 그 복덕도 또한 이와 같으니라."

譬如一燈燃百千燈 冥者皆明 明終不盡. 如是諸姊! 夫
一菩薩開導百千衆生 令發阿耨多羅三藐三菩提心 於其
道意亦不減盡, 隨所說法而自增益一切善法 是名無盡燈
也! 汝等雖住魔宮 以是無盡燈 令無數天子 天女發阿耨
多羅三藐三菩提心者 爲報佛恩 亦大饒益一切衆生.

그때에 천녀들이 유마힐의 발에 머리를 조아려 예를 올렸습니다.
마왕을 따라 궁으로 돌아가서 홀연히 자취를 감추었습니다. 세존이시
여! 유마힐의 자재한 신력·지혜·변재가 이러합니다. 그러므로 저는
그의 병문안을 갈 수 없습니다."

爾時 天女頭面禮維摩詰足 隨魔還宮 忽然不現. 世尊!
維摩詰有如是自在神力 智慧 辯才 故我不任詣彼問疾.

4. 선덕장자, 유마와의 과거 일을 회상하다 ①

부처님께서 장자 선덕에게 말씀하셨다.
"그대가 유마힐의 병문안을 다녀오너라."
선덕이 부처님께 말했다.
"세존이시여! 저는 그의 병문안을 감당할 자신이 없습니다. 왜냐하
면 제가 예전에 부친 집에서 큰 보시회를 베푼 일을 기억하기 때문입

니다. 일체 사문·바라문·외도·가난하고 불쌍한 이들·고독한 사람·
걸인 등에게 공양을 했는데, 기간이 7일간이었습니다. 그때 유마힐이
이 회중에 와서 제게 말했습니다.

'장자의 아들이여! 대보시회는 그대가 베푸는 것처럼 해서는 안 됩
니다. 마땅히 법다운 보시회가 되어야 합니다. 어찌하여 재보시로만
베푸십니까?'

> 佛告長者子善德 汝行詣維摩詰問疾! 善德白佛言 世尊!
> 我不堪任詣彼問疾. 所以者何? 憶念我昔 自於父舍設大
> 施會 供養一切沙門 婆羅門 及諸外道 貧窮 下賤 孤獨 乞
> 人 期滿七日. 時維摩詰來入會中 謂我言 長者子! 夫大
> 施會不當如汝所設 當爲法施之會 何用是財施會爲?

제가 말했습니다.

'거사님! 어떤 것을 "법보시회"라고 합니까?'

'법다운 보시는 전후가 없으며, 동시에 일체중생에게 공양하는 것
이 법시회입니다.'

'어떤 것입니까?'

'보리로써 자애심을 일으키고, 중생을 구제함으로써 대비심을 일으
키며, 정법으로써 기쁜 마음을 일으키고, 지혜를 섭함으로써 평온을
유지하는 것입니다.

간탐을 섭함으로써 보시바라밀을 일으키고, 계 파한 자를 교화함으
로써 지계바라밀을 일으키며, 무아로써 인욕바라밀을 일으키고, 신심

의 상을 여읨으로써 정진바라밀을 일으키며, 보리상으로써 선바라밀을 일으키고, 일체 지혜로써 반야바라밀을 일으키는 것입니다.

> 我言 居士! 何謂法施之會? 答曰 法施會者 無前無後 一時供養一切衆生 是名法施之會. 曰 何謂也? 謂 以菩提 起於慈心, 以救衆生 起大悲心, 以持正法 起於喜心, 以攝智慧 行於捨心. 以攝慳貪 起檀波羅蜜, 以化犯戒 起尸羅波羅蜜, 以無我法 起羼提波羅蜜, 以離身心相 起毘梨耶波羅蜜, 以菩提相 起禪波羅蜜, 以一切智 起般若波羅蜜.

중생을 교화하되 공空으로부터 마음을 내고, 유위법有爲法을 버리지 않고 무상無相(無爲法, 實相)을 일으키며, 생 받음을 나타내 보이되 무작을 일으키고,[54] 정법을 호지해 방편력을 일으키며, 중생을 제도함에 4섭법을 일으켜야 합니다.

일체를 공경히 섬김으로써 아만심을 제거해야 하고, 몸·목숨·재물 등에 3견법三堅法[55]을 일으키며, 6념[56] 가운데 사념법思念法을 일으키고, 6화경[57]에서 질직심質直心을 일으키며, 선법을 바르게 행해서 청정

---

54   몸을 받지만 세속에 얽매이지 않음을 뜻한다.

55   몸, 목숨, 재산은 허망하고 무상한 것인데, 이에 허망하지 않으며 무상하지 않게 하는 방법이 3견법이다.

56   3보를 믿고, 계를 지키며, 보시하면, 하늘에 태어난다(生天)는 사상이다.

57   승가에서 서로 화합하고, 공경하기 위한 방법이다. 행동을 같이 하는 신업동身業同,

한 생활을 해야 합니다.

> 教化衆生 而起於空, 不捨有爲法 而起無相, 示現受生 而
> 起無作, 護持正法 起方便力, 以度衆生 起四攝法. 以敬
> 事一切 起除慢法, 於身 命 財 起三堅法, 於六念中 起思
> 念法, 於六和敬 起質直心, 正行善法 起於淨命.

마음이 청정하고 환희로써 성인을 가까이 하고, 악인을 미워하지 않는 마음으로 조복심을 일으키며, 출가법으로써 깊은 마음을 일으키고, 설한 대로 실천해서 다문多聞을 일으켜야 합니다. 무쟁법으로써 고요하고 한가로운 도량을 일으키고, 불지혜를 추구함으로써 좌선을 일으키며, 중생의 결박을 풀어 줌으로써 수행의 경지를 일으키고, 상호를 갖추고 불국토를 청정히 함으로써 복덕업을 일으켜야 합니다.

> 心淨歡喜 起近賢聖, 不憎惡人 起調伏心, 以出家法 起於
> 深心, 以如說行 起於多聞. 以無諍法 起空閑處, 趣向佛
> 慧 起於宴坐, 解衆生縛 起修行地, 以具相好及淨佛土 起
> 福德業.

일체중생의 마음을 알고 그에 응해서 법을 설해 줌으로써 지혜의 업을 일으키며, 일체법을 취하지도 버리지도 않을 것을 알기 때문에

서로 일치된 말을 하는 구업동口業同, 뜻을 같이하는 의업동意業同, 계를 똑같이 지키는 동계同戒, 똑같이 베푸는 동시同施, 똑같은 견해를 갖는 동견同見이다. 곧 신구의 3업·계·사상·이타행으로 서로 화합함으로써 승가를 유지하는 방법이다.

일상문一相門에 들어감으로써 지혜 업을 일으키고, 일체번뇌·일체장애·일체의 불선법을 끊어서 일체선업을 일으키며, 일체지혜·일체선법을 얻음으로서 일체조불도법을 일으키는 것입니다.

　　知一切衆生心念 如應說法 起於智業, 知一切法不取不捨
　　入一相門 起於慧業, 斷一切煩惱 一切障礙 一切不善法
　　起一切善業, 以得一切智慧 一切善法 起於一切助佛道
　　法.

이와 같이 선남자여! 이것이 법시회입니다. 만약 보살이 이 법시회에 머물러 보시한다면 대시주자가 되고, 또한 일체세간의 복전이 됩니다.'

　　如是 善男子! 是爲法施之會. 若菩薩住是法施會者 爲大
　　施主 亦爲一切世間福田.

5. 선덕장자, 유마와의 과거 일을 회상하다 ②

세존이시여, 유마힐이 이 법을 설할 때에 바라문 가운데 2백 인이 아뇩다라삼먁삼보리심을 일으켰습니다. 저도 그때에 마음이 청정해져 미증유함을 찬탄하고 유마힐의 발에 머리를 숙이고 예를 취하며, 백천만큼 값비싼 영락을 풀어서 바쳤는데, 그가 받지 않았습니다.

'거사님! 원컨대 꼭 받으십시오. 뜻대로 하셔도 됩니다.'

유마힐이 영락을 받아서 2등분으로 나누어 한 개는 이 회중에 있는 최하의 걸인에게 주고, 다른 한 개는 난승여래에게 공양 올렸습니다.

世尊! 維摩詰說是法時 婆羅門衆中二百人 皆發阿耨多羅三藐三菩提心. 我時心得淸淨 歎未曾有 稽首禮維摩詰足 卽解瓔珞 價直百千以上之. 不肯取. 我言 居士! 願必納受 隨意所與. 維摩詰乃受瓔珞 分作二分 持一分施此會中一最下乞人. 持一分奉彼難勝如來.

일체 중회가 다 광명국토의 난승여래를 보았고, 또한 영락이 저 부처님 위에서 4개의 보배 기둥으로 변하여 4면에 장엄되어 꾸며졌으나 서로 장애되지 않았습니다. 이때에 유마힐이 신통변화를 나타내며 이렇게 말했습니다.

'시주자가 평등한 마음을 갖고, 가장 가난한 걸인에게 베푸는 것이 마치 여래의 복전에 보시한 것과 같아야 합니다. 분별심이 없고, 대비심大悲心으로 평등하며, 과보를 바라지 않는 것이 "구족된 법시"라고 할 수 있습니다.'[58]

마을의 최하 걸인이 이 신력을 보고 설법을 듣고서 아뇩다라삼먁삼보리심을 내었습니다. 그러므로 저는 그에게 병문안을 갈 수 없습

---

58   이런 사상과 유사한 내용이 성경 구절에도 있다. "내가 굶주릴 때에 먹을 것을 주었고, 목마를 때에 마시게 하였고, 나그네 되었을 때에 영접하였고, 벗었을 때 옷을 입혔으니 …… 내 형제 중에 매우 작은 자 하나에게 한 것이 곧 내게 한 것이니라."

니다."

一切衆會皆見光明國土難勝如來 又見珠瓔在彼佛上 變
成四柱寶臺 四面嚴飾 不相障蔽. 時維摩詰現神變已 作
是言. 若施主等心施一最下乞人 猶如如來福田之相, 無
所分別 等于大悲 不求果報 是則名曰具足法施. 城中一
最下乞人 見是神力 聞其所說 皆發阿耨多羅三藐三菩提
心. 故我不任詣彼問疾.

이와 같이 모든 보살이 각각 부처님에게 본연本緣을 말하며 유마힐
의 설법을 칭찬하였다. 모두들 이렇게 말했다. "저는 그에게 병문안을
갈 수 없습니다."

如是諸菩薩 各各向佛說其本緣 稱述維摩詰所言 皆曰
不任詣彼問疾.

제5 문수사리문질품
文殊師利問疾品

문수보살과 유마거사의 문답

1. 문수보살이 병문안 가기로 하다

그때 부처님께서 문수사리에게 말씀하셨다.

"그대가 유마힐의 병문안을 다녀오너라."

문수사리가 부처님께 말했다.[59]

"세존이시여! 저 상인上人은 상대하기 어려운 사람입니다. 실상을 깊이 통달했고, 법요를 잘 설하며, 변재에 걸림이 없고, 지혜가 걸림이 없습니다. 일체 보살의 법식을 다 알고, 제불의 비밀한 법장에 들지 않음이 없으며, 뭇 마군을 항복받았고, 신통이 자재로우며, 지혜와 방편에 이미 이르러 있습니다(지혜와 방편에 통달해 있다). 비록 그렇지만 부처님의 뜻을 받들어 그에게 병문안을 가겠습니다."

> 爾時 佛告文殊師利 汝行詣維摩詰問疾! 文殊師利白佛
> 言 世尊! 彼上人者 難爲詶對. 深達實相 善說法要 辯才
> 無滯 智慧無礙 一切菩薩法式悉知 諸佛祕藏無不得入
> 降伏衆魔 遊戲神通 其慧方便皆已得度. 雖然 當承佛聖
> 旨 詣彼問疾.

---

59 중국불교에서는 4대 명산 성지가 있다. 즉 문수(오대산)·관음(보타산)·지장(보타산)·보현 보살(아미산)을 상징하는 산들이다. 산 가운데 오대산이 대표이다. 청나라(1636~1912)는 여진족·만주족이 세운 나라이다. 만주족은 만주슈리(Manjushri, 문수보살) 이름에서 따온 것이다. '만주'는 달다·묘하다·훌륭하다는 뜻이고, '슈리'는 복덕이 많다, 길상吉祥하다는 뜻이다. 즉 만주슈리는 '훌륭한 복덕을 지녔다'는 뜻이다. 청 왕조의 창시자 누르하치(太祖)는 문수사리의 화현으로 간주하였다.

대중 가운데 모든 보살·대제자·제석천·범천왕·사천왕 등이 다 이런 생각을 하였다.

'지금 두 대사 문수사리와 유마힐이 함께 대담을 나눈다면 반드시 묘법을 설할 것이다.'

즉시에 8천 보살·5백 성문·1백천의 천인들이 따라가고자 하였다. 이때 문수사리와 모든 보살·뭇 제자들·모든 천인들이 공경히 둘러싸여 바이샬리 성에 들어갔다.

> 於是衆中諸菩薩 大弟子 釋 梵 四天王等 咸作是念, 今二大士 文殊師利 維摩詰共談 必說妙法. 卽時八千菩薩 五百聲聞 百千天人皆欲隨從. 於是文殊師利與諸菩薩 大弟子衆 及諸天人 恭敬圍繞 入毘耶離大城.

2. 병의 원인을 묻고 답하다

그 무렵, 장자 유마힐이 이런 생각을 하였다.

'지금 문수사리와 대중이 다 같이 오고 있구나.'

유마힐은 곧 신통력으로 실내를 비우고, 있는 물건과 시자를 없앤 뒤에, 오직 침대 하나만을 두고 병상에 누워 있었다.

문수사리가 그 집에 들어서서 실내가 비어 있고, 아무것도 없으며,

유마힐 홀로 한 침대에 누워 있는 것을 보았다.[60]

　　爾時 長者維摩詰心念 今文殊師利與大衆俱來. 即以神
　　力 空其室內 除去所有及諸侍者 唯置一床 以疾而臥. 文
　　殊師利既入其舍 見其室空 無諸所有 獨寢一床.

　유마힐이 물었다.

　"잘 오셨습니다. 문수사리여! 오지 않는 모습으로 오셨고, 보지 않
는 모습으로 보시는군요."

　문수사리가 말했다.

　"그렇습니다. 거사님! 혹 왔다고 해도 온 것이 아니고, 혹 갔다고 해
도 간 것이 아닙니다. 왜냐하면 오는 것이란 어디로부터 쫓아 오는 바
가 없으며, 간다는 것도 (어디에) 이르는 바가 없기 때문입니다. 본다는
것도 다시 보는 것이 아니기 때문입니다.[61] 이 일은 여기서 그만두시지
요. 거사님의 이 병은 참을 만하신가요? 치료에 차도가 있는지요? 병

---

60 4방 한 장丈(10척, 미터법의 3.03m에 해당하는 길이)의 면적이 되는 방을 방장方丈이라
　　고 한다. 사찰에서 '방장方丈'이라 하는 것은 『유마경』에서 유래했다.

61 『금강경』 29품 「위의적정분威儀寂靜分」에 "須菩提 若有人 言如來 若來若去若坐若臥 是人
　　不解我所說義 何以故 如來者 無所從來 亦無所去 故名如來"라고 하였다. '깨달은 이', '진리
　　에 도달한 이', '그 진여 진리의 세계로부터 우리들의 세계로 오신 분' 그래서 진리
　　의 세계에서 온 여래如來요, 진리의 세계로 간 여거如去인 도피안到彼岸이다. 如去는
　　부처님이 깨달았다는 측면이고, 如來는 부처님이 이 세상에 모습을 나타낸 것이다.
　　『십주비바사론』에서는 "如는 진실인데, 진실에 이르렀기 때문에 여래라 부른다."라
　　고 했다. 진실이란 열반이나 제법실상諸法實相을 가리킴이요, 여래는 제법의 실상
　　을 알고 있는 사람, 즉 지혜로써 제법의 실상을 깨달은 사람이다.

이 더 깊어지는 것은 아닌가요? 세존께서 극진한 마음으로 물으십니다. 거사님의 이 병은 왜 생긴 것입니까? 병이 발병한 지가 오래되었습니까? 어찌 해야 병이 나을 수 있는 것입니까?”

時維摩詰言 善來文殊師利! 不來相而來 不見相而見. 文殊師利言 如是 居士! 若來已更不來 若去已更不去. 所以者何? 來者無所從來 去者無所至 所可見者 更不可見. 且置是事 居士是疾 寧可忍不? 療治有損 不至增乎? 世尊慇懃致問無量! 居士是疾 何所因起? 其生久如? 當云何滅?

유마힐이 말했다.

“어리석음으로부터 애착이 생겨서 나의 병이 생긴 것입니다.

일체중생에게 병이 있기 때문에 나의 병이 생긴 것입니다.

만약 일체중생의 병이 소멸되면 곧 나의 병도 소멸될 것입니다. 왜냐하면 보살은 중생을 위해 생사에 들어가는데, 생사가 있다면 곧 병이 있는 것입니다.

만약 중생이 병을 여읜다면 곧 보살도 병이 없어질 것입니다. 비유하자면 한 장자에게 오직 자식이 하나 있는데, 그 자식이 병이 생기면 부모도 또한 병이 생기는 것과 같습니다.

만약 자식이 병이 나으면 부모도 또한 낫습니다. 보살도 이와 같아서 모든 중생 사랑하기를 자식과 같이 합니다. 중생이 병들면 보살도 병들고, 중생의 병이 나으면 보살도 또한 병이 낫습니다.

또 말하지만, 이 병이 생긴 원인이 무엇이냐고 물었는데, 보살의 병은 대비심에서 생겨난 것입니다."[62]

維摩詰言 從癡有愛 則我病生. 以一切衆生病 是故我病若一切衆生病滅 則我病滅. 所以者何? 菩薩爲衆生故入生死 有生死則有病, 若衆生得離病者 則菩薩無復病. 譬如長者 唯有一子 其子得病 父母亦病 若子病愈 父母亦愈. 菩薩如是 於諸衆生 愛之若子. 衆生病 則菩薩病 衆生病愈 菩薩亦愈. 又言 是疾何所因起? 菩薩病者 以大悲起.

3. 병의 실태에 대해 문답하다

문수사리가 말했다.

"거사님! 이 실내는 어찌하여 텅 비었고, 시자도 없습니까?"

"제불국토가 다 모두 비었습니다."

"무엇으로 비었다고 합니까?"

"비어 있기 때문에 비었다고 합니다."

---

62 육신이 병든 것에 비유하고 있지만, 중생의 아픔이 어디 육신만이겠는가? 보살은 중생이 육체만이 아닌 번뇌로 고통받아 마음 아픈 것을 염두에 두고, 그 중생들을 보듬는 데는 '대비심'이라는 점을 강조한다.

"그 비어 있는 것은 무엇 때문에 비어 있습니까?"

"분별심 없이 비어 있으므로 비었습니다."

"비어 있음을 분별합니까?"

"그 분별도 또한 비어 있습니다."

文殊師利言 居士! 此室何以空無侍者? 維摩詰言 諸佛
國土 亦復皆空. 又問 以何爲空? 答曰 以空空. 又問 空
何用空? 答曰 以無分別空故空. 又問 空可分別耶? 答曰
分別亦空.

"공은 마땅히 어디서 구합니까?"

"마땅히 62견[63] 가운데서 구합니다."

"62견은 마땅히 어디서 구합니까?"

"마땅히 제불의 해탈 가운데서 구합니다."

"제불의 해탈은 어디에서 구합니까?"

"마땅히 일체중생의 마음 (작용)에서 구합니다."

又問 空當於何求? 答曰 當於六十二見中求. 又問
六十二見當於何求? 答曰 當於諸佛解脫中求. 又問 諸佛
解脫當於何求? 答曰 當於一切衆生心行中求.

"또한 그대가 묻기를 '어찌하여 시자가 없느냐'고 했는데, 일체 많은

마군과 모든 외도가 다 나의 시자입니다.

　마군들은 생사를 좋아하지만, 보살은 생사에 있으면서 (생사를) 저 버리지 않습니다. 외도는 모든 견해를 좋아하지만, 보살은 모든 견해를 갖고 있되 동요되지 않습니다.”

　　　又仁者所問 何無侍者? 一切衆魔及諸外道 皆吾侍也. 所
　　　以者何? 衆魔者樂生死 菩薩於生死而不捨 外道者樂諸
　　　見 菩薩於諸見而不動.

　문수사리가 말했다.

　“거사님의 질병은 어떤 모습입니까?”

　“나의 병은 형체가 없어서 볼 수 없습니다.”

　“이 병은 몸과 합한 것입니까? 마음과 합한 것입니까?”

　“몸과 합한 것이 아닙니다. 몸과 서로 떨어져 있기 때문입니다. 또한 마음과 합한 것도 아닙니다. 마음은 허깨비와 같기 때문입니다.”

　“지대·수대·화대·풍대, 이 4대 가운데 어느 대의 병입니까?”

　“이 병은 지대가 아닙니다. 또한 지대를 여읜 것도 아닙니다. 수· 화·풍대도 또한 이와 같습니다. 중생의 병이 4대로부터 일어나 병이 생긴 것이므로 병이 나는 것입니다. 저도 병이 들었습니다.”

　　　文殊師利言 居士所疾 爲何等相? 維摩詰言 我病無形不
　　　可見. 又問 此病 身合耶? 心合耶? 答曰 非身合 身相離
　　　故 亦非心合 心如幻故. 又問 地大 水大 火大 風大 於此
　　　四大 何大之病? 答曰 是病非地大 亦不離地大 水 火 風

大 亦復如是. 而衆生病從四大起 以其有病 是故我病.

4. 병문안하는 법에 대해 문답하다

그때 문수사리가 유마힐에게 말했다.

"보살은 어떻게 환자를 위문해야 합니까?"

유마힐이 말했다.

"몸이 무상하다고 설하되, '몸을 싫어하라'고 설하지 마십시오.

몸이 고(苦)라고 설하되, '열반을 좋아하라'고 설하지 마십시오.

몸이 무아라고 설하되, '중생을 제도하라'고 설하십시오.

몸이 공적하다고 설하되 '마땅히 적멸하다'고 설하지 마십시오.

이전 죄를 참회하라고 설하되 '과거로 돌아가라'고 설하지 마십시오.

　爾時 文殊師利問維摩詰言 菩薩應云何慰喩有疾菩薩?
　維摩詰言 說身無常 不說厭離於身, 說身有苦 不說樂於
　涅槃, 說身無我 而說教導衆生, 說身空寂 不說畢竟寂滅,
　說悔先罪 而不說入於過去.

　자기의 병에 견주어 타인의 병을 연민히 여기십시오. 마땅히 숙세 무수겁의 고를 알고서 마땅히 일체중생을 요익케 하는 것을 염두에 두어야 합니다. 닦은 바 복을 기억해 바른 생활을 염두에 두고, 번뇌를 일으키지 말며, 항상 정진해서 마땅히 의왕이 되어 수많은 병을 치료해 주셔야 합니다. 보살은 응당히 이와 같이 병난 보살을 위문해서 그로 하여금 환희심을 일으키도록 하셔야 합니다."

> 以己之疾 愍於彼疾. 當識宿世無數劫苦 當念饒益一切
> 衆生. 憶所修福 念於淨命 勿生憂惱 常起精進 當作醫王
> 療治衆病. 菩薩應如是慰喩有疾菩薩 令其歡喜.

5. 환자로서의 마음가짐

문수사리가 말했다.

"거사님, 병이 있는 보살은 어떻게 그 마음을 조복받아야 합니까?"

유마힐이 말했다.

"질병이 있는 보살은 이런 생각을 해야 합니다.

'나의 이 병은 과거세 전도 망상으로부터 번뇌가 생긴 것이다. 실다운 것이 없거늘 누가 이 병을 받는가(누가 아픈가)?'

왜냐하면 4대가 합해서 거짓으로 이름해서 '몸'이라고 하며, 4대 각각은 주인이 없고, 몸도 또한 주체자가 없습니다.

또한 이 병이 생긴 것은 다 나에 대한 집착으로부터 발생한 것입니다. 그러니 '나'에 집착하지 말아야 합니다.

> 文殊師利言 居士! 有疾菩薩云何調伏其心? 維摩詰言

有疾菩薩應作是念 今我此病 皆從前世妄想顚倒諸煩惱
生 無有實法 誰受病者. 所以者何? 四大合故 假名爲身
四大無主 身亦無我, 又此病起 皆由著我 是故於我不應
生著.

이미 병의 근본을 알았으니 아상我想과 중생상衆生想을 제거하며,
마땅히 법상法想을 일으켜 이런 생각을 하십시오.

'다만 수많은 것들이 합해서 이 몸을 이룬 것이다. 오직 법이 일어난
것이요, 멸하는 것도 오직 법이 멸하는 것이다. 또한 이 법이란 각각
서로 알지 못해서 생겨났을 때도 '아'가 생겼다고 말하지 못하고, 사라
졌을 때도 '아'가 사라졌다고 말하지 못한다.'

저 병 있는 보살이 법상을 멸하기 위해 이런 생각을 해야 합니다.

'이 법상이라는 것도 또한 전도된 것이다. 전도는 곧 큰 우환이다.
내가 반드시 멀리 여의어야 한다. 어떻게 여의어야 하는가?'

既知病本 即除我想及衆生想 當起法想 應作是念, 但以
衆法合成此身 起唯法起 滅唯法滅, 又此法者各不相知
起時不言我起 滅時不言我滅. 彼有疾菩薩 爲滅法想 當
作是念, 此法想者 亦是顚倒 顚倒者是即大患 我應離之.
云何爲離?

나와 나의 것이라는 것을 여의어야 합니다. 어떻게 나와 나의 것을
여의어야 하는가? 두 법을 여의어야 합니다.

어떻게 두 법을 여의는 것인가? 안팎의 모든 법을 염두에 두지 않고 평등하게 행해야 합니다. 어떻게 하는 것이 평등하게 행하는 것인가? 나도 평등하고, 열반도 평등한 것입니다.

> 離我 我所 云何離我 我所? 謂離二法 云何離二法? 謂不
> 念內外諸法 行於平等 云何平等? 爲我等 涅槃等.

왜냐하면 아와 열반, 이 두 가지가 공하기 때문입니다. 왜 공하다고 하는가? 다만 허울 좋은 이름이기 때문에 공하다고 하는 것입니다.

이 두 법처럼 결정된 자성自性이 없습니다. 평등을 얻게 되면 나머지 병도 없습니다. 오직 비어 있는 병뿐이요, 비어 있는 병 또한 비어 있는 것입니다.

> 所以者何? 我及涅槃 此二皆空 以何爲空? 但以名字故
> 空. 如此二法 無決定性 得是平等 無有餘病 唯有空病 空
> 病亦空.

병 있는 보살은 받아들이는 바 없이 모든 것(즐겁고 괴로운 것)을 받아들여야 합니다. 아직 불법을 구족하지 못했거나 또한 받아들이는 것을 소멸하지 못했을지라도 증득을 얻습니다. 설령 몸에 고통이 있어도 악취중생을 생각해 대비심을 일으켜야 합니다.

나를 이미 조복했다면 또한 마땅히 일체중생을 조복합니다. 다만 그 병을 제거하되 법은 제거하지 않아야 합니다. 병의 근본을 끊기 위해 그를 가르치고 제도해야 합니다.

是有疾菩薩 以無所受而受諸受, 未具佛法 亦不滅受而
取證也. 設身有苦 念惡趣眾生 起大悲心. 我既調伏 亦當
調伏一切眾生. 但除其病 而不除法 爲斷病本而教導之.

어떤 것이 병의 근본인가? 반연이 있는 것이요, 반연으로부터 병이
생겨납니다.

어떤 것이 반연되는 것인가? 이를테면 3계를 말합니다.

어떤 것을 반연을 끊는다고 하는 것인가? 얻는 바가 없는 것입니다.
만약 얻는 바가 없다면 반연도 없습니다.

어떤 것을 얻는 바가 없다고 하는가? 두 견해를 여의는 것입니다.

어떤 것이 두 견해인가? 내견內見과 외견外見입니다.[64] 이것이 무소
득입니다.

何謂病本? 謂有攀緣 從有攀緣則爲病本 何所攀緣? 謂
之三界 云何斷攀緣? 以無所得 若無所得 則無攀緣. 何
謂無所得? 謂離二見, 何謂二見? 謂內見 外見 是無所
得.

---

64 보살이 중생의 즐겁고 고통스러운 일을 함께하면서, 혹 자신의 몸이 아프면 지옥
중생들의 고통을 생각하면서 중생에 대해 연민심을 내라는 뜻이다.

6. 병을 조복하는 방법

문수사리여! 병 있는 보살이 그 마음을 어떻게 조복해야 합니까? 노·병·사의 고를 끊는 것입니다. 이것이 보살의 보리입니다.

만약 이와 같지 않다면, 이미 몸을 닦고 다스린다고 해도 지혜의 날이 날카롭지 못한 것입니다. 비유하면 원수를 이긴 사람을 용맹하다고 하듯이 이와 같이 노·병·사를 겸해서 제거해야 보살이라고 할 수 있습니다.

저 병 있는 보살은 이런 생각을 해야 합니다. '나의 이 병은 참되지도 않고 있는 것도 아니다. 중생의 병도 또한 참되지도 않고 있는 것도 아니다.'

이렇게 관할 때에 모든 중생에 대해 혹 '집착에서 일어난 자비심(愛見大悲)이라면, 곧 반드시 버려야 합니다.

> 文殊師利! 是爲有疾菩薩調伏其心. 爲斷老 病 死苦 是菩薩菩提, 若不如是 已所修治 爲無慧利. 譬如勝怨 乃可爲勇 如是兼除老 病 死者 菩薩之謂也. 彼有疾菩薩 應復作是念, 如我此病 非真 非有 衆生病 亦非真 非有. 作是觀時 於諸衆生 若起愛見大悲 即應捨離.

왜냐하면 보살이 객진번뇌를 끊고 대비를 일으켜야 하는데, 애견대비라고 한다면 생사生死에 대해 싫어하고 혐오하는 마음이 있기 때문입니다.

만약 이것(愛見大悲)을 여읜다면 싫고 혐오하는 마음이 없는 것이요, 태어나는 곳마다 애견으로 덮이는 바가 되지 않을 것입니다.

> 所以者何? 菩薩斷除客塵煩惱而起大悲 愛見悲者 則於
> 生死有疲厭心. 若能離此 無有疲厭 在在所生 不爲愛見
> 之所覆也.

7. 보살행의 조건(속박과 해탈)

그래서 태어나는 곳마다 속박이 없다면, 중생에게 법을 설하여 속박을 풀어 줄 수 있습니다.

부처님은 이렇게 설하십니다. '만약 스스로 속박이 있다면, 능히 다른 이의 속박을 풀어 줄 수 있다는 것은 맞지 않다. 스스로 속박이 없어야 능히 다른 이의 속박을 풀어 줄 수 있다.'

그러기 때문에 보살은 속박(얽매이는 일)을 만들지 말아야 합니다.

> 所生無縛 能爲衆生說法解縛. 如佛所說 若自有縛 能解
> 彼縛 無有是處 若自無縛 能解彼縛 斯有是處. 是故菩薩
> 不應起縛.

무엇을 속박이라고 하고, 무엇을 해탈이라고 하는가?

선미禪味에 탐착하는 것은 보살의 속박이요, 방편으로 살아가는 것은 보살의 해탈입니다.[65] 또한 ① 방편이 없는 지혜는 속박이요, ② 방편이 있는 지혜는 해탈입니다. ③ 지혜가 없는 방편은 속박이요, ④ 지혜가 있는 방편은 해탈입니다.

何謂縛? 何謂解? 貪著禪味是菩薩縛 以方便生是菩薩解. 又 無方便慧縛 有方便慧解 無慧方便縛 有慧方便解.

어떤 것을 일러서 ① '방편이 없는 지혜는 속박'이라고 하는가?

(보살이) 집착으로 일으킨 자비심(愛見大悲)으로 불국토를 장엄하고, 중생을 성취코자 해서 공·무상·무작의 법 가운데 스스로 조복하는 것을 일러서 방편은 없고, 지혜만 있는 속박이라고 합니다.

어떤 것을 일러서 ② '방편이 있는 지혜는 해탈'이라고 하는가?

(보살이) 집착이 없는 자비심(愛見大悲)으로 불국토를 장엄하고, 중생을 성취코자 해서 공·무상·무작의 법 가운데 스스로 조복하되 지치고 싫어함이 없는 것을 일러서 방편도 있고, 지혜도 있는 해탈이라고 합니다.

---

65 자신만의 선열禪悅을 즐기며 중생의 고통을 외면해서는 안 되고, 중생의 근기에 따라 방편으로 중생을 구제코자 중생 속으로 들어가는 것이 바로 보살의 해탈이다. 이 부분에 대해 만해 한용운도 "불교와 사회는 불리不離의 관계"라고 표현하였다. 여기서 보살이 방편으로 중생을 구제하는데, 이 세계(此土)를 버리고 저 세계(彼土)에서 구제하는 것이 아니라 바로 이 세계에서 구제한다는 대비심이 강조되어 있다. 차안즉피안此岸卽彼岸이라는 말로 표현되고 있으며, 더 나아가 『유마경』은 깨달음에 있어서 출·재가의 이분법적 관념조차 버린 재가불교를 발전시키는 모태가 되었다.

何謂無方便慧縛？謂菩薩以愛見心莊嚴佛土 成就衆生
於空 無相 無作法中而自調伏 是名無方便慧縛. 何謂有
方便慧解？謂不以愛見心莊嚴佛土 成就衆生 於空 無相
無作法中 以自調伏而不疲厭 是名有方便慧解.

어떤 것을 일러서 ③ '지혜가 없는 방편은 속박'이라고 하는가?

(보살이) 탐욕·진에·사견 등 모든 번뇌에 머물러 있으면서 수많은
덕본을 심은 것을 지혜는 없고, 방편만 있는 것을 속박이라고 합니다.

어떤 것을 일러서 ④ '지혜가 있는 방편은 해탈'이라고 하는가?

(보살이) 탐욕·진에·사견 등 모든 번뇌를 여의고, 수많은 덕본을 심
어 아뇩다라삼먁삼보리에 회향하는 것을 일러서 지혜도 있고, 방편도
있는 해탈이라고 합니다.

何謂無慧方便縛？謂菩薩住貪欲 瞋恚 邪見等諸煩惱而
植衆德本 是名無慧方便縛. 何謂有慧方便解？謂離諸貪
欲 瞋恚 邪見等諸煩惱而植衆德本 迴向阿耨多羅三藐三
菩提 是名有慧方便解.

문수사리여! 병이 있는 보살이 응당히 이와 같이 제법을 관해야 합
니다. 또한 몸을 무상·고·공·비아라고 관하는 것이 ㉑지혜입니다.

비록 몸에 병이 있어 항상 생사에 있으나 일체중생을 요익케 하는
데, 싫어하거나 게으르지 않는 것을 ㉕방편이라고 합니다.

또 몸에 있어 몸은 병을 여의지 않고, 병도 몸을 여의지 않으며, 이

병과 이 몸이 새로운 것도 아니고 옛것도 아니라고 관하는 것을 ㉮지혜라고 합니다.

설령 몸에 병이 있을지라도 영원히 멸하지 않는(병이 낫지 않는 것) 이것을 ㉯방편이라고 합니다.

> 文殊師利! 彼有疾菩薩 應如是觀諸法. 又復觀身無常 苦
> 空 非我 是名爲慧. 雖身有疾 常在生死 饒益一切而不厭
> 倦 是名方便. 又復觀身 身不離病 病不離身 是病是身 非
> 新非故 是名爲慧 設身有疾 而不永滅 是名方便.

8. 환자로서의 보살행

문수사리여! 병이 있는 보살은 응당히 이와 같이 마음을 조복해야 합니다. 그 가운데 머물지 말고, 또한 조복하지 않는 마음에도 머물지 마십시오.[66] 왜냐하면 마음을 조복하지 않는 가운데 머물러 있다면 어리석은 사람의 법이요, 혹 조복하는 마음에 머물러 있다면 이는 성문의 법입니다.

> 文殊師利! 有疾菩薩 應如是調伏其心 不住其中 亦復不

---

66 조복하되 조복했다는 것에도 머물지 말아야 한다. 곧 어디에도 집착하지 말 것을 강조한다.

住不調伏心. 所以者何? 住不調伏心 是愚人法, 若住調
伏心 是聲聞法.

그러므로 보살은 마땅히 마음을 조복하는 데도 머물지 말고, 조복
하지 않는 데도 머물지 않아야 합니다. 이 두 가지 법을 여의는 것이
보살행입니다.

생사에 있지만 오염된 행을 하지 않고, 열반에 머물되 영원히 멸도
에 들지 않는 것이 보살행입니다.

범부의 행도 하지 않고, 성현의 행도 하지 않는 것이 보살행입니다.
더러운 행도 하지 않고, 청정행도 하지 않는 것이 보살행입니다.[67]

是故菩薩不當住於調伏 不調伏心 離此二法 是菩薩行.
在於生死 不爲污行, 住於涅槃 不永滅度 是菩薩行. 非凡
夫行 非賢聖行 是菩薩行, 非垢行 非淨行 是菩薩行.

---

67   보살은 번뇌와 생사를 다 끊지 않는데, 이것은 중생을 교화하기 위해서이다. 보살
     은 유위를 끊지도 않지만, (번뇌를 끊고 생사를 벗어난) 무위에도 머물지 않는다. 중생
     의 병을 알기 때문에 무위에 머물지 않으며, 중생의 병을 없애기 위해 유위 또한 저
     버리지 않는다. 보살은 열반은 좋은 것이고 생사는 나쁜 것이라는 이분법적 관념
     또한 갖지 않는다. 참다운 보살행을 하는 사람은 무주상無住相·비사량非思量의 바
     라밀행을 실천한다. 중생을 교화하면서 세간법을 여의지 않고 실상법도 여의지 않
     아야 한다. 진정한 보살행은 무실무허無實無虛한, 무심無心에 입각해야 한다.

9. 참다운 보살행 실천 방법

비록 마군의 행을 지나쳤으나 수많은 마군 항복받는 것을 나타내 보임이 이 보살행이요, 일체 지혜를 구하되 때가 아니면 구하지 않는 것이 보살행입니다.

비록 제법이 불생임을 관하나 정위正位에 들어가지 않는 것이 보살 행이고,[68] 비록 12연기를 관하지만 모든 사견에 들어가는 것이 보살행 입니다.

> 雖過魔行 而現降衆魔 是菩薩行, 求一切智 無非時求 是
> 菩薩行. 雖觀諸法不生 而不入正位 是菩薩行, 雖觀十二
> 緣起 而入諸邪見 是菩薩行.

비록 일체중생을 거두지만 애착하지 않는 것이 보살행이며, 비록 멀리 여의는 것을 좋아하지만 신심身心이 다하는 것을 의지하지 않는 것이 보살행입니다(신심을 의지해야 해탈할 수 있으므로).

비록 3계에 머물지만 법성을 무너뜨리지 않는 것이 보살행이며, 비 록 공을 실천하지만 뭇 덕의 근본을 심는 것이 보살행입니다.

비록 무상無相을 행하지만 중생을 제도하는 것이 보살행이고, 비록 지음이 없음을 행하되 몸 받음을 나타내는 것이 보살행입니다.

---

68   "무생無生이 곧 정위正位"임은 앞에서도 한번 언급되었던 내용이다. 91쪽 주 48 참 조.

雖攝一切衆生 而不愛著 是菩薩行, 雖樂遠離 而不依身
心盡 是菩薩行. 雖行三界 而不壞法性 是菩薩行, 雖行於
空 而植衆德本 是菩薩行. 雖行無相 而度衆生 是菩薩行,
雖行無作 而現受身 是菩薩行.

비록 일어남이 없는 것을 행하나 일체 선행을 일으키는 것이 보살
행이고, 비록 6바라밀을 행하지만 중생의 마음과 심수법心數法[69]을 두
루 아는 것이 보살행입니다.

비록 6신통을 행하나 번뇌를 다하지 않는 것이 보살행이고,[70] 비록
4무량심을 행하나 범천 세상에 태어나는 것에 탐착하지 않는 것이 보
살행입니다.

雖行無起 而起一切善行 是菩薩行, 雖行六波羅蜜 而遍
知衆生心 心數法 是菩薩行. 雖行六通 而不盡漏 是菩薩
行, 雖行四無量心 而不貪著生於梵世 是菩薩行.

비록 선정·해탈·삼매를 행하나 선정을 따라 태어나지 않는 것이
보살행이고, 비록 4념처를 행하나 신·수·심·법을 영원히 여의지 않
는 것이 보살행입니다.

비록 4정근을 행하나 신심을 버리지 아니하고 정진하는 것이 보살

---

69   심心과 심소법心所法이다. 마음의 본체와 마음의 여러 가지 작용이다.
70   중생을 제도하기 위해 일부러 번뇌를 남겨 두는 보살행이다.

행이고, 비록 4여의족을 행하나 신통에 자재함이 보살행입니다.

비록 5근을 행하나 중생의 근기가 총명하고 아둔함을 잘 분별하는 것이 보살행이고, 비록 5력을 행하나 부처님의 10력을 즐겁게 구하는 것이 보살행입니다.

비록 7각지를 행하나 부처님의 지혜를 분별하는 것이 보살행이고, 비록 8정도를 행하나 무량불도를 즐겁게 행하는 것이 보살행입니다.

> 雖行七覺分 而分別佛之智慧 是菩薩行, 雖行八聖道 而樂行無量佛道 是菩薩行. 雖行禪定 解脫 三昧 而不隨禪生 是菩薩行, 雖行四念處 而不永離身受心法 是菩薩行, 雖行四正勤 而不捨身心精進 是菩薩行, 雖行四如意足 而得自在神通 是菩薩行. 雖行五根 而分別衆生諸根利鈍 是菩薩行. 雖行五力 而樂求佛十力 是菩薩行.

비록 지관의 조도법을 행하나 마침내 적멸에 떨어지지 않는 것이 보살행이고, 비록 제법의 불생불멸을 행하나 상호로 그 몸을 장엄하는 것이 보살행입니다.

비록 성문·벽지불의 위의를 나타내지만 불법을 버리지 않는 것이 보살행이고, 비록 제법의 구경한 청정 모습을 따르지만 응하는 바에 따라 그 몸을 나타내는 것이 보살행입니다.

> 雖行止觀助道之法 而不畢竟墮於寂滅 是菩薩行, 雖行諸法不生不滅 而以相好莊嚴其身 是菩薩行. 雖現聲聞辟支佛威儀 而不捨佛法 是菩薩行, 雖隨諸法究竟淨相

而隨所應爲現其身 是菩薩行.

　비록 제불국토가 영원히 고요해 허공과 같음을 관하지만 여러 청정불토를 나타내 보이는 것이 보살행이고, 비록 불도를 얻고 법륜을 굴리며 열반에 들어가지만 보살의 도를 버리지 않는 것이 보살행입니다."

　이 말을 할 때, 문수사리가 이끌고 온 대중 가운데 8천 천자가 모두 아뇩다라삼먁삼보리심을 내었다.

　　雖觀諸佛國土永寂如空　而現種種淸淨佛土　是菩薩行, 雖得佛道　轉于法輪　入於涅槃　而不捨於菩薩之道　是菩薩行. 說是語時　文殊師利所將大衆　其中八千天子　皆發阿耨多羅三藐三菩提心.

유마
경

제 3 부

불이법문

제6 부사의 품 不思議品

유마의 부사의한 경지

1. 법을 구하는 자세

그때 사리불이 그 방 가운에 의자가 없는 것을 보고 이런 생각을 하였다.

'이 모든 보살, 제자들이 어디에 앉을 수 있을까?'

장자 유마힐이 그의 생각을 알고 사리불에게 말했다.

"그대는 법을 위해 왔습니까? 앉을 의자를 위해 왔습니까?"

그때 사리불이 답했다.

"저는 법을 위해서 왔습니다. 의자를 위해서 온 것이 아닙니다."

> 爾時 舍利弗見此室中無有床座 作是念 斯諸菩薩 大弟子
> 衆 當於何坐? 長者維摩詰知其意 語舍利弗言 云何? 仁
> 者爲法來耶? 求床座耶? 舍利弗言 我爲法來 非爲床座.

유마힐이 말했다.

"오! 사리불님, 법을 위해서 온 사람은 몸과 목숨을 탐하지 않습니다. 어찌 의자이겠습니까? 법을 구하는 사람은 색수상행식을 구하지 않으며, 18계·12입을 구하지 않고, 3계를 구하지 않습니다.

사리불님, 법을 구하는 사람은 부처를 집착해 구하지 않고, 법을 집착해 구하지 않으며, 승에 집착해 구하지 않습니다.

> 維摩詰言 唯! 舍利弗! 夫求法者 不貪軀命 何況床座. 夫
> 求法者 非有色 受 想 行 識之求 非有界 入之求 非有欲
> 色 無色之求. 唯! 舍利弗! 夫求法者 不著佛求 不著法求

不著衆求.

법을 구하는 사람은 고를 보고 (법을) 구하지 않고, 집착을 끊고 (법을) 구하지 않으며, 증득을 마친 뒤에 도를 구하지 않습니다.[71] 왜냐하면 법에는 희론이 없기 때문입니다.

만약 고를 당하고서 집착을 끊으며, 열반을 증득하고자 도를 닦는다면 이는 희론이지, 법을 구하는 것이 아닙니다.

> 夫求法者 無見苦求 無斷集求 無造盡證 修道之求. 所以者何? 法無戲論. 若言我當見苦 斷集 證滅 修道 是則戲論 非求法也.

사리불님, 법은 적멸입니다. 만약 생멸을 행한다면 이는 생멸을 구하는 것이지 법을 구하는 것이 아닙니다.

법은 무염입니다. 만약 법과 열반에 물듦이 있다면 이는 염착이지 법을 구하는 것이 아닙니다.

법에는 행처가 없습니다. 만약 법에 행한다면[72] 이는 곧 행처이지 법을 구하는 것이 아닙니다.

법은 취사가 없습니다. 만약 법을 취하고 버린다면 이는 곧 취사이

---

71 번뇌·집착을 끊으며 8정도를 닦는 것으로, 법을 구하지 않는다.
72 참선·간경·독송·염불 등 수행하는 것이다. 모든 수행은 방편이지, 법 입장에서는 행하는 것이 없다.

지 법을 구하는 것이 아닙니다.

법은 처소가 없습니다. 만약 처소에 집착한다면 이는 곳에 집착하는 것이지 법을 구하는 것이 아닙니다.

唯! 舍利弗! 法名寂滅 若行生滅 是求生滅 非求法也. 法名無染 若染於法 乃至涅槃 是則染著 非求法也. 法無行處 若行於法 是則行處 非求法也. 法無取捨 若取捨法 是則取捨 非求法也. 法無處所 若著處所 是則著處 非求法也.

법은 무상無相입니다. 만약 상을 따라 인식한다면 이는 상을 구하는 것이지 법을 구하는 것이 아닙니다.

법은 머묾이 없습니다. 만약 법에 머문다면 이는 법에 머무는 것이지 법을 구하는 것이 아닙니다.

법이란 견문각지할 수 없습니다. 만약 견문각지한다면 이는 견문각지이지 법을 구하는 것이 아닙니다.

법은 무위입니다. 만약 유위를 행한다면 이는 유위를 구하는 것이지 법을 구하는 것이 아닙니다. 그러니 사리불님, 만약 법을 구한다면 일체법에 구하는 바가 없어야 합니다.

이 말을 설할 때, 5백 천자가 제법 가운데서 법안이 청정해졌다.

法名無相 若隨相識 是則求相 非求法也. 法不可住 若住於法 是則住法 非求法也. 法不可見 聞 覺 知 若行見 聞 覺 知 是則見 聞 覺 知 非求法也. 法名無爲 若行有爲 是

求有爲 非求法也. 是故舍利弗 若求法者 於一切法應無
所求. 說是語時 五百天子 於諸法中得法眼淨.

2. 유마의 신통으로 사자좌가 유마 방에 들어오다

그때 유마힐장자가 문수사리에게 물었다.

"그대는 무량천만억아승지국에 노닐었는데, 어느 불국토에 가장 최상의 묘한 공덕을 성취한 사자좌가 있습니까?"

문수사리가 말했다.

"거사님, 동방 36 갠지스 강가 모래 수와 같은 국토를 건너가면, 세계 이름이 수미상이 있습니다. 그 부처님의 명호는 수미등왕입니다. 현재 그곳의 부처님 신장이 8만 4천 유순이고, 그 사자좌의 높이는 8만 4천 유순입니다. 장엄됨이 뛰어납니다."

爾時 長者維摩詰問文殊師利 仁者遊於無量千萬億阿僧
祇國 何等佛土 有好上妙功德成就師子之座？文殊師利
言 居士！東方度三十六恒河沙國 有世界名須彌相 其佛
號須彌燈王. 今現在 彼佛身長八萬四千由旬 其師子座
高八萬四千由旬 嚴飾第一.

이때 유마힐 장자가 신통력을 나타내었다. 즉시에 부처님께서 3만

2천 사자좌를 보냈는데, 높이와 넓이가 엄정하였다. 의자가 유마힐의 방에 들어왔는데, 모든 보살·제자들·제석천·범천왕·사천왕 등이 옛날에 보지 못하던 일이었다. 그 방이 넓어져 3만 2천 사자좌를 모두 다 수용하여도 걸림이 없었다(의자가 모두 들어옴). 바이샬리 성 및 염부 제 4천하도 비좁지 않고, 옛날과 모두 똑같았다.

그때 유마힐이 문수사리에게 말했다.

"사자좌입니다. 모든 보살과 상인들께서 앉으십시오. 마땅히 스스로 서 있는 몸이 저 사자좌와 같아질 것입니다."

> 於是長者維摩詰現神通力. 即時 彼佛遣三萬二千師子座 高廣嚴淨. 來入維摩詰室 諸菩薩 大弟子 釋 梵 四天王等 昔所未見. 其室廣博 悉皆包容三萬二千師子座 無所妨 礙 於毘耶離城 及閻浮提四天下 亦不迫迮 悉見如故. 爾 時 維摩詰語文殊師利 就師子座! 與諸菩薩上人俱坐 當 自立身如彼座像.

신통력을 얻은 보살이 곧 스스로 형체를 변형해 4만 2천 유순이 되어 사자좌에 앉았다. 새로 발심한 보살과 대제자들은 오르지 못했다.

그때에 유마힐이 사리불에게 말했다.

"사자좌에 앉으십시오."

사리불이 말했다.

"거사님, 이 의자의 높이가 너무 높아서 나는 오르지 못합니다."

> 其得神通菩薩 即自變形爲四萬二千由旬 坐師子座. 諸

新發意菩薩及大弟子皆不能昇. 爾時 維摩詰語舍利弗
就師子座! 舍利弗言 居士! 此座高廣 吾不能昇.

유마힐이 말했다.

"사리불님, 수미등왕여래에게 예를 하십시오. 그러면 앉을 수 있습니다."

새로 발심한 보살과 대제자(성문승)들은 곧 수미등왕여래에게 예를 올린 뒤에 의자에 앉을 수 있었다.

사리불이 말했다.

"거사님, 예전에 있던 일이 아닙니다. 이렇게 작은 방에 어떻게 높고 넓은 의자를 수용할 수 있습니까? 바이샬리 성에 걸리는 바가 없고, 또한 염부제 취락·성읍·4천하·제천·용왕·귀신·신궁전도 또한 좁아지지 않았습니다."

維摩詰言 唯! 舍利弗! 爲須彌燈王如來作禮 乃可得坐.
於是新發意菩薩及大弟子 即爲須彌燈王如來作禮 便得
坐師子座. 舍利弗言 居士! 未曾有也! 如是小室 乃容受
此高廣之座, 於毘耶離城 無所妨礙, 又於閻浮提聚落 城
邑 及四天下 諸天 龍王 鬼 神宮殿 亦不迫迮.

3. 불가사의한 해탈경계 ①

유마힐이 말했다.

"사리불님, 제불 보살에게 해탈이 있는데 이름이 '불가사의'입니다.

만약 보살이 이 해탈에 머물러 있다면, 수미산의 높이와 넓은 것이 겨자씨 가운데 들어가도 증감이 없습니다. 수미산왕의 본래 모습 그대로입니다. 4천왕·도리제천도 안에 들어간 것을 느끼지 못하고 알지 못합니다. 오직 꼭 제도될 사람은 수미산이 겨자씨 가운데로 들어가는 것을 보고 부사의해탈법문에 머문다고 합니다. 또한 4대해의 물이 한 터럭의 구멍에 들어가나 물고기·자라·도룡농·악어 등 어류계 중생이 놀라지 않습니다. 저 대해의 본래 모습이 그대로이고, 모든 용·귀신·아수라 등이 들어가도 느끼지 못하고 알지 못하며, 이 중생들도 또한 동요하지 않습니다.

> 維摩詰言 唯! 舍利弗! 諸佛菩薩有解脫名不可思議. 若菩薩住是解脫者 以須彌之高廣 内芥子中 無所增減 須彌山王本相如故. 而四天王 忉利諸天 不覺不知己之所入, 唯應度者 乃見須彌入芥子中 是名住不思議解脫法門. 又以四大海水入一毛孔 不嬈魚鱉 黿鼉 水性之屬 而彼大海本相如故, 諸龍 鬼 神 阿修羅等 不覺不知己之所入 於此衆生 亦無所嬈.

또 사리불님, 불가사의해탈에 머물러 있는 보살은 삼천대천세계를 끊어 갖기를 마치 도예가가 물레를 돌리는 것과 같이 오른쪽 손바닥에 두고 항하의 모래수와 같은 세계 밖에다 던지는데, 그 안에 있는 중생은 자신이 멀리 가는 것을 느끼지도 못하고 알지도 못합니다. 또한 다시 본처에 돌려놓아도 모두 왕래했다는 생각도 하지 못합니다. 이 세계의 모습은 예전과 똑같기 때문입니다.

> 又舍利弗! 住不可思議解脫菩薩 斷取三千大千世界 如陶家輪 著右掌中 擲過恒河沙世界之外 其中衆生 不覺不知己之所往. 又復還置本處 都不使人有往來想 而此世界本相如故.

또 사리불님, 혹 어떤 중생이 세상에 오래 머물기를 좋아해 제도될 자라면, 보살이 7일을 연장해서 1겁을 만들어 그 중생으로 하여금 그것을 1겁이라고 여기게 합니다. 혹 어떤 중생이 세상에 오래 머무는 것을 좋아하지 않는데 제도될 자라면, 보살이 곧 1겁을 축소시켜 7일로 만들어 그 중생으로 하여금 7일이라고 여기게 합니다.

> 又舍利弗! 或有衆生 樂久住世而可度者 菩薩即延七日以爲一劫 令彼衆生謂之一劫. 或有衆生 不樂久住而可度者 菩薩即促一劫以爲七日 令彼衆生謂之七日.

또 사리불님, 불가사의해탈에 머무는 보살은 일체불토를 장엄하게 꾸며 놓고, 한 나라에 모아 두어 중생에게 보입니다. 또 보살이 일체불토의 중생을 오른쪽 손바닥 위에 놓고 날아서 시방에 이르게 해 일체를 두루 보게 하여도 본래의 장소는 움직이지 않습니다.

　　又舍利弗! 住不可思議解脫菩薩 以一切佛土嚴飾之事
　　集在一國 示於衆生. 又菩薩以一佛土衆生 置之右掌 飛
　　到十方 遍示一切 而不動本處.

4. 불가사의한 해탈경계 ②

　또 사리불님, 시방중생이 제불에게 공양하는 공양구들을 보살이 한
모공에서 다 볼 수 있게 합니다. 또 시방국토에 있는 해·달·별들을
한 모공에서 두루 보게 합니다.

　　又舍利弗! 十方衆生供養諸佛之具 菩薩於一毛孔皆令得
　　見. 又十方國土 所有日月 星宿 於一毛孔 普使見之.

　또 사리불님, 시방세계에 있는 모든 바람을 보살이 다 능히 입 안으
로 마셔도 몸은 손상되지 않고, 밖으로는 모든 식물과 나무들도 또한
꺾이지 않습니다.

　또한 시방세계의 겁이 다하여 불에 탈 때에 일체 불을 뱃속에 넣어
도 불은 옛날과 똑같으며, 몸은 해로움을 당하지 않습니다. 또한 하방
下方으로 항하의 모래 수와 같은 세계를 지나서 한 나라를 취해서 상
방上方으로 항하 모래 수와 같은 무수한 세계를 지나가더라도 마치 바

늘을 가지고 대추나뭇잎 하나를 들어올리는 것과 같이 전혀 흔들리지
않습니다.

又舍利弗! 十方世界所有諸風 菩薩悉能吸著口中 而身
無損 外諸樹木亦不摧折. 又十方世界劫盡燒時 以一切
火內於腹中 火事如故 而不爲害. 又於下方過恒河沙等
諸佛世界 取一佛土 舉著上方過恒河沙無數世界 如持鍼
鋒 舉一棗葉 而無所嶢.

또 사리불님, 불가사의해탈에 머무는 보살은 능히 신통으로 불신을
나타내고, 혹 벽지불의 몸을 나타내며, 혹 성문신으로 나타내고, 혹은
제석신으로 나타내며, 혹은 범왕신으로 나타내고, 혹은 국왕의 몸으
로 나타내며, 혹은 전륜왕의 몸으로 나타냅니다. 또한 시방세계에 있
는 뭇 소리의 상중하 음성을 다 능히 변하여 부처님의 소리를 만들어
무상·고·공·무아의 소리 및 시방제불이 설하는 갖가지 법을 연출해
그 가운데서 널리 소리를 듣게 합니다.

사리불님, 내가 지금 간략히 보살의 불가사의해탈의 힘을 설했습니
다. 혹 널리 연설하면(더 말하려고 한다면) 겁이 다하도록 말해도 다 말
하지 못합니다."

又舍利弗! 住不可思議解脫菩薩 能以神通現作佛身 或
現辟支佛身 或現聲聞身 或現帝釋身 或現梵王身 或現
世主身 或現轉輪王身. 又十方世界所有衆聲 上中下音
皆能變之令作佛聲 演出無常 苦 空 無我之音 及十方諸

佛所說種種之法 皆於其中 普令得聞. 舍利弗! 我今略說
菩薩不可思議解脫之力 若廣說者 窮劫不盡.

5. 불가사의한 해탈경계에 대해 대가섭이 찬탄하다

이때, 대가섭이 보살의 불가사의해탈법문 설하는 것을 듣고, 예전에
없던 일이라고 찬탄하며 사리불에게 말했다.

"비유하자면 어떤 사람이 눈먼 이에게 뭇 색상을 앞에 나타내어도
그가 보지 못하는 것과 같습니다. 일체 성문이 이 불가사의해탈법문
을 듣고 능히 이해하지 못하는 것이 이와 같습니다. 지혜로운 사람은
이를 듣고, 어찌 아뇩다라삼먁삼보리심을 내지 않겠습니까?

是時 大迦葉聞說菩薩不可思議解脫法門 歎未曾有 謂舍
利弗 譬如有人 於盲者前現衆色像 非彼所見. 一切聲聞
聞是不可思議解脫法門 不能解了 爲若此也. 智者聞是
其誰不發阿耨多羅三藐三菩提心?

그런데 우리들은 어찌하여 근기가 영원히 끊어지고, 대승에서 이미
종자가 썩은 것과 같을까요? 일체성문이 이 불가사의해탈법문을 듣
고, 모두 큰 소리로 목 놓아 울어 소리가 삼천대천세계에 울리는 것과
같습니다. 일체보살은 크게 기뻐하며 이 법을 정수리로 받을 것입니

다. 만약 보살이 불가사의해탈법문을 신해한다면 감히 일체 마군들은 어찌하지 못할 것입니다."

> 我等何爲永絶其根 於此大乘 已如敗種. 一切聲聞 聞是
> 不可思議解脫法門 皆應號泣 聲震三千大千世界. 一切
> 菩薩 應大欣慶 頂受此法. 若有菩薩信解不可思議解脫
> 法門者 一切魔衆無如之何.

6. 방편력으로 교화하기 위한 방법

대가섭이 이 말을 할 때에 3만 2천 천자가 모두 아뇩다라삼먁삼보리심을 내었다.

그때에 유마힐이 대가섭에게 말했다.

"인자여! 시방무량 아승지세계 가운데 마왕이 된 사람은 불가사의해탈에 머문 보살입니다. 방편력으로 중생을 교화하기 위해 마왕으로 나타난 것입니다. 또 가섭이여, 시방무량 보살들은 혹 어떤 사람이 손・발・귀・코・머리・골수・피와 살・피부와 뼈・마을・성읍・처자・노비・코끼리와 말・마차・금은・유리・자거・마노・산호・호박・진주・가패・의복・음식 등을 구걸하면, 이런 걸인은 모두 불가사의해탈에 머문 보살입니다. 방편력으로 시험해 그를 견고하게 하려는 뜻입니다.

> 大迦葉說是語時 三萬二千天子 皆發阿耨多羅三藐三菩

提心. 爾時 維摩詰語大迦葉 仁者! 十方無量阿僧祇世
界中作魔王者 多是住不可思議解脫菩薩 以方便力 敎化
衆生 現作魔王. 又迦葉! 十方無量菩薩 或有人從乞手足
耳鼻 頭目 髓腦 血肉 皮骨 聚落 城邑 妻子 奴婢 象馬 車
乘 金銀 琉璃 硨磲 瑪瑙 珊瑚 琥珀 眞珠 珂貝 衣服 飮食
如此乞者 多是住不可思議解脫菩薩 以方便力而往試之
令其堅固.

왜냐하면 불가사의해탈에 머문 보살은 위신력이 있어 곤란함을 나
타내어 모든 중생에게 곤란한 일을 보이기 때문입니다. 범부는 하열
해서 위신력이 없어 이와 같이 보살을 핍박하지 못합니다. 비유하자
면 용과 코끼리처럼 짓밟는 것을 당나귀는 견디지 못하는 것과 같습
니다(용·코끼리는 짓밟아도 견디지만 당나귀는 견디지 못함). 이를 불가사의
해탈에 머무는 보살의 지혜와 방편의 문이라고 합니다.

所以者何? 住不可思議解脫菩薩 有威德力 故現行逼迫
示諸衆生如是難事 凡夫下劣 無有力勢 不能如是逼迫菩
薩. 譬如龍象蹴踏 非驢所堪. 是名住不可思議解脫菩薩
智慧 方便之門.

제7 관중생품 觀衆生品

중생을 관하는 법

1. 보살이 중생을 관하는 방법

그때에 문수사리가 유마힐에게 물었다.

"보살은 어떻게 중생을 관해야 합니까?"

유마힐이 말했다.

"비유하자면 마술인이 마술로 만든 사람을 보는 것과 같이 보아야 합니다.

보살은 중생을 이렇게 관해야 합니다. 지혜로운 사람은 물속의 달을 보는 것처럼 보며, 거울 속의 그 면상을 보는 것과 같이 봅니다.

더운 날 아지랑이 보듯 하고, 소리 칠 때에 메아리같이 들으며, 허공 중에 구름같이 보고, 물에 물방울과 같이 여기며, 물 위의 물거품과 같이 보아야 합니다.

파초의 견고함과 같이 보고, 번갯불이 오랫동안 머문 것같이 보아야 합니다.

다섯 번째 대大와 같이 여기고, 여섯 번째 음陰과 같이 여기며, 일곱 번째 식정識情과 같이 여기고, 13입入처럼 보며, 19계와 같이 보아야 합니다.[73]

> 爾時 文殊師利問維摩詰言 菩薩云何觀於衆生? 維摩詰
> 言 譬如幻師見所幻人 菩薩觀衆生爲若此, 如智者見水

---

[73] "다섯 번째 ~ 19계와 같이 보아야 합니다."의 의미는 실제 있는 것이 아니라고 관한다는 뜻이다.

中月 如鏡中見其面像 如熱時焰 如呼聲響 如空中雲 如
水聚沫 如水上泡, 如芭蕉堅 如電久住 如第五大 如第六
陰 如第七情 如十三入 如十九界.

보살이 중생 관하기를 이와 같이 해야 합니다. 무색계에 색이 있다
고 여기고, 타 버린 곡식의 씨앗과 같이 여기며, 수다원의 몸과 같이
보고,[74] 아나함이 태에 들어가는 것과 여기며, 아라한의 3독과 같이 여
깁니다.

(무생법인을) 얻은 보살이 탐·진·훼금하는 것처럼 여기고, 부처님
에게 번뇌와 습기가 있다고 여기며, 앞을 보지 못하는 사람이 형태를
보는 것과 같이 여기고, 멸진정에 들어간 성자가 출·입식하는 것처럼
여겨야 합니다.

菩薩觀衆生爲若此 如無色界色 如焦穀牙 如須陀洹身見
如阿那含入胎 如阿羅漢三毒 如得忍菩薩貪恚毁禁 如佛
煩惱習 如盲者見色 如入滅盡定出入息.

허공중에 새가 흔적을 남긴 것처럼 여기고, 석녀의 아이처럼 여기
며, 마술로 만들어진 사람이 번뇌를 일으키는 것처럼 여겨야 합니다.
꿈속에서 보던 것을 꿈 깬 뒤에 보는 것과 같이 여기고, 열반을 성취
한 자가 몸을 받는 것처럼 여기며, 연기가 없는 불과 같이 여겨야 합니

---

[74] 공의 이치를 터득한 수다원에게 몸이라는 소견이 있다고 여긴다는 뜻이다.

다. 보살은 이와 같이 중생을 관해야 합니다.

> 如空中鳥跡 如石女兒 如化人起煩惱 如夢所見已寤 如
> 滅度者受身 如無煙之火, 菩薩觀衆生爲若此.

2. 보살은 사무량심(자애심慈愛心)을 갖고 중생을 제도하라 ①

문수사리가 말했다.

"만약 보살이 이와 같이 관한다면 어떤 자애를 행합니까?"

유마힐이 말했다.

"보살이 이렇게 관을 해 마치면 스스로 이런 생각을 해야 합니다. '나는 마땅히 중생을 위해 이와 같은 법을 설할 것이다.' 이렇게 하는 것이 참된 자애입니다.

적멸한 자애를 행하나니 생(멸)이 없기 때문이고, 열렬하지 않은 자애를 행하나니 번뇌가 없기 때문이며, 평등한 자애를 행하나니 3세에 평등하기 때문입니다.

> 文殊師利言 若菩薩作是觀者 云何行慈? 維摩詰言 菩薩
> 作是觀已 自念 我當爲衆生說如斯法 是即眞實慈也. 行
> 寂滅慈 無所生故, 行不熱慈 無煩惱故, 行等之慈 等三世
> 故.

다툼이 없는 자애를 행하나니 일어나는 것이 없기 때문이고, 불이
不二의 자애를 행하나니 내외가 합하지 않기 때문이며, 무너지지 않는
자애를 행하나니 마침내 다하기 때문입니다.

견고한 자애를 행하나니 훼손됨이 없기 때문이고, 청정한 자애를
행하나니 제법의 본성이 청정하기 때문이며, 무변한 자애를 행하나니
허공과 같기 때문입니다.

> 行無諍慈 無所起故, 行不二慈 內外不合故, 行不壞慈 畢
> 竟盡故, 行堅固慈 心無毀故, 行清淨慈 諸法性淨故, 行
> 無邊慈 如虛空故.

법시의 자애를 행하나니 아끼는 것이 없기 때문이고, 지계의 자애
를 행하나니 계 어긴 자를 교화하기 때문이며, 인욕의 자애를 행하나
니 상대와 나를 보호하기 때문입니다.[75]

정진하는 자애를 행하나니 중생을 짊어지기 때문이고,[76] 선정의 자
애를 행하나니 (해탈)미를 받지 않기 때문이며, 지혜의 자애를 행하나
니 때를 알지 못함이 없기 때문입니다.[77]

> 行法施慈 無遺惜故, 行持戒慈 化毀禁故, 行忍辱慈 護彼
> 我故, 行精進慈 荷負衆生故, 行禪定慈 不受味故, 行智

---

75 '나'다 '남'이다 하는 생각으로 분별심을 내지 않기 때문이다.

76 『금강경』 15품에도 "여래의 아뇩다라삼먁삼보리를 짊어진다(荷擔如來阿耨多羅三藐
三菩提)."는 내용이 등장한다.

77 시의적절하게 때를 잘 맞춰 교화하기 때문이다.

慧慈 無不知時故.

방편의 자애를 행하나니 일체에 나타내 보이기 때문이고, 숨김이 없는 자애를 행하나니 직심이 청정하기 때문이며, 심심深心의 자애를 행하나니 잡된 행이 없기 때문입니다.

속임이 없는 자애를 행하나니 헛되고 거짓이 없기 때문이고, 안락의 자애를 행하나니 부처님의 낙을 얻기 때문입니다.

보살의 자애는 이와 같습니다.

行方便慈 一切示現故, 行無隱慈 直心淸淨故, 行深心慈
無雜行故, 行無誑慈 不虛假故, 行安樂慈 令得佛樂故.
菩薩之慈 爲若此也.

아라한의 자애를 행하나니 번뇌의 도적을 깨뜨리기 때문이고, 보살의 자애를 행하나니 중생을 편안케 하기 때문이며, 여래의 자애를 행하나니 여여한 형상을 얻기 때문입니다.

부처의 자애를 행하나니 중생을 깨우치기 때문이고, 자연의 자애를 행하나니 원인이 없이 얻기 때문이며, 보리의 자애를 행하나니 일미처럼 평등하기 때문입니다.

견줄 데 없는 자애를 행하나니 모든 애욕을 끊기 때문이고, 대비의 자애를 행하나니 대승으로 인도하기 때문이며, 싫어함이 없는 자애를 행하나니 공과 무아를 관하기 때문입니다.

行阿羅漢慈 破結賊故, 行菩薩慈 安衆生故, 行如來慈 得

如相故, 行佛之慈 覺衆生故, 行自然慈 無因得故, 行菩
提慈 等一味故, 行無等慈 斷諸愛故, 行大悲慈 導以大乘
故, 行無厭慈 觀空無我故.

3. 보살은 사무량심(비심·희심·사심)을 갖고 중생을 제도하라 ②

문수사리가 물었다.

"어떤 것을 연민히 여기는 것(大悲)이라고 합니까?"

"보살이 짓는 공덕을 일체중생에게 모두 베푸는 것입니다."

"어떤 것을 기쁨(喜)이라고 합니까?"

"요익되는 바가 있어서 환희로워서 후회가 없는 것입니다."

"어떤 것을 평온(捨)이라고 합니까?"

"짓는 복덕에 바라는 바가 없는 것입니다."

文殊師利又問 何謂爲悲? 答曰 菩薩所作功德 皆與一切
衆生共之. 何謂爲喜? 答曰 有所饒益 歡喜無悔. 何謂爲
捨? 答曰 所作福祐 無所悕望.

4. 무주심無住心의 실천

문수사리가 물었다.

"생사에 두려움이 있다면 보살은 무엇을 의지해야 합니까?"

유마힐이 답했다.

"보살은 생사의 두려움 가운데서 마땅히 여래의 공덕력을 의지해야 합니다."

문수사리가 또 물었다.

"보살이 여래의 공덕력을 의지하고자 한다면 어디에 머물러야 합니까?"

"보살이 여래의 공덕력을 의지하고자 한다면 마땅히 일체중생을 제도하는 데 머물러야 합니다."

> 文殊師利又問 生死有畏 菩薩當何所依? 維摩詰言 菩薩
> 於生死畏中 當依如來功德之力. 文殊師利又問 菩薩欲
> 依如來功德之力 當於何住? 答曰 菩薩欲依如來功德力
> 者 當住度脫一切衆生.

"중생을 제도하려고 한다면 어떤 것을 제거해야 합니까?"

"중생을 제도하려고 한다면 번뇌를 제거해야 합니다."

"번뇌를 제거하고자 한다면 마땅히 어떻게 행해야 합니까?"

"정념을 행해야 합니다."

"어떻게 정념을 행합니까?"

"마땅히 불생불멸을 행해야 합니다."

"어떤 법이 불생이고 어떤 법이 불멸입니까?"

"좋지 않은 것은 생기지 않도록 하고, 좋은 법(善法)은 소멸되지 않도록 하는 것입니다."

又問 欲度衆生 當何所除? 答曰 欲度衆生 除其煩惱. 又問 欲除煩惱 當何所行? 答曰 當行正念. 又問 云何行於 正念? 答曰 當行不生 不滅. 又問 何法不生? 何法不滅? 答曰 不善不生 善法不滅.

"선과 불선은 무엇이 근본이 됩니까?"

"몸이 근본이 됩니다."

"몸은 무엇이 근본이 됩니까?"

"탐욕이 근본이 됩니다."

"탐욕은 무엇이 근본입니까?"

"허망과 분별이 근본이 됩니다."

"허망과 분별은 무엇이 근본입니까?"

"전도된 생각이 근본이 됩니다."

"전도된 생각은 무엇이 근본이 됩니까?"

"무주가 근본이 됩니다."

"무주는 무엇이 근본이 됩니까?"

"무주는 무본無本이 근본이 됩니다.

문수사리님, 무주의 근원으로부터 일체법을 일으킵니다."[78]

又問 善 不善孰爲本? 答曰 身爲本. 又問 身孰爲本? 答
曰 欲貪爲本. 又問 欲貪孰爲本? 答曰 虛妄 分別爲本.
又問 虛妄 分別孰爲本? 答曰 顚倒想爲本. 又問 顚倒想
孰爲本? 答曰 無住爲本. 又問 無住孰爲本? 答曰 無住
則無本. 文殊師利! 從無住本 立一切法.

5. 천녀가 사리불 존자의 분별심을 꾸짖다

그때 유마힐의 방에 한 천녀가 있었는데, 대인들이 설법하는 것을
듣고 그 몸을 나타내어 하늘의 꽃을 모든 보살과 제자들 위에 흩뿌렸
다. 그런데 꽃잎이 모든 보살에 닿아도 다 떨어졌으나 제자들에게는
붙어 떨어지지 않았다. 모든 제자들이 신력으로 꽃잎을 제거하려 해
도 떨어지지 않았다.

時維摩詰室有一天女 見諸大人 聞所說法 便現其身 卽
以天華散諸菩薩 大弟子上. 華至諸菩薩 卽皆墮落 至大
弟子 便著不墮. 一切弟子神力去華 不能令去.

---

78 『금강경』의 "응당히 머무는 바 없이 마음을 내라(應無所住 而生其心)."고 하는 사상과
동일하다.

그때 천녀가 사리불에게 물었다.

"왜 꽃잎을 제거하려고 합니까?"

"이 꽃잎은 법답지 않아서입니다. 그래서 제거하려고 하는 것입니다."

"이 꽃잎이 법답지 않다고 말하지 마십시오. 왜냐하면 이 꽃잎은 분별이 없습니다. 그대 스스로 분별심을 내는 것뿐입니다.

불법에 출가해 분별심이 있다면 법답지 못한 것입니다. 만약 분별심이 없다면 이것이 바로 여법한 것입니다.

> 爾時 天女問舍利弗 何故去華? 答曰 此華不如法 是以去
> 之. 天曰 勿謂此華爲不如法. 所以者何? 是華無所分別
> 仁者自生分別想耳. 若於佛法出家 有所分別 爲不如法
> 若無所分別 是則如法.

모든 보살을 보니 꽃잎이 붙지 않습니다. 이미 일체 분별하는 생각을 끊었기 때문입니다.

비유하면 사람이 두려움을 느낄 때, 비인非人이 그 틈을 얻는 것과 같습니다. 이와 같이 제자들이 생사에 두려움을 느낄 때 5경(색·성·향·미·촉)이 그 틈을 얻는 것입니다. 이미 두려움을 여의었다면 일체 5욕(앞의 5경)이 능히 어찌하지 못합니다. 번뇌가 다하지 못하면(번뇌습기가 있다면),[79] 꽃잎이 몸에 붙는 것입니다. 번뇌를 소멸한 자는 꽃잎

---

79   앞의 제1 「불국품佛國品」에 '여습餘習'이 등장한다. 번뇌가 완전히 끊어지지 않았다는 뜻이다.

이 붙지 않습니다."

觀諸菩薩華不著者 已斷一切分別想故. 譬如人畏時 非
人得其便 如是弟子畏生死故 色 聲 香 味 觸得其便也.
已離畏者 一切五欲無能爲也. 結習未盡 華著身耳 結習
盡者 華不著也.

6. 천녀와 사리불존자의 대화, 3독과 해탈

사리불이 말했다.

"천녀는 이 방에 머무른 지가 얼마나 오래되었습니까?"

"저는 이 방에 머물러 있는 지가 장로께서 해탈한 것과 같습니다."

"여기 머무른 지가 오래되었다고요?"

"장로님의 해탈은 또한 얼마나 오래되었습니까?"

사리불이 묵연히 아무 말도 하지 않았다.

"어찌해서 연세도 높고 지혜로우신데, 묵연하십니까?"

"해탈을 말로써 표현할 수가 없습니다. 그러므로 나는 어떻게 말해
야 할지 모르겠습니다."

答曰 我止此室 如耆年解脫. 舍利弗言 止此久耶? 天曰
耆年解脫 亦何如久? 舍利弗默然不答. 天曰 如何耆舊
大智而默? 答曰 解脫者無所言說 故吾於是不知所云.

천녀가 말했다.

"언설과 문자는 다 해탈의 형상입니다. 왜냐하면 해탈이라는 것은 안도 아니고 밖도 아니며, 안팎의 사이도 아닙니다. 문자도 또한 안도 아니고 밖도 아니며, 안팎의 사이가 아닙니다. 이러기 때문에 사리불 님, 문자를 여의고서 해탈을 설할 수 없습니다. 왜냐하면 일체제법이 해탈의 상이기 때문입니다."

사리불이 말했다.

"음행·성냄·어리석음을 여의고서 해탈하는 것이 아닙니까?

天曰 言說 文字皆解脫相. 所以者何? 解脫者 不內 不外
不在兩間 文字亦不內 不外 不在兩間. 是故舍利弗! 無
離文字說解脫也 所以者何? 一切諸法是解脫相. 舍利弗
言 不復以離婬 怒 癡爲解脫乎?

천녀가 말했다.

"부처님은 증상만인을 위하여 '음·노·치를 여의고 해탈한다'고 설한 것입니다. 만약 증상만이 없다면, 부처님은 '음·노·치의 본성이 곧 해탈'이라고 설할 것입니다."

사리불이 말했다.

"선재 선재라, 천녀여! 그대가 증득한 바가 무엇이고, 무엇을 증득했기에 변재가 이러합니까?"

"저는 얻은 것도 없고 증득한 바도 없지만 변재가 이러합니다. 왜냐하면 얻은 것이 있고 증득한 것이 있다고 한다면 곧 불법에서 증상만이기 때문입니다."

> 天曰 佛爲增上慢人說離婬 怒 癡爲解脫耳, 若無增上慢
> 者 佛說婬 怒 癡性 卽是解脫. 舍利弗言 善哉! 善哉! 天
> 女! 汝何所得 以何爲證 辯乃如是? 天曰 我無得 無證
> 故辯如是. 所以者何? 若有得 有證者 卽於佛法爲增上
> 慢.

7. 대승의 향기를 맡아라

사리불이 천녀에게 물었다.
"그대는 삼승에서 무엇을 구합니까?"
천녀가 답했다.
"성문법으로 중생을 교화하기 위해 저는 성문이 됩니다. 인연법으
로 중생을 교화하기 위해 저는 벽지불이 됩니다. 대비법으로 중생을
교화하기 위해 저는 대승이 됩니다.

> 舍利弗問天 汝於三乘爲何志求? 天曰 以聲聞法化衆生
> 故 我爲聲聞, 以因緣法化衆生故 我爲辟支佛, 以大悲法
> 化衆生故 我爲大乘.

사리불님! 어떤 사람이 첨복림(참파카)에 들어가면 오직 첨복만을

맡고, 다른 나머지 향은 맡지 않습니다. 이와 같이 이 방에 들어오면 다만 불공덕의 향기만을 맡고, 성문과 벽지불의 공덕향은 맡지 않아야 합니다.

사리불님! 제석천·범천·사천왕·제천·용·귀신·신 등이 이 방에 들어오면 이 상인上人이 정법 강설하는 것을 듣고, 모두 불공덕의 향기를 즐겨하며 발심하고 나갑니다.

사리불님! 제가 이 방에 머문 지가 12년인데, 처음부터 성문과 벽지불의 법 설하는 것을 듣지 않았고, 다만 보살의 대자대비와 불가사의한 제불의 법만 들었습니다.

> 舍利弗! 如人入瞻蔔林 唯嗅瞻蔔 不嗅餘香. 如是若入此室 但聞佛功德之香 不樂聞聲聞 辟支佛功德香也. 舍利弗! 其有釋 梵 四天王 諸天 龍 鬼 神等入此室者 聞斯上人講說正法, 皆樂佛功德之香 發心而出. 舍利弗! 吾止此室 十有二年 初不聞說聲聞 辟支佛法, 但聞菩薩大慈大悲不可思議諸佛之法.

8. 여덟 가지 미증유한 법

사리불님! 이 방에는 항상 8가지 미증유한 얻기 어려운 법이 나타납니다. 무엇이 여덟 가지일까요?

이 방에는 항상 금색광명이 비추어서 낮과 밤이 다르지 않습니다. 그래서 해와 달의 빛으로 밝음을 삼지 않습니다. 이것이 첫 번째 미증유한 얻기 어려운 법입니다.

이 방에서는 모든 번뇌의 괴로운 바를 당하지 않습니다. 이것이 두 번째 미증유한 얻기 어려운 법입니다.

이 방에는 항상 제석천왕·범천왕·사천왕·타방의 보살이 오는데, 모이는 일이 끊이지 않습니다. 이것이 세 번째 미증유한 얻기 어려운 법입니다.

이 방에서는 6바라밀·불퇴전법을 설합니다. 이것이 네 번째 미증유한 얻기 어려운 법입니다.

> 舍利弗! 此室常現八未曾有難得之法 何等爲八? 此室常
> 以金色光照 晝夜無異 不 以日月所照爲明 是爲一未曾
> 有難得之法. 此室入者 不爲諸垢之所惱也 是爲二未曾
> 有難得之法. 此室常有釋 梵 四天王 他方菩薩 來會不絕
> 是爲三未曾有難得之法. 此室常說六波羅蜜 不退轉法
> 是爲四未曾有難得之法.

이 방에서는 항상 천인이 뛰어난 음악을 연주해서 현으로 무량법으로 교화하는 소리를 냅니다. 이것이 다섯 번째 미증유한 얻기 어려운 법입니다.

이 방에는 4대의 창고가 있는데, 수많은 보물이 가득해서 가난한 사람들을 두루 구제하는 데 다함이 없습니다. 이것이 여섯 번째 미증유한 얻기 어려운 법입니다.

> 此室常作天人第一之樂 絃出無量法化之聲 是爲五未曾
> 有難得之法. 此室有四大藏 衆寶積滿 周窮濟乏 求得無
> 盡 是爲六未曾有難得之法.

이 방에서는 석가모니불·아미타불·아촉불·보덕·보염·보월·보
엄·난승·사자향·일체리성 등 시방의 무량한 제불을 유마힐이 생각
할 때 바로 와서 널리 제불의 비밀한 법장을 설합니다. 설법해 마치고
는 돌아갑니다. 이것이 일곱 번째 미증유한 얻기 어려운 법입니다.

이 방에는 일체제천이 궁전을 장엄하게 꾸며서 제불의 정토가 그 가
운데 나타납니다. 이것이 여덟 번째 미증유한 얻기 어려운 법입니다.

사리불님, 이 방에는 항상 여덟 가지 미증유한 얻기 어려운 법이 나
타나거늘 누가 이 부사의한 일을 보고서 성문법을 좋아하겠습니까?"

> 此室釋迦牟尼佛 阿彌陀佛 阿閦佛 寶德 寶炎 寶月 寶嚴
> 難勝 師子響 一切利成 如是等十方無量諸佛 是上人念
> 時 卽皆爲來 廣說諸佛秘要法藏 說已還去 是爲七未曾
> 有難得之法. 此室一切諸天嚴飾宮殿 諸佛淨土 皆於中
> 現 是爲八未曾有難得之法. 舍利弗! 此室常現八未曾有
> 難得之法 誰有見斯不思議事 而復樂於聲聞法乎?

9. 일체법의 참다운 모습

사리불이 말했다.

"그대는 어찌하여 여인의 몸을 바꾸지 않습니까?"

천녀가 말했다.

"나는 12년 동안 여인의 상을 찾으려고 해도 찾지 못했습니다. 그런데 어떻게 바꿉니까? 비유하자면 마술사가 마술로 환녀를 만든 것과 같습니다. 만약 어떤 사람이 '어찌하여 여인의 몸을 바꾸지 않는가?'라고 묻는다면, 이 사람의 질문이 바르다고 할 수 있습니까?"

사리불이 말했다.

"아닙니다. 환이란 일정한 상이 없는데, 마땅히 어찌 바꿀 수 있겠습니까?"

천녀가 말했다.

"일체제법도 또한 이와 같아서 일정한 상이 없습니다. 어찌 여자의 몸을 바꿔야 한다고 물으십니까?"

그때 천녀가 신통력으로 사리불을 천녀로 변하게 하였다. 천녀는 스스로 몸을 바꾸어서 사리불과 같게 한 뒤에 물었다.

"왜 여자의 몸을 바꾸지 않습니까?"

舍利弗言 汝何以不轉女身? 天曰 我從十二年來 求女人
相了不可得 當何所轉? 譬如幻師 化作幻女. 若有人問
何以不轉女身 是人爲正問不? 舍利弗言 不也 幻無定相
當何所轉. 天曰 一切諸法 亦復如是 無有定相 云何乃問

不轉女身? 即時天女以神通力 變舍利弗令如天女 天自
化身如舍利弗 而問言 何以不轉女身?

천녀의 상으로 변화된 사리불이 답했다.

"내가 지금 어떻게 여인의 몸으로 변했는지 모르겠습니다."

"사리불님이 만약 여인의 몸을 바꿀 수 있다면 모든 여인도 또한 능
히 바꿀 수 있습니다. 마치 사리불이 여자가 아니면서 여자의 몸을 나
타내는 것처럼 일체의 여인도 또한 이와 같습니다. 비록 여자의 몸을
나타내지만 여자가 아닙니다. 이러기 때문에 부처님께서 '일체제법이
남자도 아니고 여자도 아니다.'라고 말씀하셨습니다."

곧 천녀가 다시 신통력으로 사리불의 몸을 예전처럼 바꾸었다.

舍利弗以天女像而答言 我今不知何轉而變爲女身? 天
曰 舍利弗若能轉此女身 則一切女人亦當能轉. 如舍利
弗 非女而現女身 一切女人亦復如是 雖現女身而非女
也. 是故佛說 一切諸法 非男非女 即時天女還攝神力 舍
利弗身還復如故.

천녀가 사리불에게 물었다.

"여자 몸의 색상은 지금 어디에 있습니까?"

"여자 몸의 색상은 있는 것도 아니고, 있지 않은 것도 아닙니다."

천녀가 말했다.

"일체 제법도 또한 이와 같아서 있는 것도 아니고, 있지 않은 것도

아닙니다. 있는 것도 아니고 있지 않은 것도 아니라는 것이, 부처님께서 설하신 바입니다."

> 天問舍利弗 女身色相 今何所在? 舍利弗言 女身色相 無
> 在 無不在. 天曰 一切諸法 亦復如是 無在 無不在. 夫無
> 在 無不在者 佛所説也.

사리불이 천녀에게 물었다.
"그대는 여기서 죽으면 어디에 태어납니까?"
"부처님께서 화해서 태어나신 곳에 저도 그같이 태어납니다."
"부처님께서 화해서 태어난다고 하지만 죽음과 태어남이 아닙니다."
"중생도 또 그러하거늘 죽고 태어남이 없는 것입니다."

> 舍利弗問天 汝於此沒 當生何所? 天曰 佛化所生 吾如彼
> 生. 曰 佛化所生 非沒生也. 天曰 衆生猶然 無沒生也.

10. 무소득無所得 경지

사리불이 천녀에게 물었다.
"그대는 아뇩다라삼먁삼보리를 얻은 지가 오래되었습까?"
천녀가 말했다.

"사리불이 다시 범부가 되면 저는 마땅히 아뇩다라삼먁삼보리를 성취할 것입니다."

사리불이 말했다.

"내가 범부가 되는 것은 있을 수 없는 일입니다."

"제가 아뇩다라삼먁삼보리를 얻는 것도 있을 수 없는 일입니다. 왜냐하면 보리는 처소가 없습니다. 이러기 때문에 얻은 것이 없습니다."

> 舍利弗問天 汝久如當得阿耨多羅三藐三菩提? 天曰 如
> 舍利弗還爲凡夫 我乃當成阿耨多羅三藐三菩提. 舍利弗
> 言 我作凡夫 無有是處. 天曰 我得阿耨多羅三藐三菩提
> 亦無是處. 所以者何? 菩提無住處 是故無有得者.

사리불이 말했다.

"지금 많은 부처님께서 아뇩다라삼먁삼보리를 얻은 것도 이미 얻어져 있고, 앞으로 얻을 것도 갠지스강가의 모래와 같습니다(모래 수처럼 많다는 뜻). 이런 것은 다 무엇을 말하는 것입니까?"

"모두 세속 문자인 숫자로서 3세가 있다고 말하는 것이지, 보리에는 과거·미래·현재가 있다고 말하지 않습니다.[80] 사리불님, 그대는 아라한도를 얻었습니까?"

"얻은 바 없이 얻었습니다."

---

80 앞의 제4 「보살품」에서 "깨달음의 보리에는 과거·현재·미래 시제가 없다."고 했듯이 무위법의 경지인 진리에도 과거·현재·미래가 끊어진 것이다.

"제불 보살도 이와 같아서 얻은 바가 없이 얻었습니다."

舍利弗言 今諸佛得阿耨多羅三藐三菩提 已得 當得 如
恒河沙 皆謂何乎? 天曰 皆以世俗文字數故 說有三世 非
謂菩提有去 來 今. 天曰 舍利弗! 汝得阿羅漢道耶? 曰
無所得故而得. 天曰 諸佛 菩薩 亦復如是 無所得故而得.

그때 유마힐이 사리불에게 말했다.

"이 천녀는 일찍이 92억 부처님께 공양하였고, 이미 보살의 신통에
노닐며, 소원한 바가 구족되었고, 무생법인을 얻어 불퇴전의 경지에
머물러 있는 분입니다. 본래 세운 서원을 갖고 있어 자신이 뜻한 대로
(몸을) 나타내어 중생을 교화하는 것입니다."

爾時 維摩詰語舍利弗 是天女已曾供養九十二億佛 已能
遊戲菩薩神通 所願具足 得無生忍 住不退轉. 以本願故
隨意能現 教化衆生.

제8 불도품 佛道品

참
불
도
행

1. 비도를 행할 정도가 되어야 불도에 통달한다

그때 문수사리가 유마힐에게 물었다.

"보살은 어떻게 불도를 통달합니까?"

"만약 보살이 비도를 행한다면, 이것이 불도를 통달하는 것입니다."

"어떻게 비도를 행한다는 것입니까?"

爾時 文殊師利問維摩詰言 菩薩云何通達佛道? 維摩詰
言 若菩薩行於非道 是爲通達佛道. 又問 云何菩薩行於
非道?

"만약 보살이 오무간지옥에 갈지라도 괴로워하거나 성내지 않으
며, 지옥에 이르러서도 죄의 허물이 없고, 축생계에 이르러서도 무명
이나 교만 등의 허물이 없으며, 아귀세계에 이르러서도 공덕을 구족
하고, 색계와 무색계의 도[81]를 행할지라도 수승하다고 여기지 않는 것
입니다.

탐욕 행하는 것을 보이더라도 모든 번뇌를 여의고, 성냄 행하는 것
을 보이더라도 모든 중생에게 그 성냄에 걸림이 없으며, 어리석은 행
을 보이더라도 지혜로써 그 마음을 조복해야 합니다.

答曰 若菩薩行五無間 而無惱恚, 至于地獄 無諸罪垢, 至
于畜生 無有無明 憍慢等過, 至于餓鬼 而具足功德, 行色

無色界道 不以爲勝. 示行貪欲 離諸染著, 示行瞋恚 於諸
衆生無有恚碍, 示行愚癡 而以智慧調伏其心.

인색한 행을 보이더라도 안팎으로 있는 것을 베풀되 신명을 아끼지
않고, 파계하는 행을 보이더라도 청정한 계에 안주해 작은 죄일지라
도 오히려 크게 두려움을 느끼며, 성내는 것을 보이더라도 항상 자비
로운 인욕을 행해야 합니다.

게으른 모습을 보이더라도 부지런히 공덕을 닦아야 하고, 산란한
마음을 보이더라도 항상 선정을 염두에 두며, 우치한 행을 보이더라
도 세간과 출세간의 지혜에 통달해야 합니다.

示行慳貪 而捨內外所有 不惜身命, 示行毁禁 而安住淨
戒 乃至小罪猶懷大懼, 示行瞋恚 而常慈忍, 示行懈怠 而
勤修功德, 示行亂意 而常念定, 示行愚癡 而通達世間 出
世間慧.

아첨과 거짓됨을 보이더라도 선 방편으로 모든 경전의 뜻을 따르
고, 교만 행함을 보일지라도 오히려 중생을 교량과 같이 여기며, 모든
번뇌를 보이더라도 마음이 항상 청정해야 합니다.

마구니에 들어가는 것을 보이더라도 불지혜에 수순해 다른 가르침
을 따르지 않고, 성문에 들어가는 것을 보이더라도 중생을 위해 듣지
못했던 법을 설해 주며, 벽지불에 들어가는 것을 보이더라도 대비를
성취해 중생을 교화해야 합니다.

示行諂偽 而善方便 隨諸經義, 示行憍慢 而於衆生猶如
橋梁, 示行諸煩惱 而心常清淨. 示入於魔 而順佛智慧 不
隨他教, 示入聲聞 而爲衆生說未聞法, 示入辟支佛 而成
就大悲 教化衆生.

빈궁한 곳에 들어가는 것을 보이더라도 보배로운 손이 있어 공덕이
다함이 없고, 장애인 속에 들어감을 보이더라도 모든 상호를 갖추어
스스로 장엄하며, 하천한 속에 들어감을 보이더라도 불종성 가운데
태어나 모든 공덕을 구족해야 합니다.

용렬하고 추한 데 들어감을 보이더라도 나라연 몸을 얻어 일체중생
이 즐겁게 볼 수 있게 하며, 늙고 병듦에 들어가는 것을 보이더라도 영
원히 병의 근원을 끊어서 죽음의 두려움을 초월해야 합니다.

示入貧窮 而有寶手功德無盡, 示入刑殘 而具諸相好以
自莊嚴, 示入下賤 而生佛種姓中 具諸功德, 示入羸劣醜
陋 而得那羅延身 一切衆生之所樂見, 示入老病 而永斷
病根 超越死畏.

생활하는 직업을 갖고 있더라도 항상 무상을 관해 탐욕이 없고, 아
내와 첩, 시녀가 있음을 보이더라도 항상 세속의 5욕을 멀리 여의며,
어눌함과 아둔함을 나타내지만 변재를 성취해 총지를 잃지 않는 것입
니다.

삿된 가르침에 들어감을 보이더라도 모든 중생을 바르게 제도하고,

여러 도에 두루 들어감을 나타내더라도 그 인연을 끊어 버리며, 열반을 나타내어도 생사를 끊지 않는 것입니다.

문수사리여! 보살은 능히 이와 같이 비도를 행하는 것이 바로 불도를 통달하는 것입니다.

示有資生 而恒觀無常 實無所貪, 示有妻妾 釆女 而常遠離五欲淤泥 現於訥鈍 而成就辯才 總持無失, 示入邪濟而以正濟度諸衆生 現遍入諸道 而斷其因緣 現於涅槃而不斷生死. 文殊師利! 菩薩能如是行於非道 是爲通達佛道.

2. 깨달음의 종자는 번뇌 가운데 있다

그때 유마힐이 문수사리에게 물었다.

"어떤 것들이 여래의 종자입니까?"

문수사리가 말했다.

"몸이 종자이며, 무명과 유애有愛(삶과 욕망)가 종자이고, 3독(탐진치)이 종자이며, 4전도顚倒가 종자이고, 5개蓋(탐·진·치·혼침·도거)가 종자이며, 6입(6근)이 종자이고, 7식이 종자이며, 8사법(8정도의 반대)이 종자이고, 9뇌惱가 종자이며, 10불선도不善道가 종자가 됩니다. 요점을 말한다면 62견과 일체번뇌가 모두 부처의 종자입니다."

於是維摩詰問文殊師利 何等爲如來種? 文殊師利言 有
身爲種 無明 有愛爲種 貪 恚 癡爲種 四顚倒爲種 五蓋爲
種 六入爲種 七識處爲種 八邪法爲種 九惱處爲種 十不
善道爲種. 以要言之 六十二見及一切煩惱 皆是佛種.

"무엇을 말하는 것입니까?"

"만약 무위를 보고 정위에 들어간다면 아뇩다라삼먁삼보리심을 내
지 못할 것입니다. 비유하면 고원의 육지에서는 연꽃이 피어나지 않
고, 낮고 습한 진흙밭에서 연꽃이 피어나는 것과 같습니다. 이처럼 무
위법을 보고 정위에 들어가고자 할 경우 마침내 다시 불법에 태어나
지 못하고, 번뇌의 진흙 가운데 있는 중생이어야 불법을 일으킵니다.

日 何謂也? 答曰 若見無爲入正位者 不能復發阿耨多羅
三藐三菩提心 譬如高原陸地 不生蓮華 卑濕淤泥 乃生
此華. 如是見無爲法入正位者 終不復能生於佛法 煩惱
泥中 乃有衆生起佛法耳.

또 마치 식물을 허공중에 심으면 생명이 자랄 수 없고, 분뇨와 흙이
있는 땅에서 무성하게 자라는 것과 같습니다. 이처럼 무위의 정위에
든 사람은 불법의 (씨앗이) 싹트지 못하고, 수미산과 같은 아견이 있는
사람이라야 오히려 아뇩다라삼먁삼리심을 내고 불법을 일으킵니다.

그러니 마땅히 아십시오. 일체번뇌가 여래의 종자입니다. 비유하면
저 대해에 들어가지 않으면 귀중한 보배를 취할 수 없는 것과 같이 번

뇌의 바다에 들어가지 않으면 일체 지혜를 얻을 수 없습니다."

又如植種於空 終不得生 糞壤之地 乃能滋茂. 如是入無
爲正位者 不生佛法, 起於我見如須彌山 猶能發于阿耨
多羅三藐三菩提心 生佛法矣. 是故當知 一切煩惱爲如
來種. 譬如不下巨海 不能得無價寶珠 如是不入煩惱大
海 則不能得一切智寶.

3. 대가섭이 문수의 변재에 찬탄하다

그때 대가섭이 찬탄해 말했다.

"선재 선재라. 문수사리여! 말을 통쾌하게 잘하시는군요.

진실로 말한 바와 같이 진로(번뇌)의 벗이 여래의 종자입니다.

우리는 지금 다시는 아뇩다라삼먁삼보리심을 발할 수 없습니다.

오무간 지옥에 갈 죄를 지어도 오히려 뜻을 내어 불법을 내는데, 지금 우리들은 영원히 보리심을 발할 수가 없습니다.

爾時 大迦葉歎言 善哉善哉! 文殊師利 快說此語. 誠如
所言 塵勞之疇 爲如來種. 我等今者 不復堪任發阿耨多
羅三藐三菩提心 乃至五無間罪 猶能發意生於佛法 而今
我等永不能發.

비유하자면 마치 장애인이 다시는 5욕락의 즐거움을 얻을 수 없는 것과 같습니다. 이처럼 모든 결박을 끊은 성문은 불법 가운데 다시는 이익이 없으며, 영원히 뜻과 원력도 없습니다.

이러기 때문에 문수사리여! 범부는 불법 가운데서 회복할 수 있지만, 성문은 할 수 없습니다.

왜냐하면 범부는 불법을 들으면 무상도심을 일으키고, 3보를 끊지 않습니다. 성문은 몸이 마칠 때까지 불법의 힘과 무외 등을 들어도 영원히 무상도의 뜻을 일으키지 못하기 때문입니다.

> 譬如根敗之士 其於五欲不能復利. 如是聲聞諸結斷者
> 於佛法中無所復益 永不志願. 是故文殊師利! 凡夫於佛
> 法有返復 而聲聞無也. 所以者何? 凡夫聞佛法 能起無上
> 道心 不斷三寶. 正使聲聞終身聞佛法 力 無畏等 永不能
> 發無上道意.

그때 회중에 한 보살이 있는데, 이름이 보현색신이다. 그가 유마힐에게 물었다.

"거사님, 거사님의 부모·처자·친척·권속·사민·지인은 누구입니까? 노비·동복·코끼리·말·마차는 다 어디에 있습니까?"

> 爾時 會中有菩薩名普現色身 問維摩詰言 居士父母 妻
> 子 親戚 眷屬 吏民 知識 悉爲是誰? 奴婢 僮僕 象馬 車
> 乘 皆何所在?

4. 유마가 불도행에 대해 게송으로 답변하다 ①

그때 유마힐이 게송으로 이렇게 답했다.

지혜는 어머니요, 방편은 아버지며,

일체 모든 부처님들(導師)이 여기에 나투십니다.

법희선열로 아내를 삼고, 자비심은 딸이 되며,

진실한 마음은 아들이요, 공적함은 나의 집입니다.

번뇌 티끌인 제자들이 뜻대로 따라올지라도

37조도품을 선지식으로, 이것으로 정각을 이룹니다.

모든 바라밀은 도반이요,

4섭법(보시·애어·이행·동사)이 기녀가 됨이요,

미묘 법문 노래하니, 이것으로 풍류를 삼습니다.

다라니법 꽃 동산에 무루법이 나무가 되고,

정각의 청정 꽃 피어 해탈 지혜 열매 맺습니다.

於是維摩詰以偈答曰

智度菩薩母 方便以爲父 一切衆導師 無不由是生

法喜以爲妻 慈悲心爲女 善心誠實男 畢竟空寂舍

弟子衆塵勞 隨意之所轉 道品善知識 由是成正覺

諸度法等侶 四攝爲伎女 歌詠誦法言 以此爲音樂

總持之園苑 無漏法林樹 覺意淨妙華 解脫智慧果.

8해탈(8정도) 연못에는 선정의 청정한 물이 가득해

7정화七淨華[82]가 두루 펼쳐 있어

번뇌가 없는 사람이 목욕합니다.

5신통은 말이 되고, 대승 법문은 수레가 되며,

일심으로 조복해 마차를 몰아 8정도 길에서 노닙니다.

32상을 갖추어 장엄하고, 80종호로써 자태를 뽐내며,

부끄러움으로 의복을 삼고, 깊은 마음은 꽃다발이 됩니다.

일곱 가지 보배 재물[83]로 부자가 되고,

점차 늘리도록 가르쳐 주며,

설한 대로 행을 닦아 회향해서 큰 이익을 얻습니다.

八解之浴池 定水湛然滿 布以七淨華 浴此無垢人
象馬五通馳 大乘以爲車 調御以一心 遊於八正路
相具以嚴容 衆好飾其姿 慚愧之上服 深心爲華鬘
富有七財寶 敎授以滋息 如所說修行 迴向爲大利.

---

82   용어 해설(347쪽) 참조.

83   믿음·계율·문聞·사捨·혜慧·참慚·괴愧 등이다.

5. 유마가 불도행에 대해 게송으로 답변하다 ②

4선정[84]으로 의자를 삼고, 청정한 생활을 하며,

많이 듣고 지혜를 증장해 스스로 깨달음 음향이 됩니다.

감로법으로 밥을 삼고, 해탈 맛으로 국을 삼으며,

청정심으로 목욕하고, 계품으로 향수를 삼습니다.

번뇌 도적을 꺾어 내니, 이 용맹을 누가 감히 침범하겠습니까?

4마[85]를 항복받고, 우승의 깃발을 세웁니다.

비록 나고 죽음이 없는 것을 알지만, 사람들에게 태어남을 보여서

모든 국토에 나타나는 것이 마치

어느 곳에서나 태양을 보는 것과 같습니다.

시방에 계시는 무량억만 여래에게 공양은 올리지만

부처님과 자신을 분별하는 관념이 없습니다.[86]

四禪爲床座 從於淨命生 多聞增智慧 以爲自覺音
甘露法之食 解脫味爲漿 淨心以澡浴 戒品爲塗香
摧滅煩惱賊 勇健無能踰 降伏四種魔 勝幡建道場

84　용어 해설 4선(초선~제4선)(334쪽) 참조.

85　중생을 괴롭히는 번뇌를 말한다. 번뇌마煩惱魔·온마蘊魔·사마死魔·천자마天子魔
　　이다.

86　모든 중생이 불성을 갖고 있으므로 부처님과 중생이 동일하다는 것이다. 이 사상
　　은 대승불교 초기 경전과 중기 경전에 두루 설하고 있다. 불성이나 여래장 사상은
　　『유마경』보다 후대에 발전한 용어(대승불교 중기 경전)이다.

雖知無起滅 示彼故有生 悉現諸國土 如日無不見
供養於十方 無量億如來 諸佛及己身 無有分別想.

비록 '모든 세계와 중생이 공하다'는 것은 알지만
항상 정토 수행을 닦아서 뭇 중생들을 교화합니다.
뭇 중생들 앞에 형상·소리·위의
그리고 두려움 없는 힘을 가진 보살이 동시에 나타납니다.
뭇 마구니들의 일을 알고 있지만,
그들의 행함에 따라 나타나서
훌륭한 방편과 지혜로 자유자재롭게 나타납니다.
혹은 늙고 병들며 죽음을 보임으로서
뭇 중생의 바람을 성취하게 하되
'환화幻化와 같다'는 것을 알게 해서 걸림이 없는 데 통달케 합니다.
혹은 겁이 끝날 때에 화재가 일어나 천지가 다 타 버려도
모든 사람이 '항상하다고 생각하는 것'을 비추어
무상함을 알게 합니다.

雖知諸佛國 及與衆生空 而常修淨土 教化於群生
諸有衆生類 形聲及威儀 無畏力菩薩 一時能盡現
覺知衆魔事 而示隨其行 以善方便智 隨意皆能現
或示老病死 成就諸群生 了知如幻化 通達無有礙
或現劫盡燒 天地皆洞然 衆人有常想 照令知無常.

6. 유마가 불도행에 대해 게송으로 답변하다 ③

무수억 중생이 함께 와서 보살에게 청하면
동시에 그들 각각의 집집마다 찾아가 교화해서
불도로 나아가도록 합니다.
경전이나 주술과 교묘한 온갖 재주 등을
있는 대로 나타내 보여서
모든 중생을 이익되게 합니다.
세간의 온갖 종교에 모두 출가해서
사람들의 미혹됨을 풀어 주고,
삿된 견해에 떨어지지 않도록 합니다.
혹은 해·달·별 그리고 하늘 세계의 주인도 되고,
혹은 땅·물 그리고 바람·불의 주신主神도 됩니다.

無數億衆生 俱來請菩薩 一時到其舍 化令向佛道
經書禁咒術 工巧諸伎藝 盡現行此事 饒益諸群生
世間衆道法 悉於中出家 因以解人惑 而不墮邪見
或作日月天 梵王世界主 或時作地水 或復作風火.

어느 겁에 전염병이 돌면 온갖 약초가 되어,
만약 그 약을 복용한 사람이 있다면 독을 제거해 병을 낫게 합니다.
어느 해에 기근이 들면 몸을 나타내어 음식을 만들어서
목마른 사람을 먼저 구제한 뒤에

진리로써 그 사람들을 인도합니다.

어느 해에 전쟁이 일어나면 그들을 위해 자애심을 내어

모든 중생을 교화해 평화로운 나라에 머물도록 해 줍니다.

혹 큰 전쟁이 나서 서로가 대등한 상태로 버티고 있으면

보살이 위엄과 세력을 나타내어 그들을 항복받아 평화롭게 합니다.

劫中有疾疫 現作諸藥草 若有服之者 除病消衆毒

劫中有飢饉 現身作飲食 先救彼飢渴 卻以法語人

劫中有刀兵 爲之起慈心 化彼諸衆生 令住無諍地

若有大戰陣 立之以等力 菩薩現威勢 降伏使和安.

7. 유마가 불도행에 대해 게송으로 답변하다 ④

일체 국토 가운데 수많은 지옥이 있으면

곧바로 그곳에 가서, 최선을 다해서 그들을 고통에서 건져 냅니다.

일체 국토 가운데 축생들이 서로서로 잡아먹으면

그들 가운데 태어나서 그들을 위해 이익되도록 합니다.

5욕[87] 받는 것도 보이고, 반대로 참선하는 모습도 보여서

마구니의 마음을 심란하게 만들어

---

87 재물욕·수면욕·색욕·명예욕·식욕.

그들이 기회(짬)를 잡지 못하게 합니다.

불 속에서 연꽃이 피는 것이 희유한 일이듯이

욕망 가운데 있으면서도 참선하는 것이 희유한 일입니다.

혹은 음욕 밝히는 여자가 되어 호색한들을 이끌어서

먼저 욕망으로 끌어당긴 뒤에 불도에 들도록 인도합니다.[88]

一切國土中 諸有地獄處 輒往到于彼 勉濟其苦惱

一切國土中 畜生相食噉 皆現生於彼 爲之作利益

示受於五欲 亦復現行禪 令魔心憒亂 不能得其便

火中生蓮華 是可謂希有 在欲而行禪 希有亦如是

或現作婬女 引諸好色者 先以欲鉤牽 後令入佛道.

혹은 마을의 주인이 되고, 혹은 상인들의 인도자가 되며,

국사·대신이 되어 중생을 도와 이익되도록 해 줍니다.

모든 가난한 사람들에게 억대의 재산가가 되어

그들을 이끌고 인도해서 보리심을 일으키도록 유도합니다.

아만심이 많고 교만한 자들 앞에 큰 역사로 나타나서

---

88 유사한 내용이 『화엄경』 「입법계품」에 있다. 14번째 선지식 해주성海住城의 구족구足우바이가 등장한다. 구족우바이는 집안에 음식·살림살이 도구는 없었으며, 조그만 그릇 하나만 갖고 있었다. 구족우바이는 무진복덕장無盡福德藏 해탈문을 얻었는데, 어느 누구든 그녀를 만나면 행복하게 되었다. 그녀를 시중들고 있는 1만 동녀들도 모습이 구족우바이처럼 아름다웠다. 이들에게서 풍기는 향기를 맡기만 하면 탐진치 3독이 사라지고, 교만함과 남을 증오하는 마음도 없어졌으며, 청정한 사람이 되었다.

아만심·교만심이 가득한 자들을 항복받아

최상의 진리에 머물게 합니다.

或爲邑中主 或作商人導 國師及大臣 以祐利衆生

諸有貧窮者 現作無盡藏 因以勸導之 令發菩提心

我心憍慢者 爲現大力士 消伏諸貢高 令住無上道.

8. 유마가 불도행에 대해 게송으로 답변하다 ⑤

두려움에 떠는 대중이 있으면

그들 앞에 나타나 위로해 편안케 해 주고,

먼저 두려움 없음을 베푼 뒤에 진리 구할 마음을 내게 합니다.

혹은 음욕을 멀리하는 것을 나타내서 5신통 지닌 신선이 되어

수많은 중생을 인도해서 계율·인욕·자비행을 실천토록 합니다.

일을 도와줄 사람이 필요하면 어린 종이 되어 나타나서

그의 마음을 기쁘게 해서 도심道心을 일으키도록 합니다.

다른 사람이 필요함에 따라 불도에 들게 하고,

선방편의 힘으로 그들이 원하는 것을 만족토록 공급해 줍니다.

其有恐懼衆 居前而慰安 先施以無畏 後令發道心

或現離婬欲 爲五通仙人 開導諸群生 令住戒忍慈

見須供事者 現爲作僮僕 既悅可其意 乃發以道心

隨彼之所須 得入於佛道 以善方便力 皆能給足之.

이와 같이 도가 한량이 없고, 행하는 일마다 끝이 없으며,
지혜 또한 끝이 없어 무수한 중생을 제도합니다.
설령 일체 모든 부처님께서 무수 억겁 동안에
그 공덕을 찬탄해도 오히려 능히 다하지 못할 것입니다.
어떤 사람이든 이 법문을 듣고서
어찌 보리심을 일으키지 않겠습니까?
그런데 불초한 사람과 어리석은 자는 제외합니다.

如是道無量 所行無有涯 智慧無邊際 度脫無數衆
假令一切佛 於無量億劫 讚歎其功德 猶尚不能盡
誰聞如是法 不發菩提心 除彼不肖人 癡冥無智者.

제9 입불이법문품 入不二法門品

불이에 대한 견해

1. 법자재·덕수·불순·덕정 보살이 불이를 설하다

그때 유마힐이 여러 보살에게 말했다.

"그대들께서는 어떻게 보살이 불이법문에 들어가는 것이라고 생각하는지요? 각자 좋아하는 바에 따라 말해 보십시오."

회중에 있던 법자재보살이 말했다.

"여러분들! 생과 멸이 둘이지만 법에는 본래 생이 없으므로 지금 곧 멸이 없는 것, 이렇게 무생법인을 얻는 것이 불이법문에 들어가는 것입니다."

> 爾時 維摩詰謂衆菩薩言 諸仁者! 云何菩薩入不二法門?
> 各隨所樂說之. 會中有菩薩名法自在 說言 諸仁者! 生
> 滅爲二. 法本不生 今則無滅 得此無生法忍 是爲入不二
> 法門.

덕수보살이 말했다.

"아와 아소가 둘이지만, '나'가 있다는 것으로 문득 '나의 것'이 있는 것입니다. 만약 '나'가 없다면, '나의 것'도 없는 것, 이것이 불이법문에 들어가는 것입니다."

> 德守菩薩曰 我 我所爲二. 因有我故 便有我所 若無有我
> 則無我所 是爲入不二法門.

불순보살이 말했다.

"수와 불수가 둘입니다. 만약 법을 받아들이지 않는다면 얻을 수 없습니다. 그러므로 취할 수 없고, 버릴 것도 없으며, 지을 것도 없고, 행할 것도 없는 것, 이것이 불이법문에 들어가는 것입니다."

不眴菩薩曰 受 不受爲二. 若法不受 則不可得 以不可得 故無取 無捨 無作 無行 是爲入不二法門.

덕정보살이 말했다.

"더럽고 깨끗함이 둘이지만, 더러움의 실다운 성품(性)을 보면 깨끗하다는 상相도 없어서 적멸寂滅의 상을 따르는 것, 이것이 불이법문에 들어가는 것입니다."

德頂菩薩曰 垢 淨爲二. 見垢實性 則無淨相 順於滅相 是 爲入不二法門.

2. 선수·선안·묘비·불사·사자 보살이 불이를 설하다

선수보살이 말했다.

"동과 념이 둘인데, 부동이 곧 무념이요, 무념이 곧 무분별입니다. 이 이치를 통달한 것, 이것이 불이법문에 들어가는 것입니다."

善宿菩薩曰 是動 是念爲二. 不動則無念 無念則無分別 通達此者 是爲入不二法門.

선안보살이 말했다.

"일상과 무상이 둘인데, 만약 일상이 곧 무상인 줄을 알고 무상을 취하지 않으면 평등에 들어갑니다. 이것이 불이법문에 들어가는 것입니다."

善眼菩薩曰 一相 無相爲二. 若知一相卽是無相 亦不取無相 入於平等 是爲入不二法門.

묘비보살이 말했다.

"보살심·성문심이 둘인데, 심상心相이 공하여 환화와 같은 줄을 관하면 보살심도 없고 성문심도 없습니다. 이것이 불이법문에 들어가는 것입니다."

妙臂菩薩曰 菩薩心 聲聞心爲二. 觀心相空如幻化者 無菩薩心 無聲聞心 是爲入不二法門.

불사보살이 말했다.

"선과 불선이 둘인데, 만약 선과 불선을 일으키지 않고 무상無相의 경계에 들어가 통달한다면 이것이 불이법문에 들어가는 것입니다."

弗沙菩薩曰 善 不善爲二. 若不起善 不善 入無相際而通達者 是爲入不二法門.

사자보살이 말했다.

"죄와 복이 둘인데, 만약 죄의 성품을 통달하면 (죄가) 복과 더불어 다르지 않습니다. 금강의 지혜로써 이 모습(관념, 사유 개념으로 해석할 수 있음)이 결박도 없고 해탈도 없음을 요달하는 것, 이것이 불이법문에 들어가는 것입니다.”

師子菩薩曰 罪 福爲二. 若達罪性 則與福無異 以金剛慧決了此相 無縛 無解者 是爲入不二法門.

3. 사자의·정해·나라연·선의·현견 보살이 불이를 설하다

사자의보살이 말했다.

“유루와 무루가 둘인데, 만약 모든 법이 평등함을 얻은즉 유루와 무루의 생각을 일으키지 않아서 상에도 집착하지 않고 무상에도 머물러 있지 않는 것, 이것이 불이법문에 들어가는 것입니다.”

師子意菩薩曰 有漏 無漏爲二. 若得諸法等 則不起漏 不漏想 不著於相 亦不住無相 是爲入不二法門.

정해보살이 말했다.

“유위와 무위가 둘인데, 만약 일체의 수를 여의면 마음이 허공과 같아서 청정한 지혜로써 걸림이 없는 것, 이것이 불이법문에 들어가는 것입니다.”

淨解菩薩曰 有爲 無爲爲二. 若離一切數 則心如虛空 以
　　淸淨慧無所礙者 是爲入不二法門.

　나라연보살이 말했다.

　"세간과 출세간이 둘인데, 세간의 성품이 공한 것이 곧 출세간입니다. 그 가운데 듦도 없고 나가는 것도 없으며, 넘치지도 않고 흩어지지도 않는 것, 이것이 불이법문에 들어가는 것입니다."

　　那羅延菩薩曰 世間 出世間爲二. 世間性空 卽是出世間
　　於其中不入 不出 不溢 不散 是爲入不二法門.

　선의보살이 말했다.

　"생사와 열반이 둘입니다. 생사의 성품에 곧 생사가 없으므로 속박도 없고 해탈도 없으며, 생겨나는 것도 없고 소멸하는 것도 없습니다. 이와 같이 알고 있는 것이 불이법문에 들어가는 것입니다."

　　善意菩薩曰 生死 涅槃爲二. 若見生死性 則無生死 無縛
　　無解 不生 不滅 如是解者 是爲入不二法門.

　현견보살이 말했다.

　"다함과 다하지 않음이 둘인데, 법이 만약 구경에 다하거나 혹 다하지 않거나, 이 모두가 다함이 없는 상입니다. 다함이 없는 상이 곧 공한 것이요, 공이라고 한다면 다함과 다하지 않는 모양이 없습니다. 이와 같이 들어가는 것이 불이법문에 들어가는 것입니다."

現見菩薩曰 盡 不盡爲二. 法若究竟盡 若不盡皆是無盡
相 無盡相即是空 空則無有盡 不盡相如是入者 是爲入
不二法門.

4. 보수·뇌천·희견·명상·묘의 보살이 불이를 설하다

보수보살이 말했다.

"아와 무아는 둘인데, 아도 오히려 얻지 못하는데, 비아를 어찌 얻을
수 있겠습니까? 아의 실다운 성품을 보면 다시 둘이라는 (견해를) 일으
키지 않을 것입니다. 이것이 불이법문에 들어가는 것입니다."

普守菩薩曰 我 無我爲二. 我尚不可得 非我何可得 見我
實性者 不復起二 是爲入不二法門.

뇌천보살이 말했다.

"명과 무명이 둘인데, 무명의 실다운 성품은 곧 명입니다. 명도 또한
취할 수 없어 일체의 수(사랑분별심)를 여의었으며 그 가운데 평등해서
두 가지가 없는 것, 이것이 불이법문에 들어가는 것입니다."

電天菩薩曰 明 無明爲二. 無明實性即是明 明亦不可取
離一切數 於其中平等無二者 是爲入不二法門.

희견보살이 말했다.

"색과 색이 공한 것이 둘입니다. 색이 곧 공인데, 색이 소멸해서 공이 되는 것이 아니라 색의 성품 자체가 공입니다. 이와 같이 수·상·행·식에 있어서도 마찬가지입니다. 식과 식이 공한 것이 둘이지만 식이 곧 공이요, 식이 멸해서 공이 되는 것이 아니라 식의 성품 자체가 공한 것입니다. 그 가운데 통달하는 자가 불이법문에 들어가는 것입니다."

喜見菩薩曰 色 色空爲二 色卽是空 非色滅空 色性自空
如是受想行識 識空爲二 識卽是空 非識滅空 識性自空.
於其中而通達者 是爲入不二法門.

명상보살이 말했다.

"4종(지수화풍)이 다른 것과 공의 다름이 둘이지만, 4종의 성품이 곧 공의 성품입니다. 전제와 같이 후제도 공하므로 중제도 또한 공합니다. 만약 이와 같이 모든 종의 성품을 아는 것, 이것이 불이법문에 들어가는 것입니다."

明相菩薩曰 四種異 空種異爲二. 四種性卽是空種性 如
前際 後際空故 中際亦空 若能如是知諸種性者 是爲入
不二法門.

묘의보살이 말했다.

"안근과 색의 경계가 둘인데, 만약 안근의 성품을 알면 색 경계를 탐하지 않고, 성내지 않으며, 어리석지 않은 것을 적멸이라고 합니다. 이와 같이 귀와 소리·코와 향기·혀와 맛·몸과 접촉·뜻과 법이 둘입니다. 그런데 마지막 여섯 번째인 뜻(의근)의 성품을 통달한즉 대상(법)에 있어 탐하지 않고, 성내지 않으며, 어리석지 않은 것, 이것을 적멸이라고 합니다. 그 가운데 안주하는 것, 이것이 불이법문에 들어가는 것입니다."

> 妙意菩薩曰 眼 色爲二 若知眼性 於色不貪 不恚 不癡 是
> 名寂滅 如是耳聲 鼻香 舌味 身觸 意法爲二 若知意性 於
> 法不貪 不恚 不癡 是名寂滅. 安住其中 是爲入不二法門.

5. 무진의·심혜·적근·심무애 보살이 불이를 설하다

무진의 보살이 말했다.

"보시와 일체 지혜를 회향하는 것이 둘인데, 보시의 본성이 곧 일체 지혜에 회향하는 것입니다. 이처럼 지계·인욕·정진·선정·지혜의 본성에 있어서도 일체 지혜에 회향하는 것과 둘이지만, 지혜의 성품이 곧 일체지혜의 성품에 회향하는 본성입니다. 그 가운데 일상에 들어가는 것, 이것이 불이법문에 들어가는 것입니다."

> 無盡意菩薩曰 布施 迴向一切智爲二 布施性 即是迴向
> 一切智性 如是持戒 忍辱 精進 禪定 智慧 迴向一切智爲

二 智慧性卽是廻向一切智性. 於其中入一相者 是爲入
不二法門.

심혜보살이 말했다.

"공·무상·무작이 둘입니다. 공이 곧 무상이요, 무상이 곧 무작입니다. 혹 공·무상·무작이라면 곧 심의식이 없는 것이요, 하나의 해탈문이 곧 3해탈입니다. 이것이 불이법문에 들어가는 것입니다."

深慧菩薩曰 是空 是無相 是無作爲二. 空卽無相 無相卽
無作 若空 無相 無作 則無心 意 識 於一解脫門卽是三解
脫門者 是爲入不二法門.

적근보살이 말했다.

"불법승이 둘인데, 불이 곧 법이요 법이 곧 승입니다. 이 3보가 다 무위의 모습으로 허공과 더불어 평등합니다. 일체법이 그러하거늘 능히 이러한 행을 따르는 자는 곧 불이법문에 들어가는 것입니다."

寂根菩薩曰 佛 法 衆爲二. 佛卽是法 法卽是衆 是三寶皆
無爲相 與虛空等 一切法亦爾. 能隨此行者 是爲入不二
法門.

심무애보살이 말했다.

"몸과 몸의 소멸이 둘이지만 몸이 곧 몸의 소멸입니다. 왜냐하면 몸의 실상을 본 사람이라면 '몸을 보는 것'과 '몸의 소멸 보는 것'에 대한 분별심을 일으키지 않습니다. 몸과 몸의 소멸이 둘도 없고, 분별도 없기 때문입니다. 그 가운데서 놀라지도 않고 두려워하지도 않는 것, 이것이 불이법문에 들어가는 것입니다.”

> 心無礙菩薩曰 身 身滅爲二. 身即是身滅 所以者何? 見身實相者 不起見身及見滅身 身與滅身無二無分別 於其中不驚不懼者 是爲入不二法門.

6. 상선·복전·화엄·덕장 보살이 불이를 설하다

상선보살이 말했다.

“신구의 업이 둘이지만, 이 3업이 모두 지음이 없는 모습입니다. 몸의 지음이 없는 모습이 곧 입의 지음이 없는 모습이고, 입의 지음이 없는 모습이 곧 뜻의 지음도 없는 모습입니다. 이 3업의 지음이 없는 모습이 곧 일체법의 지음이 없는 모습입니다. 능히 이와 같이 무작의 지혜를 일으키는 것, 이것이 불이법문에 들어가는 것입니다.”

> 上善菩薩曰 身 口 意業爲二. 是三業皆無作相 身無作相即口無作相 口無作相即意無作相 是三業無作相 即一切法無作相. 能如是隨無作慧者 是爲入不二法門.

복전보살이 말했다.

"복행·죄행·부동행이 둘인데, 3행의 실다운 성품이 곧 공입니다. 공이 곧 복이 없는 행이고, 죄가 없는 행이며, 부동이 없는 행입니다. 이 3행을 일으키지 않는 것, 이것이 불이법문에 들어가는 것입니다."

> 福田菩薩曰 福行 罪行 不動行爲二. 三行實性卽是空 空則無福行 無罪行 無不動行 於此三行而不起者 是爲入不二法門.

화엄보살이 말했다.

"나로부터 두 가지를 일으키는 것이 둘(나와 대상)인데, 나의 실상을 보면 두 법을 일으키지 않습니다. 만약 두 법에 머물지 않는다면 앎(인식 주체)이 없습니다. 앎이 없는 것, 이것이 불이법문에 들어가는 것입니다."

> 華嚴菩薩曰 從我起二爲二. 見我實相者 不起二法 若不住二法 則無有識 無所識者 是爲入不二法門.

덕장보살이 말했다.

"얻을 것이 있는 모습이 둘인데, 혹 얻을 바가 없다면 곧 취하고 버릴 것도 없습니다. 취하고 버릴 것이 없는 것, 이것이 불이법문에 들어가는 것입니다."

> 德藏菩薩曰 有所得相爲二. 若無所得 則無取捨 無取捨者 是爲入不二法門.

7. 월상·보인수·주정왕·낙실 보살이 불이를 설하다

월상보살이 말했다.

"어둠과 밝음이 둘인데, 어둠도 없고 밝음도 없으면 둘이 없습니다. 왜냐하면 멸수상정[89]에 들어가면 어둡지도 않고 밝음이 없으니 곧 둘이 없는 것입니다. 일체법의 모습도 또한 이와 같습니다. 그 가운데 평등함에 들어가는 것, 이것이 불이법문에 들어가는 것입니다."

> 月上菩薩曰 闇與明爲二. 無闇 無明 則無有二. 所以者
> 何? 如入滅受想定 無闇 無明 一切法相亦復如是. 於其
> 中平等入者 是爲入不二法門.

보인수보살이 말했다.

"열반을 좋아하고 세간을 좋아하지 않는 것이 둘인데, 만약 열반을 좋아하지 않고 세간을 싫어하지 않는다면 곧 둘이 없는 것입니다. 왜냐하면 만약 속박이 있다면 해탈이 있기 때문입니다. 만약 본래 속박이 없다면 어느 누가 해탈을 구하겠습니까? 속박도 없고 해탈도 없다면 좋아하고 싫어할 것도 없습니다. 이것이 불이법문에 들어가는 것입니다."

> 寶印手菩薩曰 樂涅槃 不樂世間爲二. 若不樂涅槃 不厭

---

89 멸수상정이란 멸진정滅盡定·상수멸정想受滅定이라고도 한다. 6근의 작용과 느낌 (受)과 지각(想)이라는 마음의 움직임(心行, citta-saṅkhārā)이 작용하지 않는 경지이다. 4과 가운데 세 번째인 불환과不還果(아나함)에 해당한다. 용어 해설(334쪽) 4선 참조.

世間 則無有二. 所以者何?若有縛 則有解 若本無縛 其
誰求解? 無縛 無解 則無樂厭 是爲入不二法門.

주정왕보살이 말했다.

"정도와 사도가 둘인데, 정도에 머물러 있는 자는 삿됨과 바름을 분별하지 않습니다. 이 두 가지를 여의는 것, 이것이 불이법문에 들어가는 것입니다."

珠頂王菩薩曰 正道 邪道爲二. 住正道者則不分別是邪
是正 離此二者 是爲入不二法門.

낙실보살이 말했다.

"진실과 진실 아님이 둘이지만, 진실만 보는 자는 오히려 진실도 보지 못하거늘 하물며 진실하지 않은 것을 볼 수 있겠습니까? 왜냐하면 육안으로 보는 것이 아니요, 혜안으로 보기 때문입니다. 이 혜안은 보는 것도 없고, 보지 않는 것도 없습니다. 이것이 불이법문에 들어가는 것입니다."

樂實菩薩曰 實 不實爲二. 實見者尚不見實 何況非實?所
以者何? 非肉眼所見 慧眼乃能見 而此慧眼 無見 無不見
是爲入不二法門.

8. 유마는 묵연히 아무 말도 하지 않았다

이와 같이 모든(31) 보살들이 각각 설해 마치자 유마가 문수사리에게 물었다.

"어떤 것이 보살이 불이법문에 들어가는 것입니까?"

문수사리가 말했다.

"저의 생각으로는 일체법에 있어 말할 것도 없고, 설할 것도 없으며, 보일 것도 없고, 알 것도 없으며, 모든 문답을 여의는 것, 이것이 불이법문에 들어가는 것입니다."

> 如是諸菩薩各各說已 問文殊師利. 何等是菩薩入不二法
> 門? 文殊師利曰 如我意者 於一切法 無言 無說 無示 無
> 識 離諸問答 是爲入不二法門.

문수사리가 유마힐에게 물었다.

"저희들은 각각 모두 말했습니다. 그대도 마땅히 설해 주십시오. 어떤 것이 불이법문에 들어가는 것입니까?"

이때 유마힐이 묵연히 아무 말도 하지 않았다.

> 於是文殊師利問維摩詰 我等各自說已. 仁者當說 何等
> 是菩薩入不二法門? 時維摩詰默然無言.

문수사리가 찬탄하며 말했다.

"참으로 훌륭하십니다. 문자도 없고 언어까지도 없는 그 자리가 참된 불이법문에 들어가는 것입니다."

이 입불이법문품을 설할 때에 이 대중의 5천 명 보살이 다 불이법문
에 들어가 무생법인을 얻었다.

文殊師利歎曰 善哉! 善哉! 乃至無有文字語言 是眞入不
二法門. 說是入不二法門品時 於此衆中 五千菩薩皆入
不二法門 得無生法忍.

유
마
경

제4부

유마의 법문

제10 향적불품 香積佛品

향적불 세계

1. 유마의 신통력

이때 사리불이 이런 생각을 하였다.

'공양할 때가 되었는데, 이 모든 보살이 마땅히 어떻게 공양을 하는가?'

때에 유마거사가 그의 생각을 알고, 말했다.

"부처님께서 8해탈을 설하셨는데, 인자는 받들어 행해야 하건만 어찌 공양하는 일에 마음을 빼앗기고 있습니까? 만약 공양하고자 한다면 우선 잠깐 기다리십시오. 마땅히 그대로 하여금 미증유한 음식을 들도록 하겠습니다."

> 於是舍利弗心念 日時欲至 此諸菩薩當於何食? 時維摩
> 詰知其意而語言 佛說八解脫 仁者受行 豈雜欲食而聞法
> 乎? 若欲食者 且待須臾 當令汝得未曾有食.

이때 유마거사가 삼매에 들어 신통력으로 모든 대중에게 보였다. 상방으로 42항하사 불토를 지나서 중향국인데, 부처님 명호가 향적香積이다. 지금 현재한다. 그 나라의 향기는 시방제불 세계 인천人天의 향기 가운데 가장 최고이다. 그 세계는 성문과 벽지불 이름이 없고, 오직 청정 대중 보살만 있어 부처님께서 법을 설한다. 그 세계는 일체가 다 향기로 누각이 되어 있으며, 향지에서 경행하고, 정원도 모두 향기이다. 그 음식이 향기로운데 시방무량세계에 두루 퍼져 있다.

> 時維摩詰即入三昧 以神通力示諸大衆. 上方界分 過

四十二恒河沙佛土 有國名衆香 佛號香積 今現在. 其國
香氣 比於十方諸佛世界人天之香 最爲第一. 彼土無有
聲聞 辟支佛名 唯有淸淨大菩薩衆 佛爲說法. 其界一切
皆以香作樓閣 經行香地 苑園皆香. 其食香氣 周流十方
無量世界.

때에 그 부처님과 모든 보살이 함께 앉아서 공양하려고 하였다. 그
런데 이름이 모두 향엄이라고 하는 하늘 사람들이 있었다. 이들은 모
두 아뇩다라삼먁삼보리심을 발하고 부처님과 모든 보살들에게 공양
올렸다. (사바세계 유마의 방에 있는)그 모든 대중이 (그 광경을) 보았다.

時彼佛與諸菩薩方共坐食 有諸天子 皆號香嚴. 悉發阿
耨多羅三藐三菩提心 供養彼佛及諸菩薩. 此諸大衆 莫
不目見.

2. 화신보살에게 심부름 보내다

때에 유마힐이 모든 보살에게 물었다.
"모든 인자시여! 누가 능히 저 부처님의 공양을 얻어오겠습니까?"
문수보살의 위신력을 입어 대중이 모두 묵연하였다.
유마힐이 말했다.

"인자여, 이 대중이 어찌 부끄럽지 않으십니까?"

문수보살이 말했다.

"부처님께서 말씀하시길, '초학을 업신여기지 말라.'고 하셨습니다."

이때 유마힐이 자리에서 일어나지 않고, 모든 대중 앞에 화신으로 만든 보살을 있게 하였다. (화신은) 상호·광명 그리고 위덕이 매우 수승하며, 중회에서 가장 뛰어났다.

> 時維摩詰問衆菩薩言 諸仁者! 誰能致彼佛飯? 以文殊師
> 利威神力故 咸皆默然. 維摩詰言 仁此大衆 無乃可恥?
> 文殊師利曰 如佛所言 勿輕未學. 於是維摩詰不起于座
> 居衆會前 化作菩薩 相好光明 威德殊勝 蔽於衆會.

유마거사가 그(화신보살)에게 말했다.

"그대는 상방세계로 가거라. 42항하사불토를 지나면 그 나라의 이름이 중향이요, 부처님 명호가 향적이다. (부처님께서) 모든 보살들과 더불어 함께 공양하고 있다. 그대가 그곳으로 가서 내가 말한 바와 같이 말하여라.

'유마힐이 세존의 발에 인사 올립니다. 매우 존경합니다. (부처님께서) 기거하는 데 병이 없고, 괴롭지 않으며, 기력이 편안하십니까? 원컨대 세존의 남은 음식으로 마땅히 사바세계에 불사를 지어서 소법을 좋아하는 자들로 하여금 대도를 얻게 하며, 또 여래의 명성이 널리 알려지도록 해 주십시오.'"

> 而告之曰 汝往上方界分. 度如四十二恒河沙佛土 有國

名衆香 佛號香積 與諸菩薩方共坐食. 汝往到彼 如我辭
曰 維摩詰稽首世尊足下! 致敬無量 問訊起居 少病 少惱
氣力安不? 願得世尊所食之餘 當於娑婆世界施作佛事
令此樂小法者 得弘大道 亦使如來名聲普聞.

때에 화신보살이 회중 앞에서 상방으로 올라가자, 대중이 그가 떠나서 중향계에 이르러 부처님 발에 예 올리는 것을 보았고, (다음과 같이) 그가 말하는 소리를 들었다.

"유마힐이 세존의 발에 인사 올립니다. 매우 존경합니다. (부처님께서) 기거하는 데 병이 없고, 괴롭지 않으며, 기력이 편안하십니까? 원컨대 세존의 남은 음식으로 마땅히 사바세계에 불사를 지어서 소법을 좋아하는 자들로 하여금 대도를 얻게 하며, 또 여래의 명성이 널리 알려지도록 해 주십시오."

時化菩薩即於會前 昇于上方 擧衆皆見其去 到衆香界
禮彼佛足 又聞其言. 維摩詰稽首世尊足下! 致敬無量 問
訊起居 少病 少惱 氣力安不? 願得世尊所食之餘 欲於娑
婆世界施作佛事 使此樂小法者 得弘大道 亦使如來名聲
普聞.

3. 향적부처님께서 공양을 내어 주다

그곳의 모든 대사들이 화신보살을 보고, 미증유한 일이라고 찬탄하였다.

그들은 "지금 이 사람은 어디로부터 온 것입니까? 사바세계는 어디에 있습니까? 어찌하여 '소법을 좋아하는 자'라고 이름합니까?"라고 부처님께 물었다.

향적부처님께서 그들에게 답하였다.

"하방으로 42항하사불토를 지나면 한 세계가 있는데, 사바이다. 부처님의 명호는 석가모니인데, 지금 현재한다. 오탁악세에 소법을 좋아하는 중생들을 위해 진리를 설하신다. 그곳에 한 보살이 있는데, 이름이 유마힐이다. 그는 불가사의해탈 경계에 머물며, 모든 보살을 위해서 법을 설하다가 화신을 이곳에 보낸 것이다. 나의 이름을 칭양하고, 이 국토(중향국)를 찬탄해서 그곳의 보살들로 하여금 공덕을 증익케 하려고 한다."

> 彼諸大士 見化菩薩 歎未曾有. 今此上人從何所來? 娑婆
> 世界爲在何許? 云何名爲樂小法者? 即以問佛. 佛告之
> 曰 下方度如四十二恒河沙佛土 有世界名娑婆 佛號釋迦
> 牟尼 今現在 於五濁惡世爲樂小法衆生 敷演道教. 彼有
> 菩薩 名維摩詰 住不可思議解脫 爲諸菩薩說法 故遣化
> 來 稱揚我名 幷讚此土 令彼菩薩增益功德.

중향국 보살이 말했다.

"그 사람은 어떤 사람입니까? 어찌 화신을 만들고, 덕력이 무외하며, 신족이 이와 같습니까?"

부처님께서 말씀하셨다.

"그는 매우 원대하다. 일체시방국토에 다 화신을 보내어 불사를 지으며, 중생을 요익케 한다."

이때 향적여래가 중향 발우에 향반을 가득 채워 화신보살에게 주었다. 그때 9백만 보살들이 이구동성으로 말했다.

"우리들은 저 사바세계에 가서 석가모니불에게 공양 올리고, 아울러 유마힐과 모든 보살대중을 뵙고 싶습니다."

> 彼菩薩言 其人何如? 乃作是化 德力無畏 神足若斯. 佛
> 言 甚大! 一切十方 皆遣化往 施作佛事 饒益衆生. 於是
> 香積如來 以衆香缽 盛滿香飯 與化菩薩. 時彼九百萬菩
> 薩 俱發聲言. 我欲詣娑婆世界 供養釋迦牟尼佛 幷欲見
> 維摩詰等諸菩薩衆.

부처님께서 말씀하셨다.

"가거라. 그대들의 향기를 거두고, 중생들로 하여금 미혹과 집착심을 내게 하지 말라. 또한 그대들의 본 모습을 감추어서 그 나라의 '보살도를 구하는 자들'에게 스스로 비루하거나 수치심을 일으키지 않게 하라. 또한 그대들은 저 세계 사람들을 보면서 '경천하다'거나 '장애가 있다'는 생각을 하지 말라. 왜냐하면 시방국토는 다 허공과 같으며, 모든 부처님이 '소법을 좋아하는 자들'을 교화하기 위해 청정국토를 나타내지 않기 때문이다.

佛言 可往! 攝汝身香 無令彼諸衆生起惑著心. 又當捨汝本形 勿使彼國求菩薩者 而自鄙恥. 又汝於彼 莫懷輕賤而作礙想. 所以者何? 十方國土 皆如虛空 又諸佛爲欲化諸樂小法者 不盡現其淸淨土耳.

4. 향반이 사바세계에 두루 퍼지다

이때 화신보살이 발우의 공양을 들고 9백만 보살들과 함께 부처님과 유마힐의 위신력에 힘입어 그 세계에서 홀연히 사라졌다. 이후 잠깐 사이에 유마힐의 집에 이르렀다.

時化菩薩 旣受鉢飯 與彼九百萬菩薩俱 承佛威神 及維摩詰力 於彼世界 忽然不現 須臾之間 至維摩詰舍.

이 무렵 유마힐이 9백만 사자좌를 만들어 이전과 같이 장엄하게 꾸몄다. 모든 보살들이 다 그 위에 앉았다. 화신보살이 가득한 향반을 유마힐에게 주었다.

향반은 바이샬리 성 및 삼천대천세계에 두루 퍼졌다. 때에 바이샬리 성의 바라문·거사 등이 이 향기를 맡고 몸과 뜻이 쾌연해지자, 미증유한 일이라고 찬탄하였다.

時維摩詰 卽化作九百萬師子之座 嚴好如前 諸菩薩皆坐
其上. 是化菩薩 以滿鉢香飯與維摩詰 飯香普熏毘耶離
城 及三千大千世界. 時毘耶離婆羅門 居士等 聞是香氣
身意快然 歎未曾有.

이때 장자의 대표인 월개가 8만 4천 명의 사람들을 데리고 유마힐
의 집으로 왔다. 그 방에 보살이 매우 많은데, 모두 사자좌가 높고 장
엄한 것에 크게 기뻐하며, 보살과 대제자들에게 예를 올린 뒤에 물러
나 한쪽에 머물렀다.

또한 모든 지신·허공신 그리고 욕계와 색계의 천인들이 이 향기를
맡고, 또한 유마힐의 집에 이르렀다.

於是長者主月蓋 從八萬四千人 來入維摩詰舍. 見其室
中菩薩甚多 諸師子座高廣嚴好 皆大歡喜 禮衆菩薩及大
弟子 却住一面. 諸地神 虛空神 及欲 色界諸天 聞此香氣
亦皆來入維摩詰舍.

5. 중향국의 향반은 무량하며, 향기 또한 무한하다

이때 유마힐이 사리불 등 대성문들에게 말했다.

"인자여, 공양 드십시오. 여래의 감로반입니다. 대비로 훈습된 것이니, 만일 한정된 생각으로 음식을 먹으면 소화가 되지 않습니다."

다른 성문들이 이렇게 생각했다. '음식이 이렇게 적은데, 이 많은 대중이 어떻게 먹겠는가?'

時維摩詰語舍利弗等諸大聲聞 仁者可食! 如來甘露味飯 大悲所熏 無以限意食之 使不消也. 有異聲聞念 是飯少 而此大衆 人人當食?

화신보살이 말했다.

"감히 성문의 적은 덕과 지혜로 여래의 무량한 복혜를 헤아리지 마십시오. 사해가 마를지언정 이 음식은 다하지 않습니다. 설사 모든 사람들이 수미산처럼 뭉쳐서 한 겁 동안을 먹어도 다하지 않을 것입니다(이 밥은 없어지지 않는다). 왜냐하면 무진한 계·정·혜·해탈·해탈지견으로 공덕을 구족한 자가 남긴 음식은 언제까지나 다하지 않기 때문입니다. 모든 보살·성문·천·인이 이 음식을 먹으면 몸이 편안하고 안락합니다. 비유하면 일체락장엄제보살과 같습니다. 또한 모든 모공에서 묘한 향기가 나며, 또 중향국토의 나무 향기와 같습니다."

化菩薩曰 勿以聲聞小德 小智 稱量如來無量福慧. 四海有竭 此飯無盡. 使一切人食揣若須彌 乃至一劫 猶不能盡. 所以者何? 無盡戒 定 智慧 解脫 解脫知見 功德具足者所食之餘 終不可盡. 於是鉢飯悉飽衆會 猶故不盡. 其諸菩薩 聲聞 天 人 食此飯者 身安快樂 譬如一切樂莊

嚴國諸菩薩也. 又諸毛孔 皆出妙香 亦如衆香國土 諸樹
之香.

6. 중향국 향적부처님은 향으로써 제도한다

그때에 유마힐이 중향보살에게 물었다.

"향적여래께서는 어떻게 법을 설하십니까?"

저 보살이 말했다.

"우리 국토의 여래께서는 문자로 설하지 않습니다. 다만 중향으로
써 모든 천인들로 하여금 율행에 들게 합니다. 그리고 보살들이 각각
향나무 아래 앉아 묘한 향을 맡고서 일체덕장삼매를 얻습니다. 이 삼
매를 얻은 자는 보살의 모든 공덕을 다 구족합니다."

爾時 維摩詰問衆香菩薩 香積如來以何說法? 彼菩薩曰
我土如來 無文字說 但以衆香 令諸天人得入律行. 菩薩
各各坐香樹下 聞斯妙香 卽獲一切德藏三昧. 得是三昧
者 菩薩所有功德 皆悉具足.

7. 석가모니부처님께서 중향국 보살들에게 중생교화의 어려움을 토로하다

그 모든 보살이 유마힐에게 물었다.

"지금 세존 석가모니는 어떻게 법을 설하십니까?"

유마힐이 말했다.

"이 국토의 중생은 매우 강건해서 교화하기 어렵습니다. 그래서 부처님께서 강한 어조로 말씀해 중생을 교화합니다.

> 彼諸菩薩 問維摩詰 今世尊釋迦牟尼以何說法? 維摩詰
> 言 此土衆生 剛强難化 故佛爲說剛强之語 以調伏之.

이렇게 말씀하십니다. '이는 지옥이고, 이는 축생이며, 아귀이다. 모두 험난한 곳으로, 어리석은 사람이 태어나는 곳이다.

이는 몸의 그릇된 행이며, 이는 몸의 그릇된 행의 과보이다. 이는 구업의 삿된 행이요, 이는 구업의 삿된 행의 과보이다. 이는 생각의 삿된 행이요 이는 생각의 삿된 행의 과보이다.

이는 살생이요, 이는 살생의 과보이다. 이는 주지 않는 것을 취하는 것이며, 이는 주지 않는 것을 취하는 것에 대한 과보이다. 이는 음행이며, 이는 음행의 과보이다. 이는 망어이고, 이는 망어의 과보이다. 이는 양설이요, 이는 양설의 과보이다. 이는 악구요, 이는 악구의 과보이다. 이는 꾸미는 말이요, 이는 꾸미는 말의 과보이다.

이는 탐욕이요, 이는 탐욕의 과보이다. 이는 진에요, 이는 진에의 과

보이다. 이는 어리석음이요, 이는 어리석음의 과보이다.

이는 간탐이요, 이는 간탐의 과보이다. 이는 파계요, 이는 파계의 과보이다. 이는 성냄이요, 이는 성냄의 과보이다. 이는 게으름이요, 이는 게으름의 과보이다. 이는 산란함이요, 이는 산란함의 과보이다. 이는 우치요, 이는 어리석음의 과보이다.

言 是地獄 是畜生 是餓鬼 是諸難處 是愚人生處. 是身邪行 是身邪行報 是口邪行 是口邪行報 是意邪行 是意邪行報. 是殺生 是殺生報 是不與取 是不與取報 是邪婬 是邪婬報 是妄語 是妄語報 是兩舌 是兩舌報 是惡口 是惡口報 是無義語 是無義語報. 是貪嫉 是貪嫉報 是瞋惱 是瞋惱報 是邪見 是邪見報. 是慳吝 是慳吝報 是毀戒 是毀戒報 是瞋恚 是瞋恚報 是懈怠 是懈怠報 是亂意 是亂意報 是愚癡 是愚癡報.

이는 계를 결집한 것이요, 이는 계를 지키는 것이다. 이는 계를 범하는 것이다. 이는 응당히 지을 것이요, 이는 응당히 짓지 말아야 할 것이다. 이는 장애됨이요, 이는 장애되지 않는 것이다. 이는 죄를 짓는 것이요, 이는 죄를 여의는 것이다.

이는 청정이요, 이는 더러움이다. 이는 유루요, 이는 무루이다. 이는 삿된 도요, 이는 정도이다. 이는 유위요, 이는 무위이다. 이는 세간이요, 이는 열반이다.

是結戒 是持戒 是犯戒 是應作 是不應作 是障礙 是不障

礙 是得罪 是離罪 是淨 是垢 是有漏 是無漏 是邪道 是
正道 是有爲 是無爲 是世間 是涅槃.

교화하기 어려운 사람은 마음이 원숭이와 같아서 다양한 방편으로
써 그 마음을 제도해 준다. 그래야 겨우 조복된다. 비유하자면 코끼리
나 말의 성질이 사나워서 다스리기 어려워 매질을 해서 뼈에 사무쳐
야 겨우 길들여진다. 이와 같이 (사바세계 중생은) 강건하고 교화하기
어려운 중생이라서 일체 쓰디쓴 말로 해야 겨우 규율을 지킨다.'"

以難化之人 心如猿猴 故以若干種法 制御其心 乃可調
伏. 譬如象馬 瀧悷不調 加諸楚毒 乃至徹骨 然後調伏.
如是剛強難化衆生 故以一切苦切之言 乃可入律.

8. 사바세계 불보살의 중생을 향한 대비심

그 모든 보살이 설하는 것을 들어 마치고, 모두 말했다.
"미증유한 일입니다. 세존 석가모니불은 그 무량자재력을 숨기고,
뜻이 빈약한 사람이 좋아하는 법(貧所樂法)으로써 중생을 제도하시는
군요. (사바의) 모든 보살 또한 능히 수고하며 겸손하십니다. 무량한 대
비심으로 이 불토에 태어나십니다."

彼諸菩薩 聞說是已 皆曰 未曾有也! 如世尊釋迦牟尼佛

隱其無量自在之力 乃以貧所樂法 度脫衆生. 斯諸菩薩
亦能勞謙 以無量大悲 生是佛土.

유마힐이 말했다.

"이 국토의 보살은 모든 중생을 향한 견고한 대비심을 갖고 있는 점
이 앞에서 말한 바와 같습니다. 그러나 일세에 중생을 요익케 하는 것
이 저 국토의 백천 겁 동안 행한 것보다 많습니다. 왜냐하면 이 사바
세계에 열 가지 선법이 있는데, 저 많은 정토에는 있지 않습니다. 어떤
것들이 열 가지일까요?

維摩詰言 此土菩薩 於諸衆生 大悲堅固 誠如所言. 然其
一世饒益衆生 多於彼國百千劫行. 所以者何? 此娑婆世
界 有十事善法 諸餘淨土之所無有 何等爲十?

보시로써 빈궁한 이들에게 베풀며, 청정한 계로써 계율 범한 자들
을 거두고, 인욕으로써 성내는 자들을 거둡니다.

정진으로써 해태한 자들을 제도하고, 선정으로써 산란심이 많은 사
람들을 거두며, 지혜로써 어리석은 이들을 제도합니다.

난을 제거하는 법을 설함으로써 8난을 제도하고, 대승법으로써 소
승법 좋아하는 자들을 제도하며, 모든 선근으로써 덕이 없는 자들을
제도하며, 항상 4섭법으로써 중생들을 성취합니다.

이것이 열 가지입니다.

以布施攝貧窮 以淨戒攝毀禁 以忍辱攝瞋恚 以精進攝懈

息 以禪定攝亂意 以智慧攝愚癡. 說除難法度八難者 以
大乘法度樂小乘者 以諸善根濟無德者 常以四攝成就衆
生 是爲十爲.

9. 정토에 태어나는 여덟 가지 방법

저 보살이 말했다.

"보살은 몇 가지를 성취해야 이 세계에서 장애 없이 정토에 태어납
니까?"[90]

유마힐이 말했다.

"보살이 8법을 성취해야 이 세계에서 장애 없이 정토에 태어납니다.
어떤 것이 여덟 가지일까요?

彼菩薩曰 菩薩成就幾法?於此世界行無瘡疣 生于淨土.
維摩詰言 菩薩成就八法 於此世界行無瘡疣 生于淨土.
何等爲八?

---

90 앞의 제1품 「불국품」에서도 정토행을 언급하고 있다. 「불국품」에서는 청정심을 강
조했다면 이 품에서는 정토에 태어나는 연원을 대략 세 가지로 요약하고 있다. 첫
째는 지극한 신심으로 경전을 수지受持해야 한다. 둘째는 자리적自利的인 측면에서
마음을 청정히 하고, 겸손해야 한다. 셋째는 중생에게 참 보시를 실천하고, 모든 공
덕을 일체 존재에게 회향한다.

첫째는 중생을 요익케 하되 되갚음을 바라지 않는 것이고, 둘째는 일체중생의 모든 고통을 받으며 짓는 공덕을 다 회향하며, 셋째는 평등한 마음으로 중생을 대하며 겸손해 걸림이 없어야 합니다.

넷째는 모든 보살을 대할 때 부처님과 같이 여기며, 다섯째는 듣지 못했던 경을 들음에 의심이 없어야 합니다.

여섯째는 성문과 더불어 서로 등을 돌리지 않으며, 일곱째는 타인이 공양하는 것을 질투하지 않고 자기의 장점을 자랑하지 않으며 그 가운데 마음을 조복해야 합니다.

여덟째는 항상 자기의 허물을 살피고 타인의 단점을 말하지 않으며 항상 일심으로 모든 공덕을 구하는 것입니다. 이것이 여덟 가지 법입니다.”

> 饒益衆生而不望報, 代一切衆生受諸苦惱 所作功德, 盡
> 以施之 等心衆生 謙下無礙, 於諸菩薩 視之如佛, 所未聞
> 經 聞之不疑, 不與聲聞而相違背, 不嫉彼供 不高己利 而
> 於其中調伏其心, 常省己過 不訟彼短 恒以一心求諸功
> 德, 是爲八法.

유마힐과 문수사리가 대중 가운데 이 법을 설할 때에 1백천 천인이 다 아뇩다라삼먁삼보리심을 발하고, 1만 보살은 무생법인을 얻었다.

> 維摩詰 文殊師利 於大衆中 說是法時 百千天人皆發阿
> 耨多羅三藐三菩提心. 十千菩薩 得無生法忍.

제11 보살행품

보살행에 관한 질문과 답변

1. 부처님의 회상, 암라수원에 상서로운 일이 비치다

그때에 부처님께서 암라수원에서 법을 설하고 계셨는데, 땅이 홀연히 넓어지며 장엄되었고, 일체 중회가 모두 금빛이 되었다.

아난이 부처님께 말했다.

"세존이시여, 무슨 인연으로 이런 상서로운 일이 일어납니까? 이곳이 홀연히 넓어지고, 장엄되었으며, 일체 중회가 모두 금빛이 되었습니다."

부처님께서 아난에게 말씀하셨다.

"이는 유마힐과 문수사리, 모든 대중이 공경히 에워싸여서 이곳으로 오려고 하기 때문에 이런 상서로운 일이 일어난 것이다."

> 是時 佛說法於菴羅樹園 其地忽然廣博嚴事 一切衆會
> 皆作金色. 阿難白佛言 世尊! 以何因緣有此瑞應?是處
> 忽然廣博嚴事 一切衆會皆作金色. 佛告阿難 是維摩詰
> 文殊師利 與諸大衆恭敬圍繞 發意欲來 故先爲此瑞應.

2. 유마의 위신력으로 전 대중이 부처님 회상에 오다

이때 유마힐이 문수사리에게 말했다.

"함께 부처님을 친견하러 가십시다. 모든 보살들과 더불어 부처님께 예배하고 공양 올리도록 하십시다."

문수사리가 말했다.

"좋습니다. 가십시다. 지금이 바로 적당한 때입니다."

유마힐이 곧 신력으로 모든 대중과 사자좌를 들어 오른 손바닥 위에 올려놓고 부처님 도량에 나아갔다. 도착해서는 땅에 내려놓고, 부처님 발에 머리를 숙인 뒤에 오른쪽으로 일곱 바퀴를 돈 뒤에 일심으로 합장한 채 한쪽에 서 있었다. 여러 제자와 제석천·범천왕·사천왕 등이 모두 자리에서 일어나 부처님 발에 머리를 숙인 뒤에 한쪽에 서 있었다.

> 於是維摩詰語文殊師利 可共見佛? 與諸菩薩禮事供養.
> 文殊師利言 善哉! 行矣! 今正是時. 維摩詰即以神力 持
> 諸大衆并師子座 置於右掌 往詣佛所. 到已著地 稽首佛
> 足 右遶七匝 一心合掌 在一面立. 其諸菩薩即皆避座 稽
> 首佛足 亦繞七匝 於一面立. 諸大弟子 釋 梵 四天王等
> 亦皆避座 稽首佛足 在一面立.

이때 세존께서 모든 보살에게 여법하게 위문해 마친 뒤에 각각 자리에 앉도록 하였다. 곧 (대중이) 부처님의 말씀을 받들어 각각 자리에 앉았다.

부처님께서 사리불에게 말씀하셨다.

"그대는 보살대사(유마)의 자재신력을 보았는가?"

"네, 이미 보았습니다."

"그대의 뜻은 어떠한가?"

"세존이시여, 저는 그의 불가사의함을 보고, 뜻으로 헤아릴 수 없으며 생각으로 감히 헤아릴 수 없었습니다."

> 於是世尊如法慰問諸菩薩已 各令復坐 即皆受敎 衆坐已
> 定. 佛語舍利弗 汝見菩薩大士 自在神力之所爲乎? 唯然
> 已見. 於汝意云何? 世尊! 我睹其爲不可思議 非意所圖
> 非度所測.

3. 모든 대중의 모공으로부터 향이 나오다

그때, 아난이 부처님께 말했다.

"세존이시여, 지금 제가 맡고 있는 향기는 옛날에는 없었던 일입니다. 이것이 무슨 향기입니까?"

부처님께서 아난에게 말씀하셨다.

"이는 저 보살들의 모공으로부터 나는 향이다."

이때 사리불이 아난에게 말했다.

"우리들의 모공에서도 역시 향이 납니다."

아난이 말했다.

"이는 어디로부터 생겨난 것입니까?"

사리불이 말했다.

"여기 장자 유마힐이 중향국으부터 부처님의 남은 밥을 가지고 와서 저 집에서 먹은 자들의 모공으로부터 향기가 나는 것이 이렇습니다."

> 爾時 阿難白佛言 世尊! 今所聞香自昔未有 是爲何香? 佛告阿難 是彼菩薩毛孔之香. 於是舍利弗語阿難言 我等毛孔 亦出是香. 阿難言 此所從來? 曰 是長者維摩詰 從衆香國取佛餘飯 於舍食者 一切毛孔皆香若此.

4. 향반의 소화되는 차이 및 공덕

아난이 유마힐에게 물었다.

"이 향기가 얼마 동안 머물러 있습니까?"

유마힐이 말했다.

"이 밥이 소화될 때까지입니다."

"이 밥은 얼마나 되어야 소화가 됩니까?"

"이 밥의 힘이 7일까지입니다. 그런 연후에 소화가 됩니다.

또한 아난이여, 만약 성문으로서 정위에 들어가지 못한 자가 이 밥을 먹으면 정위에 들어간 연후에 소화가 됩니다.

이미 정위에 들어간 자가 이 밥을 먹으면 심해탈을 얻습니다. 그런 연후에 소화가 됩니다.

阿難問維摩詰 是香氣住當久如? 維摩詰言 至此飯消. 曰
此飯久如當消? 曰 此飯勢力 至于七日 然後乃消. 又阿
難! 若聲聞人 未入正位 食此飯者 得入正位 然後乃消.
已入正位 食此飯者 得心解脫 然後乃消.

만약 대승의 뜻을 내지 못한 자가 이 밥을 먹으면 대승심을 내야 소
화가 됩니다.

이미 뜻을 발한 이가 이 밥을 먹으면 무생법인을 얻습니다.

이미 무생법인을 얻은 사람이 이 음식을 먹으면 일생보처(이번 한 생
을 지나 다음 생에 부처가 되는 것)에 이른 연후에 소화가 됩니다.

비유하자면 어떤 약이 있는데, 이름이 '상미上味'라고 합니다. 어떤
이가 복용하면 몸에 모든 독이 소멸된 뒤에 소화가 되는 것과 같습니
다. 이 밥이 이와 같아서 일체 모든 번뇌의 독이 소멸된 뒤에, 그런 연
후에 소화가 됩니다."

若未發大乘意 食此飯者 至發意乃消. 已發意 食此飯者
得無生忍 然後乃消. 已得無生忍 食此飯者 至一生補處
然後乃消. 譬如有藥 名曰上味 其有服者 身諸毒滅 然後
乃消. 此飯如是 滅除一切諸煩惱毒 然後乃消.

5. 제불의 위의와 동작, 불사 아닌 것이 없다

아난이 부처님께 사뢰었다.

"미증유한 일입니다. 세존이시여! 이와 같이 향반으로 어떻게 불사를 지을 수 있습니까?"

부처님께서 말씀하셨다.

"그렇고 그러하다. 아난아!

혹 어떤 불토에서는 부처님의 광명으로써 불사를 짓고, 혹 어떤 불토에서는 모든 보살로 불사를 지으며, 혹 어떤 불토에서는 부처님이 화신으로써 불사를 짓는다.

혹 어떤 불토에서는 보리수로써 불사를 짓고, 혹 어떤 불토에서는 부처님의 의복·와구로써 불사를 지으며, 혹 어떤 불토에서는 부처님의 공양으로써 불사를 짓는다.

> 阿難白佛言 未曾有也! 世尊! 如此香飯能作佛事. 佛言
> 如是! 如是! 阿難! 或有佛土 以佛光明而作佛事 有以諸
> 菩薩而作佛事 有以佛所化人而作佛事 有以菩提樹而作
> 佛事 有以佛衣服 臥具而作佛事 有以飯食而作佛事.

혹 어떤 불토에서는 원림·누각의 장관으로써 불사를 짓고, 혹 어떤 불토에서는 32상 80수형호로써 불사를 지으며, 혹 어떤 불토에서는 불신으로써 불사를 짓는다.

혹 어떤 불토에서는 허공으로써 불사를 지어 중생에게 이 인연으로 율행에 들어가게 하며, 혹 어떤 불토에서는 꿈·환상·그림자·메아리·거울 속의 형상·물속의 달·열기 속의 불꽃 등 이와 같은 등의 비유로써 불사를 짓는다.

혹 어떤 불토에서는 음성·언어·문자로써 불사를 짓고, 혹 어떤 불토에서는 불토를 청정케 해서 적막하고 말이 없으며 설할 것도 없고, 보일 것도 없으며 인식할 것도 없고 지음도 없고 함이 없는 것으로써 불사를 짓는다.

이와 같이 아난아! 제불의 위의와 동작(나아가고 머무는 것)과 모든 행위가 불사 아닌 것이 없다.

> 有以園林 臺觀而作佛事 有以三十二相 八十隨形好而作
> 佛事 有以佛身而作佛事 有以虛空而作佛事 衆生應以此
> 緣得入律行 有以夢 幻 影 響 鏡中像 水中月 熱時炎 如
> 是等喻而作佛事 有以音聲 語言 文字而作佛事 或有清
> 淨佛土 寂寞無言 無說 無示 無識 無作 無爲 而作佛事.
> 如是阿難! 諸佛威儀進止 諸所施爲 無非佛事.

6. 일체제불의 법문에 들어가는 법

아난아! 이 4마와 8만 4천 번뇌문을 모든 중생은 피로疲勞한 것으로 여기지만, 제불은 곧 법으로써 불사를 짓는다. 이를 말해서 '일체제불의 법문에 들어간다'고 하느니라.

만약 어떤 보살이 일체제불의 법문에 들어가 일체 청정한 불토를 보더라도 기쁘다고 여기지도 않고, 탐착하지도 않으며, 자랑하지도 않는다. 또한 혹 일체 부정한 불토를 보더라도 근심하지도 않고, 걸림이 있다고 여기지도 않으며, 물러나지도 않는다. 다만 제불에게 청정심을 내고 환희 공경하면서 미증유한 일이라고 여긴다. 제불 여래의 공덕이 평등하지만, 중생을 교화하기 위해 불토가 각각 다름을 나타내느니라.

> 阿難! 有此四魔 八萬四千諸煩惱門 而諸衆生爲之疲勞 諸佛即以此法而作佛事. 是名入一切諸佛法門. 菩薩入此門者 若見一切淨好佛土 不以爲喜 不貪 不高. 若見一切不淨佛土 不以爲憂 不礙 不沒 但於諸佛生淸淨心 歡喜恭敬 未曾有也. 諸佛如來 功德平等 爲化衆生故 而現佛土不同.

아난아! 제불의 국토는 땅이 '약간 있다'고 말할 수 있지만 허공은 약간이라는 것이 없다. 이와 같이 제불의 색신도 '약간'이라고 말할 수는 있지만, 제불의 지혜는 '약간'이라는 것이 없으며, 걸림이 없다.

아난아! 제불의 색신·위상·종성·계·정·지혜·해탈·해탈지견·력·무소외·불공지법·대자·대비·위의소행 및 그 수명과 설법과 교화로 중생을 성취하고, 불국토를 청정케 하며, 모든 불법을 구족토록 하는 데 있어 모두 평등하느니라. 이런 연고로 이름이 정변지·여래·

각자이다.

> 阿難! 汝見諸佛國土地有若干 而虛空無若干也. 如是見
> 諸佛色身有若干耳 其無礙慧無若干也. 阿難! 諸佛色身
> 威相 種性 戒 定 智慧 解脫 解脫知見 力 無所畏 不共之
> 法 大慈 大悲 威儀所行 及其壽命 說法教化 成就衆生 淨
> 佛國土 具諸佛法 悉皆同等 是故名爲三藐三佛陀 名爲
> 多陀阿伽度 名爲佛陀.

아난아! 내가 이 3구(三藐三佛陀 · 多陀阿伽度 · 佛陀)의 뜻을 널리 설한
다고 하여도 그대는 몇 겁 수명에 다 받아들일 수 없을 것이다(듣지 못
한다). 설령 삼천대천세계에 가득한 중생이 아난과 같이 다문제일이어
서 총지를 기억한다고 할지라도 모든 사람들은 몇 겁의 수명을 지내
도 듣지 못할 것이다.

이와 같이 아난아! 제불의 아뇩다라삼막삼보리(無上正等正覺)는 한
량이 없으며, 지혜변재가 불가사의하다."

> 阿難! 若我廣說此三句義 汝以劫壽 不能盡受. 正使三千
> 大千世界 滿中衆生 皆如阿難多聞第一 得念總持 此諸
> 人等 以劫之壽亦不能受.
> 如是阿難! 諸佛阿耨多羅三藐三菩提 無有限量 智慧辯
> 才 不可思議.

7. 유마의 신통변화는 감히 당할 자가 없다

아난이 부처님께 말했다.

"제가 지금부터는 감히 스스로 다문제일이라고 하지 않겠습니다."

부처님께서 아난에게 말씀하셨다.

"그렇다고 마음을 퇴보하지 말라. 왜냐하면 그대는 성문 가운데 최고로 다문제일이지, 보살들 가운데서는 다문제일이 아니다.

> 阿難白佛言 我從今已往 不敢自謂以爲多聞. 佛告阿難 勿
> 起退意! 所以者何? 我說汝於聲聞中爲最多聞 非謂菩
> 薩.

그만두어라. 아난아, 지혜로운 자일지라도 모든 보살을 헤아릴 수 없다. 일체 바다와 강은 헤아릴 수 있을지언정 보살의 선정·지혜·총지·변재·일체 공덕은 감히 헤아릴 수 없느니라.

아난아! 그대들이 보살의 실천에 대해서는 그만두더라도 유마힐이 일시에 나타낸 신통력을 어떤 성문·벽지불일지라도 백천겁 동안 온 힘을 기울여도 감히 신통변화를 지을 수 없느니라."

> 且止 阿難! 其有智者 不應限度諸菩薩也. 一切海淵 尚
> 可測量 菩薩禪定 智慧 總持 辯才 一切功德 不可量也.
> 阿難! 汝等捨置菩薩所行. 是維摩詰一時所現神通之力
> 一切聲聞 辟支佛 於百千劫 盡力變化所不能作.

8. 중향국 보살들, 석가모니부처님께 법을 청하다

그때 중향세계에서 온 보살들이 합장하고 부처님께 말했다.

"세존이시여, 저희들은 처음에 이 국토를 보고, '하열하다'는 생각을 내었습니다. 지금은 참회하고, 스스로를 책망하며, 그런 생각을 버렸습니다. 왜냐하면 모든 부처님의 방편이 불가사의하지만, 중생을 제도하기 위해 그 응하는 바에 따라서 불국토가 다르다는 것을 나타내기 때문입니다. 그렇습니다. 세존이시여! 우리들에게 작은 가르침을 내려 주십시오. 본 국토로 돌아가서 마땅히 여래를 기억하겠습니다."

> 爾時 衆香世界菩薩來者 合掌白佛言 世尊! 我等初見此土 生下劣想 今自悔責 捨離是心. 所以者何? 諸佛方便 不可思議 爲度衆生故 隨其所應 現佛國異. 唯然 世尊! 願賜少法 還於彼土 當念如來.

부처님께서 모든 보살에게 말씀하셨다.

"다함이 있는, 다함이 없는(盡·無盡) 해탈법문이 있다. 그대들은 마땅히 배울지니라.

어떤 것이 다함이 있는 것인가? 유위법을 말한다.

어떤 것이 다함이 없는 것인가? 무위법을 말한다.

보살들은 유위를 다하지도 않지만 무위에도 머물지 않는다."

> 佛告諸菩薩 有盡 無盡解脫法門 汝等當學! 何謂爲盡? 謂有爲法 何謂無盡? 謂無爲法. 如菩薩者 不盡有爲 不

住無爲.

9. "다함·다함이 없는 해탈법문", 보살은 유위를 다하지 않아야 한다 ①

어떤 것이 '유위를 다하지 않는다'고 하는 것인가?

대자를 여의지 아니하며, 대비를 여의지 않는다. 깊이 일체지심을 발하더라도 홀연히 망각하지 않는다. 중생을 교화하는 데 끝까지 싫증내지 않는다. 4섭법에 있어 항상 순수하게 실천할 것을 염두에 둔다. 정법을 호지하는 데 신명을 아끼지 않는다.

> 何謂不盡有爲? 謂不離大慈 不捨大悲 深發一切智心 而
> 不忽忘 教化衆生 終不厭惓 於四攝法 常念順行 護持正
> 法 不惜軀命.

여러 가지 선근을 심을지라도 피로하거나 싫증내지 않는다. 뜻은 항상 방편과 회향에 안주한다. 법을 구함에 게으르지 않고, 설법도 아끼지 않는다. 부지런히 제불에게 공양하면서 생사에 들어갈지라도 두려워하지 않는다.

모든 영욕에 처할지라도 마음에 근심하거나 기뻐하지 않는다.[91] 초
학자를 가벼이 보지 않고, 배우는 자를 부처님처럼 공경히 한다. 번뇌
에 떨어지는 자에게 정념을 일으키도록 한다. 즐거움을 멀리 여의면
서 그 자체를 귀하게 여기지 않는다.

> 種諸善根 無有疲厭 志常安住 方便迴向 求法不懈 說法
> 無吝 勤供諸佛 故入生死而無所畏 於諸榮辱 心無憂喜
> 不輕未學 敬學如佛 墮煩惱者 令發正念 於遠離樂 不以
> 爲貴.

자기의 즐거움에 집착하지 않고, 다른 이의 즐거움을 경사스럽게
여긴다. 모든 선정에 머물기를 지옥처럼 생각하며, 생사 가운데 머물
면서도 정원에 있는 것처럼 생각한다.

와서 구하는 자를 볼 때, 선지식이라고 생각한다. 모든 소유물은 버
릴지라도 일체지혜는 구족하려고 한다.

계율 범한 자를 볼 때, 그를 구호하겠다는 생각을 일으킨다. 모든 바
라밀을 부모라고 생각한다.

91　8풍(이利·쇠衰·훼毀·예譽·칭稱·기譏·고苦·락樂)이 있다. 즉 자신에게 이로운 것 4가
지, 불행하게 하는 것 4가지이다. 이利는 자신에게 이로운 것, 쇠衰는 자신에게 불
리한 것, 훼毀는 남으로부터 나쁜 평판을 듣는 것, 예譽는 남으로부터 좋은 평판을
듣거나 명예로운 일을 겪는 것, 칭稱은 남으로부터 칭찬받는 것, 기譏는 남으로부터
속임을 당하거나 비판받는 것, 고苦는 고통스러운 일을 당하는 것, 락樂은 즐거운
일을 겪는 것이다. 선사들은 "8풍에 동하지 말라."고 하였다. 곧 인연에 따라 좋은
일이든 나쁜 일이든 일어나게 되어 있기 때문이다.

不著己樂 慶於彼樂 在諸禪定 如地獄想 於生死中 如園
觀想 見來求者 爲善師想 捨諸所有 具一切智想 見毀戒
人 起救護想 諸波羅蜜 爲父母想.

10. "다함·다함이 없는 해탈법문", 보살은 유위를 다하지 않아야 한다 ②

37조도품을 권속이라고 생각하며, 선근을 발하고 행하는 데 있어 제한이 없어야 한다. 모든 국토를 청정케 해서 장엄하는 것으로 자신의 불토를 성취한다.

무한한 보시를 실천하며, 상호를 구족한다. 일체의 악을 제거하고, 신구의를 청정케 한다.

道品之法 爲眷屬想 發行善根 無有齊限 以諸淨國嚴飾
之事 成己佛土 行無限施 具足相好 除一切惡 淨身口意.

생사의 무수겁에 뜻으로 용맹심을 낸다. 부처님의 무량한 덕을 들으면서 뜻에 용맹심을 낸다. 지혜의 검으로써 번뇌의 적을 파괴한다. 5음·18계·12입에서 벗어나 중생을 짊어지고 영원히 해탈토록 한다.

生死無數劫 意而有勇 聞佛無量德 志而不倦 以智慧劍
破煩惱賊 出陰界入 荷負衆生 永使解脫.

대정진으로써 군마를 굴복시킨다. 항상 무념·실상·지혜를 구한다. 세간법을 행함에 있어 적은 것으로 만족하며, 출세간법에 있어서는 싫증내지 않으면서 세간법을 버리지 않는다.

> 以大精進 摧伏魔軍 常求無念 實相智慧 行於世間法少欲知足 於出世間求之無厭 而不捨世間法.

위의법을 무너뜨리지 않으면서 세속의 법을 따른다. 신통과 지혜를 일으켜 중생을 인도한다. 총지를 기억해 들은 바를 잊지 않는다.

모든 이들의 근기를 잘 분별해서 중생의 의심을 끊어 준다. 설하고 말하는 것을 좋아해서 법을 연설함에 걸림이 없다. 10선도를 청정히 하여 천인의 복을 받는다.

> 不壞威儀法 而能隨俗 起神通慧 引導衆生 得念總持 所聞不忘 善別諸根 斷衆生疑 以樂說辯 演法無礙 淨十善道 受天人福.

4무량심을 닦아서 범천의 길을 열어 준다. 설법을 권청해서 수희하고 훌륭한 것을 찬탄하며, 부처님의 음성을 듣는다. 신구의 3업을 청정하게 해서 부처님의 위의를 얻는다.

선법을 깊이 닦아서 덕행이 뛰어나다. 대승의 진리로써 보살승(출가 사문)을 성취한다. 마음에 방일하지 않아 수많은 선법을 잃지 않는다.

이와 같은 법을 실천하는 것을 이름해서 '보살이 유위를 다하지 않는다'고 하느니라.

修四無量 開梵天道 勸請說法 隨喜讚善 得佛音聲 身口
意善 得佛威儀 深修善法 所行轉勝 以大乘教 成菩薩僧
心無放逸 不失衆善. 行如此法 是名菩薩不盡有爲.

11. "다함·다함이 없는 해탈법문",
   보살은 무위에 머물지 않아야 한다[92]

어떤 것이 무위에 머물지 않는 것인가?

공을 수학하되 공으로써 증득을 삼지 않는다. 무상·무작을 수학하
되 무상·무작으로써 증득을 삼지 않는다. 무기를 수학하더라도 무기
로써 증득을 삼지 않는다.

何謂菩薩不住無爲? 謂修學空 不以空爲證 修學無相 無
作 不以無相 無作爲證 修學無起 不以無起爲證.

무상을 관하면서도 선의 근본을 싫어하지 않는다. 세간의 고통을
관하면서도 생사를 싫어하지 않는다. 무아를 관하면서도 사람들에게
가르치는 일에 게으르지 않다.

---

92 중생이 얼마나 고통받고 살고 있는지를 알기 때문에 보살은 무위세계에 머물지 않
    으며, 중생의 병을 고쳐 주기 위해 유위세계에 머물러 있다는 뜻이다.

적멸을 관하면서도 영원히 적멸에 들지 않는다. 멀리 여의는 것을
관하면서도 몸과 마음에 선을 닦는다.

觀於無常 而不厭善本 觀世間苦 而不惡生死 觀於無我
而誨人不倦 觀於寂滅 而不永滅 觀於遠離 而身心修善.

돌아갈 곳이 없음을 관하면서도 선법에 돌아간다. 무생을 관하면서
도 생법生法으로 일체중생을 짊어진다. 무루를 관하면서도 모든 번뇌
를 끊지 않는다.

행할 바를 관하면서도 행법으로써 중생을 교화한다. 공무를 관하면
서도 대비를 버리지 않는다. 정법위를 관하면서도 소승을 따르지 않
는다.

觀無所歸 而歸趣善法 觀於無生 而以生法荷負一切 觀
於無漏 而不斷諸漏 觀無所行 而以行法敎化衆生 觀於
空無 而不捨大悲 觀正法位 而不隨小乘.

제법이 허망하며, 견고함도 없고, 타인도 없으며, 주인도 없고, 모양
도 없음을 관하면서도 아직 (보살의) 본원을 이루지 못해 복덕·선정·
지혜를 헛되다고 하지 않는다. 이와 같이 법을 닦는 것이어야 '보살이
무위에 머물지 않는다'고 할 수 있느니라.

觀諸法虛妄 無牢 無人 無主 無相 本願未滿 而不虛福德
禪定 智慧. 修如此法 是名菩薩不住無爲.

12. "다함·다함이 없는 해탈법문"에 대한 결론

또한 복덕을 구족했으면서도 무위에 머물지 않는다. 지혜를 구족했으면서도 유위를 다하지 않는다. 대자비심을 내기 때문에 무위에 머물지 않는다.

본원을 만족하면서도 유위를 다하지 않는다. 법약을 쌓아 모으면서도 무위에 머물지 않는다. 법약을 따라 베풀면서도 유위를 다하지 않는다.

> 又具福德故 不住無爲 具智慧故 不盡有爲 大慈悲故 不
> 住無爲 滿本願故 不盡有爲 集法藥故 不住無爲 隨授藥
> 故 不盡有爲.

중생의 병을 알기 때문에 무위에 머물지 않는다. 중생의 병을 멸하기 위해 유위를 다하지 않는다(중생을 위해 유위 세계에 머물러 있음).

모든 정사여! 보살이 이 법을 닦음으로서 유위를 다하지 않으면서 무위에 머물지도 않는다. 이를 이름해서 진·무진 해탈법문이라고 한다. 그대들은 마땅히 배울지니라."

> 知衆生病故 不住無爲 滅衆生病故 不盡有爲. 諸正士!
> 菩薩以修此法 不盡有爲 不住無爲 是名盡 無盡解脫法
> 門 汝等當學.

13. 중향국 보살들, 찬탄 공양 올린 뒤에 본국으로 돌아가다

그때에 모든 보살들이 이 법 설하는 것을 듣고 크게 기뻐하여 뭇 신묘한 꽃과 여러 가지 빛깔과 향기로서 삼천대천세계에 두루 흩어서 부처님·경법·모든 보살에게 공양해 마친 뒤 부처님 발에 고개를 숙이고, 미증유한 일이라고 찬탄하며 말했다.

"석가모니부처님, 여기서 방편을 잘 행하십니다."

이렇게 말해 마치고, 홀연히 사라져 본국으로 돌아갔다.

> 爾時 彼諸菩薩聞說是法 皆大歡喜 以衆妙華 若干種色
> 若干種香 散遍三千大千世界 供養於佛及此經法 并諸菩
> 薩已 稽首佛足 歎未曾有 言 釋迦牟尼佛 乃能於此善行
> 方便. 言已 忽然不現 還到彼國.

제12 견아촉불품見阿閦佛品

여래의 실상과 묘희세계

1. 유마가 '여래의 실상 관하는 법'을 설하다

그때 세존께서 유마힐에게 말씀하셨다.

"그대는 여래를 보고자 하는데, 어떤 것으로 여래를 보는가?"

유마힐이 말했다.

"몸의 실상을 보는 것처럼 부처님을 보는 것도 역시 그러합니다. 제가 여래를 보는 것은 전제에서 온 것도 아니고, 후제로 가는 것도 아니며, 현재에 머물러 있지도 않습니다.

색을 보지 않고, 색의 여여함을 보지도 않으며, 색의 본성도 보지 않습니다.

수상행식도 보지 않고, 수상행식의 여여함을 보지도 않으며, 수상행식의 본성도 보지 않습니다.

> 爾時 世尊問維摩詰 汝欲見如來 爲以何等觀如來乎? 維
> 摩詰言 如自觀身實相 觀佛亦然. 我觀如來 前際不來 後
> 際不去 今則不住. 不觀色 不觀色如 不觀色性 不觀受想
> 行識 不觀識如 不觀識性.

4대가 일어난 것이 아니라 허공과 같으며, 6근이 쌓인 것이 아니라 안이비설신의가 이미 지나갔습니다. 3계에 머물러 있는 것이 아니라 3구(3독)를 이미 여의었고, 3해탈문(空·無相·無我)을 따르며, 3명(天眼·宿命·漏盡)을 구족했으면서도 무명과 더불어 평등합니다.

일상도 아니고 이상異相도 아니며, 자상도 아니고 타상도 아니며,

무상도 아니고 취상도 아니며, 차안도 아니고 피안도 아니며, 중류도 아니지만 중생을 교화합니다.

非四大起 同於虛空 六入無積 眼耳鼻舌身心 已過 不在 三界 三垢已離 順三脫門 具足三明 與無明等. 不一相 不 異相 不自相 不他相 非無相 非取相 不此岸 不彼岸 不中 流而化衆生.

적멸을 관하면서도 또한 영원히 멸하지 않으며, 이것도 아니고 저 것도 아니며, 이것으로써도 아니고 저것으로써도 아니며 지혜로 아는 것도 아니고 알음알이로 아는 것도 아닙니다.

어둠도 없고 밝음도 없으며, 이름도 없고 모양도 없으며, 강하지도 않고 약하지도 않으며, 청정하지도 않고 더럽지도 않습니다.

어떤 곳(方)에 있는 것도 아니고 어떤 곳을 여읜 것도 아니며, 함이 있는 것도 아니고 함이 없는 것도 아니며, 보이는 것도 아니고 설할 수 있는 것도 아닙니다.

觀於寂滅 亦不永滅 不此 不彼 不以此 不以彼 不可以智 知 不可以識識. 無晦 無明 無名 無相 無強 無弱 非淨 非 穢 不在方 不離方 非有爲 非無爲 無示 無說.

베풀지도 않고 간탐도 아니며, 계를 지키지 않고 계를 파하는 것도 아닙니다.

인욕도 아니고 성내는 것도 아니며, 정진하는 것도 아니고 게으른 것도 아닙니다.

선정에 든 것도 아니고 산란하지도 않으며, 지혜롭지도 않고 어리석지도 않습니다.

진실하지도 않고 속이지도 않으며, 오는 것도 아니고 가는 것도 아니며, 나가는 것도 아니고 들어오는 것도 아니며, 일체 언어의 길이 끊어졌습니다.

不施 不慳 不戒 不犯 不忍 不恚 不進 不怠 不定 不亂 不智 不愚 不誠 不欺 不來 不去 不出 不入 一切言語道斷.

복전도 아니고 복전이 아닌 것도 아니며, 공양받을 것도 아니고 공양을 받지 못하는 것도 아닙니다.

취할 것도 아니고 버릴 것도 아니며, 상이 있는 것도 상이 없는 것도 아니며, 진제와 같고 법성과 같습니다.

가히 측량할 수도 없고, 헤아릴 수도 없으며, 모든 헤아림을 벗어났습니다.

非福田 非不福田 非應供養 非不應供養 非取 非捨 非有相 非無相 同眞際 等法性 不可稱 不可量 過諸稱量.

큰 것도 아니고 작은 것도 아니며, 보는 것도 아니고 들을 수 있는 것도 아니며, 지각할 수 있는 것도 아니고 알 수 있는 것도 아닙니다. 모든 결박을 여의었고 모든 지혜와 동등하며 중생과 같습니다.

모든 법에 분별이 없고, 모든 것을 잃은 것도 아니며, 흐리지도 않고 번뇌롭지도 않습니다. 조작도 없고 일으킴도 없으며, 태어남도 없고 멸함도 없습니다.

두려움도 없고 근심도 없으며, 기쁨도 없고 싫음도 없습니다. 집착도 없습니다.

非大 非小 非見 非聞 非覺 非知 離衆結縛 等諸智 同衆
生 於諸法無分別 一切無失 無濁 無惱 無作 無起 無生
無滅 無畏 無憂 無喜 無厭 無著.

이미 있는 것도 아니고, 미래에 있는 것도 아니고, 현재 있는 것도 아니며, 일체 언설로써 분별하고 나타낼 수 있는 것이 아닙니다.

세존이시여, 여래의 몸은 이와 같기 때문에 이렇게 관찰해야 합니다.

이와 같이 관하는 것을 이름 해서 '바른 관'이라고 하고, 저와 같이 관하는 것(앞에서 열거한 대로 관하지 않고 다르게 관하는 것)을 이름 해서 '그릇된 관'이라고 합니다.

無已有 無當有 無今有 不可以一切言說分別顯示.

世尊! 如來身爲若此 作如是觀. 以斯觀者 名爲正觀 若
他觀者 名爲邪觀.

2. 참다운 실상이란 어떤 것인가?

그때에 사리불이 유마힐에게 물었다.

"그대는 어디서 죽어서 이곳에 왔습니까?"

유마힐이 답했다.

"그대가 얻은 법이 사라지고 생기는 일이 있습니까?"

사리불이 말했다.

"생과 멸이 없습니다."

유마힐이 말했다.

"모든 법에 생멸하는 모양이 없거늘 어찌하여 내게 묻기를 '그대는 어디서 죽어서 이곳에 왔는가?'라고 물으십니까? 어떻게 생각하십니까? 비유하면 마치 마술로 남녀를 지어 놓고, '어찌하여 생멸하지 않는가?'라고 하는 것과 같지 않습니까? 어찌 생멸이라고 할 수 있습니까?"

> 爾時 舍利弗問維摩詰 汝於何沒 而來生此? 維摩詰言 汝
> 所得法 有沒生乎? 舍利弗言 無沒生也. 若諸法無沒生相
> 云何問言 汝於何沒 而來生此? 於意云何? 譬如幻師 幻
> 作男女 寧沒生耶?

사리불이 말했다.

"생멸이 없습니다."

유마힐이 말했다.

"그대는 부처님께서 '모든 것이 환상과 같다'고 말씀하신 것을 듣지 못했습니까?"

"들었습니다."

"일체법이 환상과 같거늘 어찌하여 '그대는 어디서 죽어서 여기에 태어났느냐'고 물으십니까? 사리불님, '죽음'이라고 하는 것은 허망한 법이 사라지는(무너지는) 모양이고, '태어남'은 허망한 법이 지속되는 모양입니다. 보살은 비록 죽어도 선善의 근본은 다하지 않고, 비록 태어나더라도 모든 악이 더 이상 생기지 않게 합니다."

> 舍利弗言 無沒生也. 汝豈不聞佛說 諸法如幻相乎? 答曰
> 如是. 若一切法如幻相者 云何問言 汝於何沒 而來生此?
> 舍利弗! 沒者 爲虛誑法 敗壞之相 生者 爲虛誑法 相續
> 之相. 菩薩雖沒 不盡善本 雖生 不長諸惡.

3. 유마가 중생 교화를 위해 어둠의 세계로 왔음을 밝히다

이때, 부처님께서 사리불에게 말씀하셨다.

"어떤 국토가 있는데 이름은 묘희이고, 부처님의 이름은 무동이다. 이 유마힐은 저 국토에서 죽어서 여기에 태어났느니라."

사리불이 말했다.

"미증유한 일입니다. 세존이시여, 이 사람은 청정국토를 버리고, 진심瞋心이 많고 해로움이 가득한 중생들 세계로 오신 거군요."

是時 佛告舍利弗 有國名妙喜 佛號無動 是維摩詰於彼國沒 而來生此. 舍利弗言 未曾有也 世尊! 是人乃能捨清淨土 而來樂此多怒害處.

유마힐이 사리불에게 물었다.

"그대는 어떻게 생각하십니까? 해가 뜰 때에 (해가) 어둠과 더불어 합하는 것입니까?"

사리불이 말했다.

"아닙니다. 해가 떠오르면 곧 수많은 어둠이 사라집니다."

유마힐이 말했다.

"해는 왜 남섬부주에 옵니까?"

"밝음을 비춤으로써 어둠을 제거하기 위함입니다."

유마힐이 말했다.

"보살도 이와 같습니다. 비록 더러운 불토에 태어나지만 그것은 중생을 교화하기 위함입니다. 어리석은 어둠과 더불어 합하는 것이 아니라 다만 중생의 번뇌를 없애 주기 위함입니다."

維摩詰語舍利弗 於意云何? 日光出時 與冥合乎? 答曰不也 日光出時 即無衆冥. 維摩詰言 夫日何故行閻浮提? 答曰 欲以明照 爲之除冥. 維摩詰言 菩薩如是! 雖生不淨佛土 爲化衆生 故不與愚闇而共合也 但滅衆生煩惱闇耳.

4. 유마가 신통력으로 묘희세계를 보여 주다

이때에 대중이 묘희세계와 무동여래 및 그곳의 보살과 성문 대중 보기를 간절히 원하였다.

부처님께서 일체 중회가 생각하는 것을 알고, 유마힐에게 말씀하셨다.

"선남자여, 이 중회 사람들이 묘희국 무동여래 및 모든 보살, 성문 대중을 나타내어 대중으로 하여금 보게 해 주어라."

> 是時 大衆渴仰 欲見妙喜世界無動如來 及其菩薩 聲聞
> 之衆. 佛知一切衆會所念 告維摩詰言 善男子! 爲此衆會
> 現妙喜國無動如來 及諸菩薩 聲聞之衆 衆皆欲見.

이때 유마힐이 이런 생각을 하였다. '내가 일어나지 않고, 앉아서 묘희국의 철원·산천·계곡·산하·바다·샘·수미산 및 해와 달, 별·천·용·귀신·범천 등 궁전과 아울러 모든 보살·성문 대중·성읍·취락·남녀·대소 내지 무동여래 및 보리수, 모든 묘련화로 능히 시방에 불사 짓는 것을 접하게 하리라(보게 해 주겠다는 뜻).

> 於是維摩詰心念 吾當不起于座 接妙喜國 鐵圍 山川 溪
> 谷 江河 大海 泉源 須彌諸山 及日月 星宿 天龍 鬼神 梵
> 天等宮 并諸菩薩 聲聞之衆 城邑 聚落 男女 大小 乃至無
> 動如來 及菩提樹 諸妙蓮華 能於十方作佛事者.

보배로 된 세 갈래 층층다리 계단이 남섬부주로부터 도리천까지 뻗어 있는데, 하늘 사람들은 이 보배 계단으로 내려와서 무동여래께 예경하며 경의 진리를 듣고, 남섬부주 사람들은 그 층층대로 올라가서 도리천에 이르러 하늘 사람들을 보이리라.

이와 같이 한량없는 공덕으로 성취한 묘희세계를 위로는 아가타니천으로부터 아래로는 수륜에 이르기까지를 마치 옹기장이가 물레에서 오른손으로 떼어 드는 것처럼, 이 세계에 갖다 놓으리라. 마치 꽃다발을 드는 것처럼 해서 여러 대중이 보게 하리라.'

> 三道寶階從閻浮提至忉利天 以此寶階 諸天來下 悉爲禮
> 敬無動如來 聽受經法 閻浮提人亦登其階 上昇忉利 見
> 彼諸天.
>
> 妙喜世界成就如是無量功德 上至阿迦膩吒天 下至水際
> 以右手斷取 如陶家輪 入此世界 猶持華鬘 示一切衆.

5. 유마가 신통력으로 묘희세계를 사바세계로 가져오다

(유마가) 이런 생각을 마치고, 삼매에 들어 신통력을 나타내어 오른손으로 묘희세계를 절단해서 이 국토에 갖다 놓았다.

> 作是念已 入於三昧 現神通力 以其右手斷取妙喜世界
> 置於此土.

그 국토의 신통 얻은 보살과 성문, 하늘 사람들이 동시에 소리쳐 말했다.

"아! 세존이시여, 누가 우리를 가지고 갑니다. 구호해 주세요."

무동부처님께서 말씀하셨다.

"내가 그런 것이 아니다. 유마힐이 신력으로 하는 것이다."

> 彼得神通菩薩 及聲聞衆并餘天人 俱發聲言 唯然! 世尊! 誰取我去? 願見救護. 無動佛言 非我所爲 是維摩詰神力所作.

신통을 얻지 못한 (부류의) 사람들은 자기들이 가는 것을 느끼지 못하고 알지도 못했다. 그런데 묘희세계가 비록 이 사바국토에 들어왔지만 증감이 없었고, 이 세계 또한 늘거나 줄지도 않았다. 본래와 다름이 없었다.

> 其餘未得神通者 不覺不知己之所往. 妙喜世界 雖入此土而不增減 於是世界亦不迫隘 如本無異.

6. 부처님께서 대중에게 묘희국토에 태어날 것을 수기하다

그때 석가모니부처님께서 모든 대중에게 말씀하셨다.

"그대들은 또한 묘희세계와 무동여래를 보았는가? 그 국토는 장엄하게 꾸며져 있으며, 보살의 행이 청정하고, 제자들도 청백하다."

대중이 모두 말했다.

"네, 보았습니다."

> 爾時 釋迦牟尼佛告諸大衆 汝等且觀妙喜世界無動如來?
> 其國嚴飾 菩薩行淨 弟子淸白. 皆曰 唯然! 已見.

부처님께서 말씀하셨다.

"만약 보살이 이와 같이 청정불토를 얻고자 한다면, 마땅히 무동여래의 행을 배워야 한다."

이 묘희국토를 나타낼 때, 사바세계 14나유타 사람들이 아뇩다라삼 먁삼보리심을 일으키고, 모두 묘희 불토에 태어나기를 발원하였다.

> 佛言 若菩薩欲得如是淸淨佛土 當學無動如來所行之道.
> 現此妙喜國時 娑婆世界十四那由他人 發阿耨多羅三藐
> 三菩提心 皆願生於妙喜佛土.

석가모니 부처님께서 곧 수기하며 말씀하셨다.

"당래에 저 국토에 태어날지어다."

때에 묘희세계가 이 국토에서 요익하게 해야 할 일을 다 마친 뒤에 다시 본래의 장소로 돌아가는 것을 모든 대중이 다 보았다.

> 釋迦牟尼佛即記之曰 當生彼國! 時妙喜世界於此國土
> 所應饒益 其事訖已 還復本處 擧衆皆見.

7. 경전을 수지·독송·해설·서사한 공덕

부처님께서 사리불에게 말씀하셨다.

"그대는 이 묘희세계와 무동부처를 보았는가?"

"네, 보았습니다. 세존이시여, 원컨대 일체중생으로 하여금 청정국토를 얻게 함이 무동부처님과 같게 하고, 신통력 얻는 것을 유마힐과 같게 하소서. 세존이시여, 저희들은 매우 빨리 좋은 이익을 얻었습니다. 이 사람을 보았고, 친근하게 공양하였습니다. 모든 중생이 현재, 혹은 부처님 멸후에 이 경전을 듣는다면 좋은 이익을 얻을 것입니다. 하물며 신해·수지·독송·해설하고 법대로 수행함이겠습니까?

> 佛告舍利弗 汝見此妙喜世界及無動佛不? 唯然! 已見.
> 世尊! 願使一切衆生 得淸淨土如無動佛 獲神通力如維
> 摩詰. 世尊! 我等快得善利 得見是人 親近供養. 其諸衆
> 生 若今現在 若佛滅後 聞此經者亦得善利. 況復聞已信
> 解 受持 讀誦 解說 如法修行.

만약 경전을 수지한다면 문득 법보 창고를 얻을 것입니다. 만약 독송하고 그 뜻을 해석하며 설한 대로 수행한다면 곧 제불의 호념을 받을 것입니다.

어떤 이가 이 사람(수지·독송·해설·수행하는 사람)에게 공양한다면 마땅히 곧 부처님을 공양하는 것과 같습니다.

> 若有手得是經典者 便爲已得法寶之藏. 若有讀誦 解釋

其義 如說修行 即爲諸佛之所護念. 其有供養如是人者
當知即爲供養於佛.

어떤 이가 이 경권을 사경한다면 마땅히 그 집에는 부처님이 계시
는 것과 같습니다.

이 경전을 듣고 따라 기뻐한다면 이 사람(사경하는 사람)은 일체 지혜
를 얻을 것입니다.

만약 이 경전 및 4구게를 신해하고 다른 사람에게 해설한다면 이 사
람은 곧 아뇩다라삼먁삼보리 수기를 받을 것입니다.

其有書持此經卷者 當知其室即有如來. 若聞是經能隨喜
者 斯人即爲取一切智. 若能信解此經 乃至一四句偈 爲
他說者 當知此人即是受阿耨多羅三藐三菩提記.

유마경

제 5 부

불가사의 해탈법문

제13 법공양품 法供養品

제석천의 서원과 법공양

1. 제석천이 경전 수지자를 수호하겠다는 서원을 세우다

그때에 대중 가운데 있던 석제환인(제석천)이 일어나 부처님께 사뢰어 말했다.

"세존이시여, 저는 예전에 부처님과 문수사리께서 수많은 경전 설하는 것을 들었습니다. 그렇지만 (이 경은) 불가사의하고 자재신통하며, 결정된 실상경전으로 이전에 듣지 못했던 경전입니다.

제가 부처님의 설하신 뜻을 알기로는 혹 어떤 중생이 이 경법을 듣고 신해·수지·독송한다면 반드시 이 법을 의심하지 않을 것입니다. 그런데 하물며 설한 대로 수행함이겠습니까?

이 사람은 수많은 악도에 떨어지지 않으며, 수많은 좋은 이익을 얻으며, 항상 제불의 호념을 받을 것입니다. 외도의 가르침을 항복하고, 마구니와 원수를 꺾어 버리며, 보리를 닦습니다. 도량에 편안히 머물러 여래께서 실천했던 자취를 그대로 따를 것입니다.

> 爾時 釋提桓因於大衆中白佛言 世尊! 我雖從佛及文殊
> 師利聞百千經 未曾聞此不可思議 自在神通 決定實相經
> 典. 如我解佛所說義趣 若有衆生 聞是經法 信解 受持 讀
> 誦之者 必得是法不疑 何況如說修行. 斯人即爲閉衆惡
> 趣 開諸善門 常爲諸佛之所護念 降伏外學 摧滅魔怨 修
> 治菩提 安處道場 履踐如來所行之跡.

세존이시여! 혹 어떤 이가 수지·독송하며, 설한 대로 수행한다면 제가 마땅히 모든 권속들과 더불어 공양 올리고 받들어 섬기겠습니다.

취락·성읍·산림·광야 등 (어느 곳이든) 이 경전이 있는 곳이라면, 저와 모든 권속들이 이 법을 듣기 위해 함께 그곳에 이를 것입니다.

그래서 믿음이 부족한 자에게는 마땅히 믿음을 내게 하고, 이미 신심이 돈독한 자는 마땅히 수호하겠습니다."

世尊! 若有受持 讀誦 如說修行者 我當與諸眷屬供養給事. 所在聚落 城邑 山林 曠野 有是經處 我亦與諸眷屬聽受法故 共到其所. 其未信者 當令生信 其已信者 當爲作護.

2. 부처님께 공양 올린 것보다 수지·독송한 공덕이 훨씬 크다

부처님께서 말씀하셨다.

"선재 선재라. 제석천이여, 그대가 말한 바와 같이 기뻐하는 것에 나도 환희롭다(원문은 '기쁨에 돕겠다'는 뜻). 이 경전은 널리 과거·미래·현재 제불의 불가사의한 아뇩다라삼먁삼보리를 설한 것이다.

이런 연고로 천제여, 만약 선남자 선여인이 이 경전을 수지·독송하며, 이 경전에 공양하는 사람은 곧 과거·미래·현재의 부처님께 공양하는 것이다.

　佛言 善哉! 善哉! 天帝! 如汝所說 吾助爾喜. 此經廣說
過去 未來 現在諸佛 不可思議阿耨多羅三藐三菩提. 是
故天帝! 若善男子 善女人 受持 讀誦 供養是經者 即爲
供養去 來 今佛.

　천제여, 비유하자면 설령 삼천대천세계에 여래가 가득한 것이 사탕
수수·대나무·갈대·벼·삼·수풀과 같다고 가정해 보자. 만약 선남자
선여인이 혹 1겁이나 혹 조금 못 되는 1겁 동안 (이 수많은 부처님들을)
공경·존중하고, 찬탄공양하며 모두 편안히 섬기었다. 그리고 이 모든
부처님이 입적한 후에 낱낱이 전신사리로써 칠보탑을 세웠다. 그 탑
은 가로·세로가 4천하이고, 높이가 범천에까지 이르며, 찰간으로 장
엄하고, 모든 꽃·향·영락·당번·기악 등으로 미묘함이 제일이다. (그
리고 이 탑에) 1겁이나 혹 1겁이 조금 못 되는 기간 동안 공양하였다. 그
렇다면 제석천이여, 어떻게 생각하는가? 그 사람의 심은 복덕이 많지
않겠는가?”

　天帝! 正使三千大千世界 如來滿中 譬如甘蔗 竹葦 稻麻
叢林. 若有善男子 善女人 或一劫 或減一劫 恭敬尊重 讚
歎供養 奉諸所安 至諸佛滅後 以一一全身舍利起七寶塔
縱廣一四天下 高至梵天 表刹莊嚴 以一切華香瓔珞 幢
幡伎樂 微妙第一 若一劫 若減一劫 而供養之! 於天帝意
云何? 其人植福寧爲多不?

석제환인이 말했다.

"많습니다. 세존이시여, 그의 복덕을 1백천억 겁 동안 말해도 다하지 못할 것입니다."

부처님께서 천제에게 말씀하셨다.

"마땅히 알아라. 그런데 이 선남자 선여인이 이 불가사의한 해탈경전을 듣고서 믿고 의지하며, 수지하고, 독송하며 수행한다면 저 앞의 복덕보다 수지·독송한 공덕이 매우 많다. 왜냐하면 제불 보리는 다 여기서부터 출생하기 때문이다. 보리의 모양은 한량이 없으며, 이 인연으로 복은 가히 헤아릴 수 없이 많다."

> 釋提桓因言 多矣世尊! 彼之福德 若以百千億劫說不能
> 盡. 佛告天帝 當知是善男子 善女人 聞是不可思議解脫
> 經典 信解 受持 讀誦 修行 福多於彼. 所以者何? 諸佛菩
> 提皆從是生. 菩提之相 不可限量 以是因緣 福不可量.

3. 약왕여래불 시대, 보개왕의 지극한 신심

부처님이 천제에게 말씀하셨다.

"과거 무량아승지겁 어느 때에 부처님이 계셨는데, 이름이 약왕 여래·응공·정변지·명행족·선서·세간해·무상사·조어장부·천인사·불·세존이다. 세존의 이름은 대장엄이고, 겁은 장엄이며, 부처님 수명이 20소겁이다. 그 성문승은 36억 나유타요, 보살승은 12억이다.

佛告天帝 過去無量阿僧祇劫 時世有佛號曰藥王 如來
應供 正遍知 明行足 善逝 世間解 無上士 調御丈夫 天人
師 佛 世尊. 世界名大莊嚴 劫曰莊嚴 佛壽二十小劫. 其
聲聞僧三十六億那由他 菩薩僧有十二億.

천제여, 그 나라에 한 전륜성왕이 있는데, 이름이 보개이다. 7보로
구족되어 있으며, 4천하를 다스렸다. 그 왕에게 1천 명의 아들이 있는
데, 단정하고 용맹하며, 모든 마군들을 굴복시킨 이들이다.

그때에 보개왕과 그 권속들이 약왕여래에게 공양했는데, 여러 가지
필요한 것들을 갖추어 보시하기를 5겁 동안 하였다. 5겁을 지나 마친
뒤에 1천 명의 아들들에게 말했다.

天帝! 是時有轉輪聖王 名曰寶蓋 七寶具足 主四天下.
王有千子 端正勇健 能伏怨敵. 爾時 寶蓋與其眷屬供養
藥王如來 施諸所安至滿五劫. 過五劫已 告其千子.

'그대들도 또한 마땅히 나와 같아야 하느니라. 부처님께 깊은 마음
으로 공양 올려라.'

이 1천 명의 아들들은 부왕의 명을 받들어 약왕여래에게 공양하기
를 5겁 동안 하였는데, 일체 모든 필요한 것들을 보시하였다. 그 왕자
들 가운데 한 왕자가 있는데, 이름이 월개이다. 그가 홀로 이렇게 사유
하였다. '차라리 이보다 더 수승한 공양이 없을까?'

汝等亦當如我 以深心供養於佛. 於是千子受父王命 供
養藥王如來 復滿五劫 一切施安. 其王一子 名曰月蓋 獨
坐思惟 寧有供養殊過此者?

이때, 부처님의 위신력으로 공중에서 천자가 말했다.
'선남자여, 법공양은 모든 공양 가운데 가장 으뜸이다.'
곧 왕자가 물었다.
"어떤 것이 법공양입니까?"
천자가 말했다.
'그대는 약왕여래에게 가서 물어라. 마땅히 그대를 위해 법공양에
대해 설해 줄 것이다.'

以佛神力 空中有天曰 善男子! 法之供養勝諸供養. 即問
何謂法之供養? 天曰 汝可往問藥王如來 當廣爲汝說法
之供養.

그때에 월개왕자가 약왕여래에게 나아가서 부처님 발에 머리를 숙
이고, 한쪽에 서서 부처님께 여쭈었다.
'세존이시여, 모든 공양 가운데 법공양이 수승하다고 하는데, 어떤
것이 법공양입니까?'

即時 月蓋王子行詣藥王如來 稽首佛足 卻住一面 白佛
言 世尊! 諸供養中 法供養勝 云何爲法供養?

4. 최상의 법공양 정의 ①

약왕부처님께서 말씀하셨다.

'선남자야, 법공양이라는 것은 제불의 설한 바 깊은 경전이며, 일체 세간에서 믿기 어렵고, 받아들이기 어려우며, 미묘해서 보기 어려우니라. 청정하며, 번뇌가 스며 있지 않아 분별사유로는 얻기 어려운 것이다. 보살법장에 포섭된 바이며, 다라니 도장으로 새겨져 있다. 퇴전하지 않는 데 이르며, 6바라밀을 성취케 한다.

> 佛言 善男子! 法供養者 諸佛所說深經 一切世間難信難
> 受 微妙難見 淸淨無染 非但分別思惟之所能得 菩薩法
> 藏所攝 陀羅尼印印之 至不退轉 成就六度.

뜻을 잘 분별해서 보리법을 수순하며, 뭇 경전 가운데 최상이다. 대자비에 들어가 마군의 일과 모든 사견을 여의었다.

인연법을 수순해서 아·인·중생·수명도 없다. 공하고, 상이 없으며, 지음도 없고, 일으킴도 없느니라.

능히 중생으로 하여금 도량에 앉아서 법륜을 굴리게 하며, 제천·용·신·건달바 등이 함께 찬탄하느니라.

중생으로 하여금 불법장에 들어가 모든 현성의 일체지혜를 얻게 한다.

> 善分別義 順菩提法 衆經之上 入大慈悲 離衆魔事 及諸
> 邪見 順因緣法 無我 無人 無衆生 無壽命 空 無相 無作

無起 能令衆生坐於道場 而轉法輪 諸天 龍 神 乾闥婆等
所共歎譽 能令衆生入佛法藏 攝諸賢聖一切智慧.

　뭇 보살들의 행할 바 도를 설하고, 제법실상의 뜻을 의지하며, 분명
하게 무상·고·공·무아·적멸의 법을 설한다.
　능히 모든 계율 파한 중생을 구제하지만 모든 마구니·외도 및 탐착
이 많은 자는 두려움을 느끼게 한다.
　제불현성이 함께 찬탄하는 바이며, 생사의 고통을 등지고, 열반락을
보인다.

說衆菩薩所行之道 依於諸法實相之義 明宣無常 苦 空
無我 寂滅之法 能救一切毁禁衆生 諸魔 外道 及貪著者
能使怖畏. 諸佛賢聖所共稱歎 背生死苦 示涅槃樂.

　시방삼세 제불의 설법이니, 만약 이와 같은 등의 경전을 듣고, 신
해·수지·독송해서 방편력으로 모든 중생을 위해 분별하고 해설한다
면, 이는 분명하게 법 수호함을 나타내 보이는 것이다. 이러기 때문에
이를 법공양이라고 한다.

十方三世諸佛所說 若聞如是等經 信解 受持 讀誦 以方
便力 爲諸衆生分別解說 顯示分明 守護法故 是名法之
供養.

5. 최상의 법공양 정의 ②

또한 제법에서 설한 대로 수행하고 12인연법을 수순해 모든 사견을
여읨으로써 무생법인을 얻으며, 결정코 아가 없고, 중생도 없을 것이다.
인연 과보에서 어기고 다툼이 없어 모든 아소를 여읜 것이다.

又於諸法 如說修行 隨順十二因緣 離諸邪見 得無生忍
決定無我 無有衆生 而於因緣果報 無違 無諍 離諸我所.

뜻에 의지하고, 말에 의지하지 말라. 지혜에 의지하고, 알음알이에
의지하지 말라. 요의경에 의지할지언정 불요의경에 의지하지 말라.
법에 의지하고, 사람에 의지하지 말라.

법상을 수순해서 들어가는 곳도 없고, 돌아가는 곳도 없다.

무명은 반드시 소멸하므로 제행도 또한 반드시 소멸하며, 내지 생
이 반드시 소멸하므로 노사 또한 반드시 소멸한다(生~老死).

이와 같이 관한다면 12인연법이 다했다는 모양도 없을 것이다.

다시는 견해를 일으키지 않는 것, 이것이 최상의 법공양이다.'"

依於義 不依語 依於智 不依識 依了義經 不依不了義經
依於法 不依人. 隨順法相 無所入 無所歸. 無明畢竟滅故
諸行亦畢竟滅 乃至生畢竟滅故 老死亦畢竟滅. 作如是
觀 十二因緣無有盡相 不復起見 是名最上法之供養.

6. 월개왕자, 법을 수호하겠다는 서원을 세우고, 출가하다

부처님께서 천제에게 말씀하셨다.

"왕자 월개는 약왕여래의 이와 같은 법을 듣고 유순인[93]을 얻었고, 보배로 된 의복과 장신구를 풀어서 부처님께 공양 올리며, 부처님께 말했다.

'세존이시여, 여래 멸후 제가 마땅히 법공양을 실천하며, 정법을 수호하겠습니다. 원컨대 위신력으로 연민히 여기시어 힘을 주시어 제가 마군을 항복받고, 보살행을 닦도록 해 주십시오.'

부처님께서 깊은 마음으로 생각하는 바를 알고 수기를 주며 말씀하셨다.

'그대는 후대에 법성을 수호하라.'

> 佛告天帝 王子月蓋 從藥王佛聞如是法 得柔順忍 即解
> 寶衣嚴身之具 以供養佛 白佛言 世尊! 如來滅後 我當行
> 法供養 守護正法 願以威神加哀建立 令我得降魔怨 修
> 菩薩行. 佛知其深心所念 而記之曰 汝於末後 守護法城.

---

93 유순인柔順忍은 유순심柔軟心이다. 6근을 조복하고, 6도 보살행을 닦아 복덕지혜를 성취하는 것이다. 4품에서 인욕忍辱을 설명할 때 유화柔和를 붙여 '忍辱柔和'라고 하였다. 일본 도겐(道元, 1200~1253)의 제자가 선사에게 '송나라에 가서 무엇을 배웠냐?'는 질문을 한다. 도겐은 '유연심을 배웠다.'라고 하였다.

천제여, 그때의 왕자 월개는 법의 청정함을 보고, 부처님의 수기를 들은 뒤에 신심으로 출가해 많은 선법을 닦았으며, 정진해 얼마 지나지 않아 5신통을 구족했다. (그는) 보리도에 이르렀으며, 다라니를 얻었고, 변재가 끊임이 없었다. 부처님 멸후에 그 얻은 신통·총지·변재의 힘으로 10소겁 동안 약왕여래가 굴리신 법륜을 수순해 널리 펼쳤느니라.

天帝! 時王子月蓋 見法淸淨 聞佛授記 以信出家 修集善法 精進不久得五神通 逮菩薩道 得陀羅尼 無斷辯才. 於佛滅後 以其所得神通 總持 辯才之力 滿十小劫 藥王如來所轉法輪隨而分布.

월개비구는 법을 수호하고 열심히 정진했는데, 곧 이 몸으로 1백만억 사람을 교화하여 아뇩다라삼먁삼보리에서 물러나지 않았다. 14나유타 사람이 성문·벽지불 마음을 깊이 내었고, 한량없는 중생이 천상에 태어났다.

月蓋比丘以守護法 勤行精進 卽於此身化百萬億人 於阿耨多羅三藐三菩提立不退轉 十四那由他人 深發聲聞 辟支佛心 無量衆生 得生天上.

7. 법공양은 최상의 공양

천제여, 그때의 왕 보개는 어찌 다른 사람이겠는가? 지금 현재 부처가 되신 보염여래이다. 그 왕의 1천 명 아들이 곧 현겁(현재의 겁)에 있는 1천 부처님이다. 가라구손타부처님으로부터 누지부처님까지요, 월개비구는 곧 현재의 "나"다.

이와 같이 천제여, 마땅히 이 법공양이 모든 공양 가운데 최상이며, 최고이고, 제일이어서 (그 어느 것에도) 비교될 수 없느니라.

이런 연고로 천제여, 마땅히 법공양으로 부처님께 공양해야 하느니라.

> 天帝! 時王寶蓋豈異人乎? 今現得佛 號寶炎如來 其王千子 即賢劫中千佛是也! 從迦羅鳩孫馱爲始得佛 最後如來號曰樓至 月蓋比丘即我身是. 如是天帝! 當知此要以法供養 於諸供養爲上 爲最 第一無比. 是故天帝! 當以法之供養 供養於佛.

제14 촉루픔囑累品

이 경을 널리 유포하라

1. 부처님이 미륵보살에게 광선유포할 것을 권하다

부처님께서 미륵보살에게 말씀하셨다.

"미륵아, 내가 지금 무량아승지겁에 집적한 아뇩다라삼먁삼보리법을 그대에게 부촉하노라. 이와 같은 경전들을 불멸 후 말세 중에 그대들이 신력으로써 염부제에 광선유포하여 끊어지지 않게 하여라.

왜냐하면 미래세에 마땅히 선남자 선여인 및 천·용·귀신·건달바·나찰 등이 아뇩다라삼먁삼보리심을 발해서 대승법을 좋아하는데 혹이와 같은 등의 경전을 듣지 못한다면, 좋은 이익을 잃게 될 것이다.

이와 같은 사람들이 이 경전을 들으면, 반드시 매우 믿고 좋아해 희유심을 내어 마땅히 정수리로 받들 터이니, 모든 중생의 이로울 바에 따라 널리 연설할지니라.

> 於是佛告彌勒菩薩言 彌勒! 我今以是無量億阿僧祇劫
> 所集阿耨多羅三藐三菩提法 付囑於汝 如是輩經 於佛滅
> 後末世之中 汝等當以神力 廣宣流布於閻浮提 無令斷
> 絕. 所以者何? 未來世中 當有善男子 善女人 及天 龍 鬼
> 神 乾闥婆 羅剎等 發阿耨多羅三藐三菩提心 樂于大法
> 若使不聞如是等經 則失善利. 如此輩人 聞是等經 必多
> 信樂 發希有心 當以頂受 隨諸衆生所應得利 而爲廣說.

2. 부처님이 미륵에게 부촉하다
(신학 보살과 구참 보살의 문제점들)

미륵아, 마땅히 알아라. 보살에게 두 가지 형태가 있다. 어떤 것이 둘인가?

첫째는 ① 잡된 문구와 아름다운 문장을 좋아하는 것이요, 둘째는 ② 깊은 뜻을 두려워하지 않고, 참된 뜻에 들어가는 것이다.

① 잡된 문구와 아름다운 문장을 좋아하는 사람은 신학 보살이다.

② 번뇌에 스며듦이 없고, 집착이 없어 심심한 경전을 두려워하지 않고 그 가운데 들어가 (경전을) 듣고서 마음이 청정해져 수지·독송하며 설한 대로 수행하는 자이다. 마땅히 알라. 이 사람은 오랫동안 수행한 사람이다.

> 彌勒當知! 菩薩有二相 何謂爲二? 一者 好於雜句文飾
> 之事 二者 不畏深義 如實能入. 若好雜句文飾事者 當知
> 是爲新學菩薩. 若於如是無染 無著甚深經典 無有恐畏
> 能入其中 聞已心淨 受持 讀誦 如說修行. 當知是爲久修
> 道行.

미륵아, (신학 보살과 구참 보살에게) 각각 두 가지 형태가 있다.

① 신학 보살은 심심한 법에 결정하지 못한다. 이에 두 가지가 있다.

첫째는 ㉮ 듣지 못했던 깊은 경전을 들으면 놀라서 공포심을 내고, 의심한 뒤에 이렇게 말한다. '내가 처음 들은 것으로 듣지 못했던 것인데, 어디서 온 것인가? 둘째는 ㈏혹 어떤 이가 이와 같은 깊은 경전을 호지하고 해설하면 기꺼이 친근·공양·공경하지 않으며, 혹 어느 때는 그 사람의 허물을 말한다. 이 두 가지(㉮, ㉯) 경향이 있다. 마땅히 알아라. 신학 보살은 스스로를 훼손하고, 능히 깊은 법에서 그 마음을 조복하지 못하는 것이다.

미륵이여, 또 ② (구참 보살에게도) 두 가지 형태가 있다. 보살이 깊은 법을 신해하지만 오히려 스스로를 손상할 뿐 무생법인을 얻지 못하는 일이다.

첫째는 ㉰신학 보살을 가벼이 여기고, 그들을 가르치지 않는 것이요, 둘째는 ㉱비록 깊은 법을 이해하고 있지만, 상相을 내어 분별심을 내는 것이다. 이 두 가지(㉰, ㉱) 경향이 있다.”

> 彌勒! 復有二法. 名新學者不能決定於甚深法 何等爲
> 二? 一者 所未聞深經 聞之驚怖生疑 不能隨順 毀謗不
> 信 而作是言 我初不聞 從何所來? 二者 若有護持解說如
> 是深經者 不肯親近 供養 恭敬 或時於中說其過惡. 有此
> 二法 當知是爲新學菩薩 爲自毀傷 不能於深法中調伏其
> 心. 彌勒! 復有二法 菩薩雖信解深法 猶自毀傷 而不能
> 得無生法忍. 何等爲二? 一者 輕慢新學菩薩而不敎誨 二
> 者 雖解深法而取相分別. 是爲二法.

3. 미륵보살이 서원을 세우다

미륵보살이 부처님의 말씀을 들어 마치고, 부처님께 사뢰어 말했다.
"세존이시여, 미증유한 일입니다. 부처님께서 말씀하신 대로 저와 같은 좋지 않은 것을 멀리 여의고, 여래의 무수아승지겁 동안 집적된 아뇩다라삼먁삼보리법을 받들어 지니겠습니다. 혹 미래세에 선남자 선여인이 대승법을 구하는 자가 있다면, 제가 반드시 이와 같은 경전을 얻게 하며 기억하도록 해서 수지·독송하며 널리 연설하도록 하겠습니다.

세존이시여, 미래세에 수지·독송하고 해설하는 자가 있다면, 그것은 모두 미륵의 신력으로 건립된 것입니다."

> 彌勒菩薩聞說是己 白佛言 世尊! 未曾有也! 如佛所說
> 我當遠離如斯之惡 奉持如來無數阿僧祇劫所集阿耨多
> 羅三藐三菩提法. 若未來世 善男子 善女人求大乘者 當
> 令手得如是等經 與其念力 使受持讀誦 爲他廣說. 世尊!
> 若後末世 有能受持 讀誦 爲他說者 當知皆是彌勒神力
> 之所建立.

부처님께서 말씀하셨다.
"선재, 선재라, 미륵이여, 그대의 설한 바와 같다. 부처도 그대의 설한 바를 매우 기쁘게 생각한다."

> 佛言 善哉! 善哉! 彌勒! 如汝所說 佛助爾喜.

4. 모든 보살들이 서원을 세우다

모든 보살들이 합장하고, 부처님께 말했다.

"저희들도 여래 멸후, 시방국토에 아뇩다라삼먁삼보리법을 널리 펼치겠습니다. 또한 반드시 모든 설법자들을 인도해서 이 경을 얻도록 하겠습니다."

> 於是一切菩薩 合掌白佛. 我等亦於如來滅後 十方國土
> 廣宣流布阿耨多羅三藐三菩提法. 復當開導諸說法者 令
> 得是經.

5. 사천왕이 서원을 세우다

그때에 사천왕이 부처님께 사뢰어 말했다.

"세존이시여, 어느 곳이든 성읍·취락·산림·광야 등 이 경권이 있는 곳에서 (경을) 독송하고 해설하는 자가 있다면 제가 마땅히 모든 권속들과 더불어 법을 듣기 위해 그곳에 가서 그 사람들을 옹호하겠습니다. 또 사방 백유순 안에서 짬(방해)을 내지 못하도록 하겠습니다(경전 수지·독송자들이 마구니들이나 외도들로부터 괴롭힘당하지 않게 하겠다)."

> 爾時 四天王白佛言 世尊! 在在處處 城邑 聚落 山林 曠
> 野 有是經卷 讀誦解說者 我當率諸官屬 爲聽法故 往詣

其所 擁護其人 面百由旬 令無伺求得其便者.

6. 경전 마무리

이때 부처님께서 아난에게 말씀하셨다.
"이 경을 수지하고, 널리 유포하여라."
아난이 말했다.
"네, 저는 이미 주요한 것들을 수지했습니다. 세존이시여, 이 경을
무엇이라고 할까요?"

> 是時 佛告阿難 受持是經 廣宣流布! 阿難言 唯! 然我已
> 受持要者. 世尊! 當何名斯經?

부처님께서 말씀하셨다.
"아난이여, 이 경은 '유마힐소설' 또는 '불가사의해탈법문'이라고 하
여라. 이와 같이 수지할지니라."
부처님께서 이 경을 설해 마치자, 장자 유마힐·문수사리·사리불·
아난 등 모든 천·인·아수라·일체 대중이 부처님의 설법을 듣고 모두
환희하였다.

> 佛言 阿難! 是經名爲《維摩詰所說》亦名《不可思議解脫
> 法門》如是受持. 佛說是經已 長者維摩詰 文殊師利 舍

利弗 阿難等 及諸天 人 阿修羅 一切大衆 聞佛所說 皆大
歡喜.

해제

1. 『유마경』은 어떤 경전인가?

　『유마경』의 온전한 이름은 『유마힐소설경維摩詰所說經』이다(본고는 구마라집본). 『유마힐소설경』은 범어로 말하면, 『비말라키르티 니르데샤 수트라Vimalakīrti-nirdeśa-sūtra』이다. 비말라키르티Vimalakīrti는 유마維摩로서 무구칭無垢稱 혹은 정명淨名 · 이구칭離垢稱으로 의역된다. '명성이 자자한 (거사)' 혹은 '때가 묻지 않은 (사람)' 등 청정한 이미지를 뜻한다. 니르데샤nirdeśa는 설법 · 법문의 뜻이 담겨 있다. 곧 『유마힐소설경』의 전체 경전 명은 '때 묻지 않은 청정한 유마거사의 법문'이라고 할 수 있다.

　『유마경』의 성립 연대는 확실하지 않으나 반야부 계통이다. 『법화경』보다는 경전 성립이 조금 이르며, 대략 1~2세기 무렵에 결집되었을 것으로 학계에서 추정하고 있다. 이 경은 바이샬리를 배경으로 재가신자인 유마거사와 부처님의 제자들 그리고 수많은 보살들과의 대화를 중심으로 이루어져 있다.

2. 『유마경』의 구성

　이 경은 3회 14품으로 구성되어 있다. 서분은 1품~4품으로, 바이샬리에 계시는 석가모니부처님과 10대 제자들을 위시한 수많은 비구들이 함께하는 법회이다.

　정종분은 5품~10품으로, 유마거사 방장에서의 법문이다.

　유통분은 11품~14품으로, 다시 바이샬리 부처님 법회이다.

　제5「문수사리문질품」~제9「입불이법문품」이『유마경』의 주요 핵심 부분이다. 특히 제5「문수사리문질품」과 제6「부사의품」은 부사의한 법문으로 본경을 '부사의경'이라고도 하는데,「촉루품」에서 '불가사의해탈법문'이 있어서이다.『화엄경』의 '부사의한 해탈경계'와 같은 뜻이다. 또한 제9「입불이법문품」은 선禪에 영향을 미쳐『유마경』을 '선경禪經'이라 칭한다. 그것은 유마의 일묵一黙을 선종에서는 우레와 같은 침묵이라고 표현하며, 유마의 침묵이 불립문자의 세계를 상징하는 것으로 전승되기 때문이다.

3.『유마경』의 한역

　『유마경』은 중앙아시아 여러 나라 말로 번역되었고, 중국에서 처음으로 188년에 한역되었다. 이후 일곱 차례 한역되었으나 원형인 산스크리트 본은 유실되었다. 즉 완전한 형태로 남아 있는 것은 티베트 본과 한역본이다. 현재 유통되고 있는 번역본은 세 가지이다.

　지겸이 한역한『유마힐경維摩詰經』2권(223~253년)

구마라집이 한역한『유마힐소설경維摩詰所說經』3권(406년)

현장법사가 한역한『설무구칭경說無垢稱經』6권(650년)

여러 본을 비교해 보면 그 구성에 큰 차이가 없고 장章을 구분하는 방법도 일치하므로 유포 과정에서도 큰 변화가 없었던 것으로 보인다. 한역본 가운데 티베트 역에 가장 일치하는 것은 현장의 한역(『說無垢稱經』)이며, 티베트 역은 산스크리트 원문에 가장 가까운 것으로 추정된다. 구마라집 역은 미혹과 깨달음의 동일성을 강조하고, 번뇌에 오염되어 있는 인간적 현실을 긍정하는 내용이 종종 발견되었는데, 티베트 역과의 비교에 의해서 역자의 의역임이 학자들에 의해 지적되었다. 우리나라에서 일반적으로 유통되고 있는『유마경』은 구마라집이 한역한 것이다.

4. 『유마경』의 성립 배경

『유마경』은 기원전 1세기 무렵, 부파불교 수행자들이 법法, dharma에 천착함을 비판하는 데서 내용이 시작된다. 대승불교를 일으킨 보살들은 300여 년간 지속되었던 기존 교단의 승려들을 소승hīnayāna, 성문·연각이라 비판·폄칭하기 시작했다. 그러면서 자신들을 '대승mahāyā-na'이라고 지칭하면서 대승불교 경전을 결집하였다.

또한『유마경』은 대승교도 입장에서 이전 교단 성문승들의 자리적自利的인 측면을 비판하며 중생에 대한 염원과 이타적利他的인 자비를 주제로 한다. 더 나아가 자비도 집착하지 않는 공사상적인 측면(無住心)의 바라밀을 강조한다. 그러면서 자신들은 '보살승'이라고 자청했다. '보살'이라는 호칭은 석가모니불의 과거 전생에 선업善業을 닦으며 정진했던 행자行者를 지칭한다. 대승불교 보살들은 석가모니부처님이 수많은 생을 거듭하며, 보살로서의 길을 닦은 인행因行으로 부처가 되었듯이 자신들도 석가모니부처님을 롤모델로 삼았다. 즉 대승불도들은 재가자든 출가자든 구별 없이 위로는 깨달음菩提, bodhi을 구하고, 아래로는 모든 중생이 함께 해탈하도록 이타를 실천하는 자(薩埵, sattva)를 '보살bodhisattva, 菩提薩埵'이라고 정의하였다.

5.『유마경』의 불교사적 위치와 배경

일반적으로『유마경』은 바이샬리에서 결집된 것으로 본다. 물론 경전의 회상會上도 바이샬리이다. 이곳은 당시 상업도시로서 리차비Lic-chavi족이 건설한 도시로 제2차 결집이 이루어진 곳이기도 하며 진취적이고 자유로운 기풍을 지닌 곳이었다.

대승불교 운동이 일어난 직후 처음으로 결집된 경전이 반야부이다.『유마경』은 반야부 경전 가운데 가장 마지막에 결집된 경전이다. 그래서 이 경전을 반야 사상의 완성 단계로서 현실적·실천적 측면에서의 공 사상이 드러나 있다고 평가한다. 즉 『반야경』이 반야·공 사상의 이론적·논리적인 학문 체계로 구성되어 있다면, 『유마경』은 반야 사상의 마지막 완성 단계로서 현실적·실천적 측면에서 반야·공 사상이 전개된다.

중국에서 초기 선종의 소의경전은 『능가경』이요, 7세기 초, 6조 혜능(638~713)을 기점으로 『금강경』이 선종의 소의경전으로 변천되었다. 한편 현 조계종(禪宗)의 소의경전이 『금강경』이다. 그런데 『금강경』이나 『능가경』은 학문적 연구로 자주 거론되지만 선적인 측면에서 대중화되어 있지 않다. 그런데 『유마경』은 고대로부터 중국에서 선경禪經으로 널리 회자되고 근래까지 유통되고 있는 경전이다.

중국의 사학자 호적胡適(1891~1962) 박사는 "『유마힐경』은 세상에서 가장 긴 구어체 시詩이고, 『화엄경』과 『대보적경』은 장편 혹은 단편의 소설이다."라고 하였다. 그 정도로 『유마경』은 시적이며, 문학적인 면에서도 풍부함을 담고 있다.

6. 『유마경』의 사상

(1) 평등 사상(누구든 성불한다는 사상 강조)

곧 출가자만 아라한이 될 수 있다는 것을 비판하며 세속 생활을 하는 재가자도 얼마든지 부처가 될 수 있다는 주장을 하였다. 『유마경』
「제자품」에서 부처님께서 유마거사가 병이 났음을 알고 제자들에게
문병 가라고 한다. 그런데 제자들(성문승)이 한결같이 문병 가기를 꺼
려한다. 이전에 제자들이 유마거사로부터 호되게 당했던 일을 경전에
서 나타내고 있다. 이 경전에서 10대 제자들은 소승불교도(성문승)를
상징하고,[94] 유마거사는 대승불교도를 상징한다.

  '유마거사'라는 인물은 재가자 신분이면서 보살로서의 중생을 향한
대비의 염원을 상징한다. 보살행으로 중생을 구제하려면 중생의 실상
이 무엇인지 파악하고, 그들이 무엇을 원하는지 파악해 중생과 하나
가 되는 것을 모티브로 하고 있다. 즉 유마거사는 재가자 신분이기 때
문에 같은 재가자로서 중생의 고통을 자세히 알고 있고, 그러면서 진
리와 더불어 함께하는 진속불이眞俗不二·색즉시공色卽是空의 보살 사
상과 바라밀행을 설하고 있다.

(2) 보살행에 나타난 대비大悲 사상

  대승불교를 일으킨 주역인 보살들은 석가모니부처님의 사상으로
돌아가 중생을 대비심 차원에서 바라보는 보살 사상을 전개하고 있다.
「문수사리문질품」에서 문수보살이 유마거사에게 "거사님의 이 병은
어떤 것으로 생긴 것입니까?" 하고 묻자 유마거사는 이렇게 답변한다.

  "일체중생에게 병이 있기 때문에 나의 병이 생긴 것입니다. 만약 일

---

94   근래 들어 '상좌부불교' 혹은 '남방불교'라는 호칭을 사용한다.

체중생의 병이 소멸되면 곧 나의 병도 소멸될 것입니다. 왜냐하면 보살은 중생을 위해 생사에 들어가는데, 생사가 있다면 곧 병이 있는 것입니다. 만약 중생이 병을 여읜다면 곧 보살도 병이 없어질 것입니다."

이 점은 대승의 수행자인 보살이 자신의 해탈을 완성할 뿐만 아니라 중생을 구제하는데, 차토此土를 버리고 피토彼土에서 구제하는 것이 아니라 차토에서 구제한다는 것이다. 이것이 차안즉피안이라는 말로 표현되고 있으며, 바로 이 사상은 대승의 이타인 동시에 번뇌를 여의지 않음을 보여 주고 있다.

"선미禪味에 탐착하는 것은 보살의 속박이요, 방편으로 살아가는 것은 보살의 해탈이다." 곧 자신만의 선열禪悅을 즐기며 홀로의 적정세계를 즐긴다면 속박(번뇌)에 떨어지지만, 중생의 고통을 외면하지 않고 중생 근기에 따라 방편으로 중생을 구제코자 중생 속으로 들어가는 것은 해탈이라고 정의하고 있다. 또한 보살행으로 "비록 불도를 얻고 법륜을 굴리며 열반에 들어가지만 보살로서 행해야 할 도를 버리지 않는 것이다."라고 하였다. 이는 보살행의 지극함을 넘어 열반 세계에 머물지 않고(무주無主 사상), 중생과 더불어 함께하겠다는 사상이다.

(3) 무주상無住相의 공 사상

「보살행품」에 보살 사상과 무주 사상이 동시에 등장한다. "세간법을 행함에 있어 적은 것으로 만족하며, 출세간법에 있어서는 싫증내지 않으면서 세간법을 버리지 않는다. 위의법을 무너뜨리지 않으면서 세속의 법을 따른다. 신통과 지혜를 일으켜 중생을 인도한다." 곧 보살은 유위有爲를 끊지도 않지만, (번뇌를 끊고, 생사를 벗어난) 무위無爲에도 머물지 않는다. 중생의 병을 알기 때문에 무위에 머물지 않으며, 중생의 병을 없애기 위해 유위 또한 저버리지 않는다. 그러면서 보살은 열반은 좋은 것이고, 생사는 나쁜 것이라는 이분법적 관념 또한 갖지 않는다.

「보살행품」에는 다음과 같은 내용도 있다. "다함이 있는, 다함이 없는 해탈법문이 있다. 그대들은 마땅히 배울지니라. 어떤 것이 다함이 있는 것인가? 유위법을 말한다. 어떤 것이 다함이 없는 것인가? 무위법을 말한다. 보살들은 유위를 다하지도 않지만, 무위에도 머물지 않는다(不盡有爲 不住無爲)." 진정한 보살은 복덕과 지혜를 다 갖추었지만 자신만을 위해 복과 지혜를 누리는 것이 아닌 대비로 중생을 품어 안는다. 중생을 제도하되 제도했다는 관념이나 집착심을 갖지 않으며, 세상에 살면서도 세간법을 '하찮다'고 여기거나 '좋다'고 생각해서 이에 탐착하지 않아야 한다. 그 어떤 것에도 관념 두지 않는 무분별심으로 중생을 인도해야 한다. 보살은 대비大悲를 품고 있기 때문에 생사를 버리지 않으면서 대지大智가 있기 때문에 생사에 집착하거나 안주하지 않는다.

(4) **번뇌즉보리**煩惱卽菩提

「문수사리문질품」에 "제불의 해탈 가운데서 62견을 구할 수 있고, 제불의 해탈은 일체중생의 마음에서 구한다."고 하였다. 즉 더러운 흙탕물 속에서 아름다운 연꽃이 피어나는 것처럼, 여래의 종자도 인간의 번뇌 속에서 피울 수 있다는 것이다. 그리하여 번뇌 속에 보리가 있고, 생사 속에 열반이 있다고 하여 '생사즉열반', '차안즉피안'이라고 한다. 곧 인간의 좋지 못한 사견邪見과 모든 번뇌가 부처가 될 종자種子라는 뜻이다.

(5) 무구심(無求心·無心) 사상

제6 「부사의품」에 무구심이 등장한다. "법은 무위無爲입니다. 만약 유위를 행한다면 이는 유위를 구하는 것이지, 법을 구하는 것이 아닙니다. 그러니 사리불님, 만약 법을 구한다면 일체법에 구하는 바가 없어야 합니다(於一切法 應無所求)."

모든 중생이 불성佛性·본성本性을 다 구유具有하고 있으므로 굳이 (자심) 밖에서 구할 필요가 없다. 보리 달마는 『유마경』에서 영향받아 『대승입도사행론大乘入道四行論』에서 무소구행無所求行이라고 언급하였다. 무소구행을 강조하면서 무위에 머물러 있되, 진정한 구함은 구함이 없이 구할 것을 말하고 있다. 또한 중국의 초기 선사들은 『유마경』에서 영향을 받아 자파(선종)의 선 사상 정립에 근간을 삼았다. 육조 혜능六祖惠能(638~713)은 『단경』에서 자성自性은 본래부터 청정하며, 본래부터 생멸이 없고, 본래부터 구족되어 있으며, 자성은 능히 만법을 일으키기 때문에 "부처는 자성 가운데서 이루는 것이니 몸 밖을 향하여 구하지 말지니라."라고 하였다. 마조 도일馬祖道一(709~788)의 설법에서도 "무릇 법을 구하는 이는 구하는 것이 있어서는 안 된다."라고 하였다(應無所求 心外無別法 佛外無別心). 마음을 제외하고 부처가 따로 있는 것이 아니며, 부처를 떠나 마음이 있는 것이 아니라고 하면서 마조는 '도불용수 단막오염道不用修但莫汚染(도는 수행을 필요로 하지 않는다. 다만 오염시키지 말라)'을 강조하였다.

(6) 불이不二 사상

고래로 많은 주석가들은 이 경의 중심이 바로 제9「입불이법문품」에 있다고 했는데, 이 품의 불이 사상은 이 경 전체를 일관一貫하는 핵심이다. 이 품의 구조상 문수보살을 포함한 32보살의 설이 모두 문자의 표현(敎)이라면, 유마의 침묵은 곧 언설을 떠난 자리(경지)인 불립문자不立文字, 즉 선禪을 강조한 것이라고 추론해 볼 수 있다. 불이不二는 산스크리트어로 아드바야a-dvaya라고 하며, 중성명사로 쓰일 때는 통일성unity이라든지 동일성identity, 또는 궁극적 진리ultimate truth라는 뜻이다. 불교에서 깨달음의 뜻인 절대적 평등을 나타내는 개념으로 사용한다. 여기서는 상대적인 차별에 얽매이는 것을 '이二'라는 상相이라 하고, 절대적 무차별 평등에 집착하는 것을 불이의 상相이라고 말한 것이다. 이 두 가지 집착은 다 공空의 뜻을 모르는 태도이므로 함께 버려야 한다는 사실을 나타내려 한 것이다.

그러나 이 품에서 유마가 '불이'라고 한 것은 상대적인 차별과 편견을 여읜 절대적인 무차별이 아니라 오히려 그 상대 관계를 넘어선 절대 무차별의 평등을 말한다. 즉 대립을 떠난 불이이다. 일체 차별을 떠난 절대 평등을 나타내고 있어서 진여眞如나 법성法性, 또는 법신法身 등, 사물의 있는 그대로의 진실한 모습을 나타내려는 표현인 것이다.

문수보살은 깨달음의 경지인 불이 경계는 감히 말로도 드러낼 수 없고, 문자로도 표현할 수 없으며, 일체의 묻고 답하는 것조차 떠난 절대 무위無爲의 경지라고 하였다. 유마가 침묵한 것은 단순한 침묵이 아니다. 절대적 경지는 어떤 언구로서도 표현될 수도, 어떤 말로도 드러낼 수 없는 절대 평등의 경지임을 시사하는 것이다. 그리하여 유마의 일묵一黙을 선종에서는 우레와 같은 침묵이라고 하며, 깨달음의 세계로 상징한다. 선종사에서 '불이' 용어를 따서 불이선不二禪이라고 한다.

(7) 정토 사상

『유마경』에서는 차방 정토此方淨土(淨佛國土)·타방 정토他方淨土(來世淨土)·유심 정토唯心淨土(常寂光土), 세 정토설이 모두 나타나 있다. 정토 신앙은 대승불교 초기에 일어난 사상이다. 불교에서는 정토가 여러 곳이다. 아촉불이 있는 동방 묘희국 정토, 아미타불이 있는 서방 극락 정토, 미륵보살이 있는 도솔천 정토이다. 미륵 정토는 56억 7천만 년이 지나서 미륵이 이 세계에 출현해 중생을 구제해 용화세계를 구현하는 것이다. 후대로 오면서 아촉불 정토와 미륵의 도솔천 정토 사상은 점차 소멸되었고, 현재 신앙되고 있는 세계는 서방 아미타불이다. 이후 정토종과 선종이 발달하면서 타방 정토(來世淨土)와 유심 정토(常寂光土)로 양분되어 발달하였다. 즉 정토종에서는 타방 정토를, 선종에서는 유심 정토를 강조한다.

이 경전에 나타난 유심 정토를 보자. 마음을 청정케(淨心)한 사람이란 바로 보살을 말한다. 이 보살이 머무는 경지가 『유마경』에 의하면, 불가사의해탈不可思議解脫 경지이다. 심청정心淸淨 국토청정國土淸淨은 마음과 국토가 서로 즉한다는 심토상즉설心土相卽說이고, 그것이 가장 근원적인 의미에서 선적禪的 유심설이다. 이 점은 형이상학적 희론에 빠지는 것을 극복하고 실제 생활 속에서 그것을 구현하는 『유마경』의 취지이다.

「불국품」에서 장자의 아들 보적이 "모든 보살의 국토를 청정하게 하는 행에 대해 설해 주소서."라고 하자 부처님께서는 다음의 세 가지 요점으로 답변하셨다. ㉮ '정토란 어떤 곳인가' 하는 점, ㉯ '어떻게 하여야 정토에 태어날 수 있는가' 하는 점, ㉰ '어떻게 하여야 정토가 건설되느냐(衆生之類是菩薩佛土)' 하는 점이다.

부처님께서 말씀하신 대답을 보자. ㉮ "정토란 중생의 모든 존재가 이 보살의 불국토이니라." ㉯ "정토에는 직심直心·심심深心·보리심·6바라밀·4무량심四無量心·4섭법四攝法·37조도품 등을 닦은 중생들이 태어날 수 있다." ㉰ '어떻게 정토를 건설할 수 있느냐'에 대해서는, "직심·심심·보리심 등을 가졌을 때, 그때서야 바로 국토가 청정해진다." 곧 중생들의 세계가 바로 보살의 불국토이며, 일상적인 마음을 초월한 직심·심심·보리심이 정토라고 하는 것이다.

(8) 출가 중심 불교에서 출·재가 불교로 변형되는 기점

『유마경』의 영향으로 빼놓을 수 없는 것은 재가인들의 수행 참여 의식을 높여 주었다는 점이다. 재가와 출가라는 이원적 대립 중 어느 한쪽에 서는 것이 아니라 그것을 넘은 입장으로서 출·재가를 불문에 부치는 입장이다. 이것은 '차안즉피안'이라는 대승의 근본적 입장에서 당연히 도출되는 결과이다. 이렇게 『유마경』에는 대승불교가 발생하기 전의 출가자 중심 교단에서는 볼 수 없었던 재가자에 대한 배려가 담겨 있다. 제3「제자품」에서는 출가에 대해 이렇게 정의하고 있다.

"장자의 아들들이 말했습니다. '거사여! 부처님의 말씀을 들으니, 부모가 허락하지 않으면 출가할 수 없다고 하였습니다.' 유마힐이 말했습니다. '그렇습니다. 그대들은 아뇩다라삼먁삼보리심을 발했으니 이것이 곧 출가요, 구족계를 받은 것입니다.'"

그러니 굳이 삭발염의하고 계를 받아서만이 아니라 재가자라도 깨닫고자 하는 보리심을 발하면 그것이 곧 진정한 출가요, 수행자라고 하였다. 물론「방편품」에 의하면 유마거사는 세속적인 모습을 하고 있으면서 수행자로 묘사되고 있다. 바로 이 점이 재가 불교를 발전시키는 시발점이 되었다.「불도품」에서 "고원의 육지에서는 연꽃이 피어나지 않고, 낮고 습한 진흙밭에서 연꽃이 피어나는 것과 같습니다."라고 한 것처럼, 비록 재가자로 세속에 살면서도 출가 사문만큼 청정수행을 할 수 있다는 점을 드러내고 있다. 유마거사는 실존 인물이 아니지만 재가 불자의 롤모델로서 재가자의 본보기로 존경받는다. 『유마경』의 영향으로 당나라와 송나라 때 재가자들의 수행 참여 의식을 높여 수행 풍토가 형성되었다. 이에 준해 중국의 방거사, 우리나라의 부설거사를(유마거사를 포함해) 3대 거사라고 한다. 이 『유마경』은 『승만경』과 함께 재가자가 설한 재가불교를 대표하는 대승 경전이다.

(9) 경전을 수지한 공덕

『유마경』제12「견아촉불품」~제14「촉루품」에 수지 독송에 대한 공덕이 나온다. "어떤 이가 경전을 수지·독송·해설한다면, 마땅히 곧 부처님을 공양하는 것과 같습니다. 어떤 이가 이 경권을 사경한다면 마땅히 그 집에는 부처님이 계시는 것과 같습니다. 이 경전을 듣고 따라 기뻐한다면, 이 사람(사경하는 사람)은 일체 지혜를 얻을 것입니다."

이와 똑같은 내용이 같은 반야 경전인 『금강경』12품과 15품에 설해져 있다.

"다시 수보리須菩提야, 이 경 혹은 사구게 등이 설해지는 곳이라면, 이곳은 일체 세간의 천·인·아수라가 다 와서 공양 올리기를 마치 불탑이 있는 곳처럼 할 것이다. 하물며 경전을 수지·독송하는 사람이겠는가? 수보리야, 마땅히 알라. 이 사람은 최상의 제일 희유한 법을 성취한 것이다. 이 경전이 있는 곳이라면 부처님이 계시며 존중한 제자가 있는 곳이다."(12품)

"수보리야, 만약 이 경전이 있는 곳이라면, 일체 세간의 천·인·아수라로부터 공양을 받을 것이다. 마땅히 알아라. 이곳은 바로 부처님의 탑이 있는 것과 같다. (수많은 중생들이) 이곳으로 와서 공경하고 예를 올리며, 수많은 꽃을 흩뿌릴 것이다."(15품)

『유마경』에서는 다섯 가지 수행 방법에 대해 설하고 있다.

① 수지受持, ② 독讀, ③ 송誦, ④ 위인해설爲人解說, ⑤ 사경寫經(=書寫). 물론 이 점은 대승불교 경전인 『법화경』·『금강경』·『유마경』·『화엄경』 등에 공통적으로 나타나 있다. 특히 『법화경』19품「법사공덕

품」에서는 법사로서 꼭 실천해야 할 것으로 5종 수행에 대해 상세히 서술하고 있다.

① 수지受持는 대승불교 경전에는 '수지'보다는 '신해수지信解受持'가 강조되어 있다. 이 점도 세 가지로 볼 수 있다. ㉮경전의 내용을 받아들일 뿐만 아니라 ㉯그에 의거해 지속적으로 수양하며, ㉰진심으로 받아들임을 뜻한다. 그러니 그런 마음의 경계를 영원히 유지해 나가는 것이 수지의 참 의미라고 본다.

② 독讀은 경전을 되풀이하여 읽는 것으로 독경讀經이다.

③ 송誦은 암기된 경전 문구를 외우는 것으로 송경誦經이다. 우리나라 조계종에서는 독송 자체를 간경看經이라고 하여 수행 방법 중의 하나로 간주하고 있다.

④ 해설解說은 타인에게 부처님의 좋은 진리를 해설하고 전달하는 것인데, 법보시에 해당한다. 이는 재물로 보시공덕을 짓는 유위복有爲福보다 법보시의 무위복이 수승함을 말한다.

⑤ 사경寫經은 경전 내용을 그대로 베껴 쓰는 것이다. 요즘에는 사경 기도가 줄었지만 사경은 고대~중세에 탑이나 복장에 경전을 안치하기도 했고, 근래에는 출·재가자 모두 실천하는 기도법 가운데 하나이다.

7. 『유마경』이 후대에 끼친 영향

(1) 일상성의 선 사상 정립

「보살품」에서 제시하는 사위의四威儀가 도량이며, 3업三業이 불사佛事라는 말을 적극 활용하여 좌선과 노동 등 인간의 일상생활 모두를 불사佛事로 보고 있다. 즉, 인간의 일상행위인 행주좌와行住坐臥인 일체 동작이 법계法界가 되며, 신구의身口意 3업의 행위가 부처의 행行이라는 것이다. 이는 후대에 조사선의 대표적인 사상인 평상심시도의 모티브를 제공하였다.

「보살품」에서 '직심시도량直心是道場'이라고 했는데, 이 점은 현실의 구체적인 일상생활 속에서 수행이 가능하다는 선종의 근거를 밝히고 있는 내용이다. 「보살품」에서는 광엄동자가 바이샬리 성문을 나가려고 하는데, 마침 그곳으로부터 들어오고 있는 유마를 만난다. 광엄동자가 유마에게 "도량이란 어느 곳입니까?"라고 묻자, 유마는 "직심直心이 도량입니다. …… 행을 일으키는 것이 도량 …… 심심深心이 도량 …… 보리심이 도량이니 …… "라고 답한다. 곧 불법의 실현은 구체적인 일상사日常事 안에서도 가능하다고 하는 선종의 기본 입장을 간명하게 표현한 말이라고 할 수 있다.

이 도량道場이라는 말을 승조僧肇(384~413)는 '한가롭고 편안하게 수도하는 장소'라고 주석하고 고요히 마음 편안하게 도道를 닦는 장소, 즉 깨달음의 장소라고 하였다. 그러니 굳이 고요한 숲속에 머물러야 도를 구할 수 있는 것이 아니며, 수행하기에 갖추어진 장소에서만

도를 찾을 수 있는 것이 아니다. 자신이 머무는 일상의 장소에서, 일상적인 자신의 행行 하나하나가 바로 부처의 행인 것이다.

(2) 중국 문화에 영향

북위 시대, 용문석굴과 운강석굴 불상에 영감을 준 것도 『유마경』이다. 또한 서역의 여러 석굴 변상도에도 유마거사와 문수보살의 대화 장면이 묘사되어 있다. 우리나라 석굴암에도 유마거사가 모셔져 있다.

또 중국 문학사에 영향을 끼쳤다. 중국 문학의 형식 가운데 변문變文이라는 것이 있다. 이 변문 가운데 단연 으뜸되는 이야기가 바로 목련존자 이야기와 『유마경』의 유마거사 이야기이다. 속강승俗講僧(일반 평민들이 알아듣기 쉽도록 이야기를 잘 꾸민 설화 형식의 법문을 하는 승려들)들이 단골로 하는 주제이다.[95]

또한 매란방(근현대 경극 배우)이 주연한 "천녀산화天女散花"는 제7 「관중생품觀衆生品」의 내용이다.

마지막으로, 앞에서 언급했듯이 이 경전은 재가자들이 참선 수행하는 풍토를 만들었다.

---

95 현대 우리나라에서도 속강과 비슷하게 행해지는 것이 있는데, '땅설법'이라고 한다.

8. 『유마경』이 인생의 터닝포인트가 되었던 사람들

① 승조僧肇(374~414) : 승조는 『유마경』을 읽고 승려가 되었다. 승조는 중국의 역대 번역가로 유명한 구마라집의 제자였다. 그는 집안이 매우 가난하여 책을 필사하는 직업으로 생업을 삼았다. 필사 일을 하다 보니 고전과 역사에 지식이 풍부했고, 노장 사상에 깊이 심취되어 있었다. 승조에게는 도교의 노장 사상 이외 다른 것은 시시해 보일 정도였다. 승조는 장안에서 타인들로부터 시기를 받을 정도로 학문적 견해가 뛰어났다고 한다. 그러던 어느 날, 우연히 『유마경』을 접한 뒤 환희심을 얻어 승려가 되었다. 출가 후에 승조는 구마라집 역의 『주유마힐경註維摩詰經』에 의해 깊은 감화를 받아 『유마경』 주석에 힘썼다. 당시 20세의 승조는 구마라집을 직접 찾아가 제자가 된 것이다. 승조가 지은 『조론』은 공 사상에 대한 깊은 이해를 보여 준 수준 높은 저서로 알려져 있으며, 『조론』 안에 실린 「불진공론 不眞空論」은 8세기 이후 선 사상 발전에도 큰 영향을 미쳤다.

② 사령운謝靈運(385~433) : 사령운은 남북조 시대 유명한 시인이다. 『유마경』을 매우 진중하게 생각했는데, 사령운을 통해 당시 문사들은 이 경전을 모르는 사람이 없었다.

③ 영가 현각永嘉玄覺(665~713) : 현각은 절강성 온주부溫州府 영가현 永嘉縣 사람으로 속성은 대戴 씨이다. 어려서 출가하여 삼장을 두루 섭렵하였다. 일찍이 천태종 사찰인 온주의 개원사開元寺에 있으면서 천태지관天台止觀을 익혀 높은 경지에 이르렀다. 이 무렵 책策이라는 한

선사가 '남방에 혜능 큰 선지식이 있으니, 찾아뵐 것'을 권했다. 현각이 조계에 가서 혜능에게 인가를 받고, 하룻밤만 묵고 왔다고 하여 일숙각一宿覺이라고 한다. 현각은 혜능과의 선문답으로 인가를 받은 뒤, 홀로 수행하며 『유마경』을 읽고 확철대오하였다. 이후 깨달음의 경지를 표현했는데, 그것이 바로 「증도가證道歌」이다.

④ 왕유王維(700~761) : 왕유는 당나라 때 시인으로 중국 문학사의 대표 인물 가운데 한 명이다. 그는 자연을 주제로 한 서정 시인이요, 화가로 한 시대 이름을 날렸다. 그의 어머니는 당시의 유명한 큰 스님들을 모셨고, 왕유도 선사들과 교류가 매우 많아 비문을 써 주기도 하였다. 그는 자신의 성 왕王 씨에 유마힐의 '마힐'을 따 스스로 왕마힐王摩詰이라고 자청하며, 『유마경』을 독송하였다. 그는 문학 작품 속에 경전의 사상을 많이 인용하여 중국 문학사에서 그를 '시불詩佛'이라고 부른다.

⑤ 장상영(1043~1121) : 장상영은 송나라 때 정치인으로 무진거사無盡居士로 유명하다. 간화선 수행자로 알려져 있다. 장상영은 원래 불자가 아닌 유학자였다. 과거 입제 후 서적과 관련된 일을 했는데, 하루는 사찰을 방문해 경전의 방대한 목록을 보며, '나의 공자 성인의 책들이 오랑캐 책보다 못하구나.'라고 자신도 모르게 탄식하였다. 그날 집으로 돌아와 낮에 보았던 대장경의 정교한 목록을 생각하며 잠을 이루지 못했다. 이때 부인 상 씨가 '왜 잠을 이루지 못하느냐?'고 묻자, 그는 낮에 있었던 일을 설명하며 이런 말을 하였다.

"아무래도 무불론無佛論을 지어야겠소."

"아니, 당신이 이미 부처가 없다고 해 놓고, 무슨 논이 필요합니까?"

장상영은 부인의 말을 수긍하고 잠이 들었다. 어느 날 우연히 그가 친구 집에 방문했다가 책상 위에 놓인 『유마경』을 읽게 되었다. 그는 '유마거사의 병은 지대地大로부터 온 것이 아니고, 또한 지대를 여읜 것도 아니다. 수·화·풍대도 또한 이와 같다.'는 구절에 탄식하고, 경전을 빌려 집으로 돌아왔다. 부인 상 씨가 이를 보고 또 말했다.

"이 『유마경』을 숙독한 후에 무불론을 써 보시지요."

장상영은 훗날 매우 신심 깊은 불자가 되어 무불론이 아닌 「호법론護法論」을 지었다. 이 「호법론」은 유교·불교·도교, 3교의 일치를 논한 저술로 높이 평가 받아 대장경에 입장入藏되었다.

9. 『유마경』이 선 사상에 미친 영향

① 초조 달마의 『이입사행론二入四行論』에 "보살은 일체의 장소를 버리지 않고, 일체의 장소에 얽매이지 않으며, 일체의 장소를 가리는 일 없이 모두 불행佛行으로 삼으며, 생사 그 자체가 부처의 일이다."라고 하였는데, 달마가 말한 이 언구도 『유마경』에 연원을 두고 있다.

또한 달마의 4행 법문 가운데 무소구행無所求行은 반야의 논리에 근저를 둔다. 일체개공一切皆空의 진리를 깨달아 무집착의 실천행을 담고 있다. 굳이 조용한 곳에서 수행을 고집하는 선이 아닌 일상생활과의 결부요, 일상생활 속에서 선을 실천하는 방법을 제시하고 있기 때문이다.

② 대통 신수大通神秀(606~706년)는 『대승무생방편문大乘無生方便門』에 5종의 대승경전에 의거하여 선의 본질을 밝혔는데[96] 세 번째 방편문으로 『유마경』을 들었다. 제3 방편문 현부사의문顯不思議門은 『유마경』에 의거하여 부사의한 해탈의 방편을 현시하고 깨달음의 세계를 보이고 있다.

③ 육조 혜능六祖慧能(638~713)의 『육조단경』에 인용된 대승경전은 『금강경』·『법화경』·『유마경』·『열반경』·『화엄경』·『범망경』 등이다.

④ 하택 신회荷澤神會(670~762)는 돈오견성설頓悟見性說의 실천 논리로 네 경전을 근간으로 삼았는데[97] 『유마경』은 「제자품」의 이런 내용을 근거로 하였다. "사리불 존자님! 반드시 앉아 있는 것만이 좌선이 아닙니다. 좌선이라는 것은 3계에 몸과 뜻을 나타내지 않는 것이 좌선입니다. 멸진정에서 일어나지 않고 모든 위의를 나타내는 것이 좌선

---

96 제1 방편문 불체문佛體門(離念門)은 『대승기신론』에 의거하여 일체 번뇌를 여윈 부처의 본질을 밝히고 있다. 제2 방편문 개지혜문開智慧門(不動門)은 『법화경』에 의거하여 부처의 지혜와 행화를 작용으로 밝히고 있다. 제3 방편문은 『유마경』에 의거한다. 제4 방편문 명제법정성문明諸法正性門은 『사익경思益經』에 의거하여 제법諸法의 정성正性 및 일체 존재의 근원적인 본질을 밝히고 있다. 제5방편문 요무이문了無異門은 『화엄경』에 의거하여 제법의 무애원융無碍圓融함과 자연 무애한 해탈의 도를 밝히고 있다.

97 『유마경』, 『열반경』의 "일체중생실유불성一切衆生悉有佛性", 『화엄경』 「여래출현품」의 "일체중생이 여래의 지혜덕상智慧德相을 갖추고 있다.", 『법화경』 「방편품」의 "부처님은 오직 일대사인연一大事因緣으로 세상에 출현하였다."

입니다. …… 마음이 안팎에 있지 않는 것이 좌선입니다. 모든 것에 동하지 않고, 37조도품을 닦는 것이 좌선입니다."

⑤ 남악 회양南岳懷讓(677~744)과 마조 도일과의 기연機緣에서도 남악이 마조에게 이렇게 말했다. "기왓장을 무조건 간다고 해서 거울이 될 수 없듯이 무조건 좌선만으로는 부처가 될 수 없다. 좌불坐佛을 익히는 것이라면 부처는 정해진 모양이 없으며, 좌선坐禪을 익히는 것이라면 선이란 결코 앉아 있는 것이 아니다."

이는 후대 선문답으로 회자되는 대표적인 이야기(磨塼作鏡)로, 『유마경』제3 「제자품」의 좌선 내용에서 영향을 받았다. 사리불은 좌선 수행을 통해서 번뇌를 끊고 그 번뇌가 끊어진 다음 열반에 드는 것이라고 생각한 반면, 유마는 번뇌를 지닌 그대로 열반에 드는 것이며 번뇌를 떠나서 열반을 구할 수 있는 것이 아니라고 하였다. 즉 좌선의 참의미는 번뇌를 지닌 채 열반을 얻는 것을 의미한다. 바로 이 점은 중국 조사선 형성에 영향을 끼쳤다.

⑥ 마조 도일馬祖道一(709~788)의 선 사상은 평상심시도平常心是道와 즉심시불卽心是佛이다. 마조는 『열반경』·『능가경』·『화엄경』·『유마경』 등에 의거해 선 사상을 확립하였다. 먼저 마조의 평상심 법문 속에 나타난 경전 인용문을 살펴보자.

"평상심이란 무엇인가? 조작造作과 옳고 그름, 취사선택이 없고, 단멸斷滅·상주常住가 없으며, 범부라 할 것도 없고 성인이라 할 것도 없다. 경전에 '범부의 행도 아니요, 성현의 행도 아닌 것이 바로 보살의 행이다.'라고 하였다. 다만 즉금卽今에 행주좌와行住坐臥와 형편에 따라 움직이고 사물에 접하는 모든 것이 도이다. …… 만약 그렇지 않다면 어떻게 심지법문心地法門이라 할 수 있으며, 어떻게 무진등無盡燈이라 하겠는가?"

여기서 "범부행도 아니고, 성현의 행도 아닌 것이 보살행"은 「문수사리문질품」에 나타나 있으며, '무진등'이라는 말은 「보살품」에 출처를 둔다.

조사선에서 좌선을 부정하지 않지만, 일정한 형태의 좌선을 국집하지 않는다. 『유마경』「보살품」에서는 "보살이 만약 모든 바라밀로 중생을 교화하면 온갖 행위 즉 일거수一擧手 일투족一投足이 모두 이 도량으로부터 와서 불법에 머무는 것입니다."라고 하였다. 즉 불법의 실현은 구체적인 일상사 안에서도 가능하다고 하는 선종의 기본 입장을 간명하게 표현한 말이라고 할 수 있다. 「보살행품」에 "제불의 위의와 동작과 모든 행위가 불사佛事 아닌 것이 없다."라는 구절이 있다. 이 경전 구절을 적극 활용하여 조사선에서 좌선과 노동, 인간의 일상생활 모두를 불사로 보는 수행 체계가 성립되었을 것으로 사료된다.

⑦ 마조의 제자인 대주 혜해大珠慧海의 『돈오입도요문론』에서는 『능가경』1회, 『금강경』3회, 『유마경』4회, 『대승기신론』1회, 『화엄경』1회, 『열반경』3회, 『사익경』1회 등 여러 대승경전을 인용해 선 사상을 정립하였다.

⑧ 황벽 희운黃檗希運(?~856)의 어록『전심법요』·『완릉록』은 조사선 사상을 표방하는 대표 어록이다. 어록에는 유마라는 호칭을 쓰지 않고 '정명淨名'을 5회 쓰고 있다. 황벽이『유마경』에 영향을 받은 사상을

비교 분석하면 다음 도표와 같다.

『유마경』	핵심 주제	『전심법요』·『완릉록』
「제자품」"마음이 번뇌롭기 때문에 중생이 번뇌로운 것이요, 마음이 청정하면 중생도 청정합니다. 그 마음 또한 안에 있는 것도 아니고, 밖에 있는 것도 아니며, 중간에 있는 것도 아닙니다(心垢故衆生垢 心淨故衆生淨 心亦不在內 不在外 不在中間)."	마음의 소재처 所在處	"이 마음은 안과 밖의 중간에 있지 않으니, 방위와 처소가 없기 때문이다(此心不在內外中間 實無方所)."
「부사의품」"만약 법을 구한다면 일체법에 구하는 바가 없어야 합니다(若求法者 於一切法 應無所求)."	무구 無求	"수많은 알음알이는 무구無求인 것만 못하다(百種多知 不如無求最第一也)."
「부사의품」"법을 구하는 사람은 부처를 집착해 구하지 않고, 법을 집착해 구하지 않으며, 승에 집착해 구하지 않습니다(夫求法者 不着佛求 不著法求 不著衆求)."	무구 無求	"무릇 진리를 구하는 자는 부처를 구함에 집착하지 말고, 법을 구하는 데도 집착하지 말며, 중생을 구함에도 집착이 없어야 하나니 모든 것에 구하는 바가 없어야 한다(夫求法者 不著佛求 不著法求 不著衆求 應無所求)."
「문수사리문질품」"장자 유마힐이 이런 생각을 하였다. '지금 문수사리와 대중이 다 같이 오고 있구나.' 곧 신통력으로 실내를 비우고, 있는 물건과 시자를 없앤 뒤에 오직 침대 하나만을 두고 병상에 누워 있었다(長者維摩詰心念 今文殊師利 與大衆俱來 卽以神力 空其室內 除去所有 及諸侍者 唯置一牀 以疾而臥)."	제거소유 除去所有	"지난날의 견해를 모두 털어 버려라. 정명도 '가진 것을 모두 버려라'라고 하였다(所以舊時見解總須捨卻 淨名云 除去所有)."
「제자품」"설법이란 설할 것도 보일 것도 없으며, 청법자는 들음도 얻을 것도 없습니다. 마치 마술을 하는 사람이 환인을 위해 설법하는 것과 같습니다(夫說法者 無說無示 其聽法者 無聞無得 譬如幻士 爲幻人說法)."	무설무문 無說無聞	"자慈란 이루어야 할 부처가 있다는 견해를 내지 않는 것이며, 비悲란 제도해야 할 중생이 있다는 견해를 내지 않는 것이다. 그 설하는 법은 설함도 보임도 없으며, 그 법을 듣는 자는 들음도 얻음도 없다. 비유컨대 마치 환사幻士가 환술로 만들어 낸 환인幻人을 위해 설법하는 것과 같다(慈者不見有佛可成 悲者不見有衆生可度 其所說法 無說無示 其聽法者 無聞無得 譬如幻士 爲幻人說法)."

『유마경』	핵심 주제	『전심법요』·『완릉록』
「향적불품」"교화하기 어려운 사람은 마음이 원숭이와 같아서 다양한 방편으로써 그 마음을 제도해 준다. 그래야 겨우 조복된다(以難化之人 心如猿猴故 以若干種法 制御其心 乃可調伏)."	방편	"정명은 '교화하기 어려운 사람의 마음은 마치 날뛰는 원숭이와 같다. 그러므로 여러 가지 법으로써 먼저 그 마음을 다스린 뒤 온갖 악행을 제어한다.'라고 하였다(淨名云 難化之人 心如猿猴 故以若幹種法 制禦其心 然後調伏)."

10. 『유마경』의 주요 문구

① "마음이 청정한즉 불토가 청정하다(心淨則佛土淨)."(제1「불국품」)

② "중생의 모든 존재가 이 보살의 불국토이다(衆生之類是菩薩佛土)."(제1「불국품」)

③ "부처님이 일음으로 법을 연설하지만, 중생은 자신의 근기에 따라 이해한다(佛以一音演說法 衆生隨類各得解)."(제1「불국품」)

④ "번뇌를 끊지 않고 열반에 들어가는 것이 좌선이다(是爲宴坐 不斷煩惱而入涅槃)."(제3「제자품」)

⑤ "시주자는 평등한 마음을 갖고, 가장 가난한 걸인에게 베푸는 것이 마치 여래의 복전에 보시한 것과 같아야 한다(若施主等心施一最下乞人 猶如如來福田之相)."(제4「보살품」)

⑥ "중생이 병들면 보살도 병들고, 중생의 병이 나으면 보살도 또한 병이 낫는다(衆生病 則菩薩病 衆生病愈 菩薩亦愈)."(제5「문수사리문질품」)

⑦ "생사에 있지만 오염된 행을 하지 않고, 열반에 머물되 영원히 멸도에 들지 않는 것이 보살행이다. 범부의 행도 하지 않고, 성현의 행도 하지 않는 것이 보살행이다(在於生死 不爲汚行 住於涅槃 不永滅度 是菩薩行 非凡夫行 非賢聖行 是菩薩行)."(제5「문수사리문질품」)

⑧ "만약 법을 구한다면 일체법에 구하는 바가 없어야 한다(若求法者 於一切法 應無所求)."(제6「부사의품」)

⑨ "무주의 근원으로부터 일체법을 일으킨다(從無住本 立一切法)."(제7「관중생품」)

⑩ "일체 번뇌가 여래의 종자이다. 비유하면 저 대해에 들어가지 않으면 귀중한 보배를 취할 수 없는 것과 같이 번뇌의 바다에 들어가지 않으면 일체 지혜를 얻을 수 없다(一切煩惱爲如來種. 譬如不下巨海 不能得 無價寶珠 如是不入煩惱大海 則不能得一切智寶)."(제8「불도품」)

⑪ "열반을 나타내어도 생사를 끊지 않는다(現於涅槃 而不斷生死)."(제8「불도품」)

⑫ "지혜는 어머니요, 방편은 아버지며 …… 법희선열로 아내를 삼고, 자비심은 딸이 되며, 진실한 마음 아들이요, 공적함은 나의 집이다(智度菩薩母 方便以爲父 …… 法喜以爲妻 慈悲心爲女 善心誠實男 畢竟空寂舍)."(제8「불도품」)

⑬ "유마힐이 묵연히 아무 말도 하지 않았다(維摩詰默然無言)."(제9「입불이법문품」)

⑭ "뜻에 의지하고, 말에 의지하지 말라. 지혜에 의지하고, 알음알이에 의지하지 말라. 요의경에 의지할지언정 불요의경에 의지하지 말

라. 법에 의지하고, 사람에 의지하지 말라(依於義 不依語 依於智 不依識 依
了義經 不依不了義經 依於法 不依人)."(제13「법공양품法供養品」)

11. 『유마경』의 전체 개요 및 줄거리

(1) 제1 불국품佛國品(중생계 그대로가 보살의 불국토)

① 바이샬리 성 법회가 시작되고, 비구(8천 명)와 보살(3만 3천)이 모
여 있다. 보살의 덕행을 설하고, 그 외 청중들을 소개한다. ② 이어서
장자의 아들 보적이 신자 5백 명과 함께 회중에 찾아와 부처님께 공양
올리고, 부처님을 찬탄한다. 다음 보적이 '5백 장자의 아들들이 모두
이미 아뇩다라삼먁삼보리심을 발했으니, 불국토 청정에 대해 설해 달
라'고 청한다. 즉 '모든 보살의 국토를 청정하게 하는 인행因行에 대해
설해 달라'고 한다. 이는 불국토 청정과 불국토에 이르는 방법을 묻는
내용이다.

③ 「불국품」에서는 불국토에 태어나는 길과 실천법을 인행因行이
라 하고 불국토로부터 중생을 제도하는 일을 과행果行이라고 한다. 경
에서는 불국토 성취에 대해 세 가지로 언급하고 있다. 첫째는 중생의
국토에서 불국토가 완성되고, 둘째는 교화받을 중생을 따라 불국토가
완성되며, 셋째는 마음을 맑혀야만 불국토가 완성된다. 이 셋은 보살
이 불국토를 이루는 데 있어 반드시 행해야 할 필수 조건이다. 다시 사

리불의 질문에 부처님은 국토 청정을 언급하는데, 곧 마음 청정을 강조하고 있다. 곧 '마음이 청정하면, 국토가 청정하다.'고 하면서 '직심直心·심심深心·보리심菩提心 …… 등이 보살의 정토'라고 강설한다.

④ 부처님께서는 중생들에게 일음一音(一乘)으로 가르침을 펼쳐 보이건만 중생들은 자신의 그릇대로 받아들인다. 중생의 마음이 높고 낮고 하여 감히 부처님의 지혜 자리에 따르지 못하므로 이 국토의 청정함을 보지 못하는 것이다. 그러니 만일 그 청정함을 보지 못하는 번뇌에 싸인 마음자리를 청정케 하면 지혜가 발현되고, 국토가 청정하고 극락세계로 장엄된 모습을 보게 되는 것이다. 결국 자신의 지혜롭지 못한 번뇌가 문제인 것이다. 따라서 자신의 마음이 청정함에 따라 모든 이들의 청정함을 볼 수 있는 것이요, 바로 세상이 청정한 불국토임을 보는 것이다.

(2) **제2 방편품**方便品(유마거사, 방편으로 병을 보임)

① 이 품 시작에 유마거사가 등장한다. 유마거사로서의 모습은 중생을 교화하는 방편임을 강조한다. 유마거사는 중생을 교화하기 위해 방편으로 병에 걸린 환자로 가장한다. 이렇게 유마가 병에 걸렸다고 하여 수많은 사람들이 병문안을 오도록 유도한다.

② 병문안을 온 사람들에게 유마거사는 육신의 허망함을 통해 공空사상의 본질을 설명하고 있다. 더불어 중생의 육신에 반대인 불신佛身의 근본이 법신法身임을 설하고 있다.

이 품에서 유마거사는 혼탁한 곳에 처해 있지만 청정심을 갖고 중생을 제도한다고 하면서 그를 이렇게 묘사하고 있다. "비록 재가 신분이지만 사문의 청정한 계율행을 잘 받들며, 비록 재가자로 집에 머물지만 3계에 집착하지 않는다. 처자가 있으나 항상 범행을 닦고, 권속이 있으나 항상 멀리 여의기를 좋아한다. 비록 사치스런 옷을 입으나 상호로 몸을 장엄하고, 비록 음식을 먹지만 선열로 맛을 본다. ······ 비록 세속의 이익을 추구하지만 즐겨하지 않으며, 4거리에 노닐어 중생을 요익케 한다."

'유마거사'라는 인물은 재가자 신분이면서 대승 보살로서 중생을 향한 대비大悲의 염원을 상징한다. 보살행으로 중생을 구제하려면 중생의 실상이 무엇인지를 파악하고, 그들이 무엇을 원하는지를 파악해 중생과 하나가 되는 것을 모티브로 하고 있다. 즉 재가자 신분이기 때문에 중생의 고통을 자세히 알고 있고, 그러면서 진리와 더불어 함께 하는 진속불이眞俗不二·색즉시공色卽是空의 보살 사상과 바라밀행을 경전에서 설하고 있다. 진공眞空, 즉 일체개공一切皆空을 주장하는 입장에서 한 걸음 더 나아가 보다 적극적으로 현실에서 묘유妙有를 전개하는 방편으로 보살행의 입장을 강조하고 있다.

(3) 제3 제자품弟子品(10대 제자들이 가르침을 받음)

부처님께서 유마거사가 병이 났음을 알고 제자들에게 병문안을 다녀오라고 한다. 부처님이 제일 먼저 사리불존자에게 유마거사에게 병문안을 다녀오라고 한다. 사리불은 오래전에 유마로부터 호되게 당했던 일을 상기하며 가지 않겠다고 한다. 다시 부처님은 목련·가섭 등

10대 제자에게 차례차례로 병문안을 다녀오라고 하였다. 그런데 제자들이 모두 약속이나 한 듯이 과거에 유마거사로부터 당했던 일을 상기하면서 가지 않겠다고 한다. 이 품은 대승교도 입장에서 이전 교단 성문승들의 자리自利적인 측면을 비판하며, 중생에 대한 염원과 이타적인 자비를 내세운다.

출가에 관해 설명하면서 "62견을 여의었고, 열반에 머물며, 지혜로운 자가 받아들일 바이고, 성인의 행이다. 뭇 마군을 항복받고, 5도 중생을 제도하라."라고 하면서 기존 교단의 자리自利에 대한 비판을 한 뒤 절대적 무위無爲의 깨달음을 추구하는 동시에 중생을 구제하겠다는 대승의 이타利他를 내포하고 있다. 또한 "중생의 근본도 알지 못하면서 소승법으로 인도해서는 아니 된다."고 설한다. 이는 기존의 소승교도들이 자신들의 수행에만 국집하는 풍조를 비판하며 모든 중생을 위한 대승의 사상을 선양하는 것이다.

또한 대승의 자비도 집착하지 않는 공 사상적인 측면(無住心·無住相)의 바라밀을 강조한다. 이 「제자품」은 상좌부불교 승려들(성문승·소승)의 편협된 사상을 드러내면서 대승(유마거사)의 뛰어난 사상을 표방하는 것으로 설정되어 있다.

(4) 제4 보살품菩薩品(네 보살들이 가르침을 받음)

이 품에서도 앞의 제자품에 이어 부처님이 미륵보살·광엄동자·지세보살·선덕장자에게 유마거사의 병문안을 다녀오라고 한다. 이때 보살들과 장자가 모두 거절한다. 여기서도 보살들이 유마거사와 예전에 있었던 일들을 상기하며 그 일들을 소개한다. ① 모든 공덕을 성취해 미래에 성불한다고 하는 미륵보살을 통해 3세에 대해 언급하고 있다. ② 광엄동자를 통해 직심시도량直心是道場이라고 하는 내용을 필두로 현 마음자리(도량)에 대해 언급하고 있다. 이어서 ③ 지세보살을 통해 법락法樂과 무진등無盡燈 법문을 설하며, ④ 선덕보살을 통해 진정한 법보시(法布施, 具足法施)에 대해 언급하고 있다.

(5) 제5 문수사리문질품文殊師利問疾品(문수보살과 유마거사의 문답)

① 문수보살이 유마거사에게 병문안을 가기로 결정하자 수많은 대중이 따라나선다. 유마의 방에 모든 대중이 들어가 앉는다. ② 문수보살이 유마거사에게 병이 난 원인을 묻자 유마는 중생에 대한 '대비심' 때문이라고 답한다. ③ 이어서 (공적인 차원에서) 유마거사가 병의 형태란 어떤 것인지, 병자를 위문하는 방법, 병자로서의 마음가짐, 보살의 속박과 해탈에 대해 설법해 준다. ④ 마지막으로 반야 사상에 입각한 보살행(열반에 머물면서도 열반에 안주하지 않음 등)을 어떻게 실천할 것인지에 대해 언급한다. 이 품은 반야 사상에 입각한 보살행을 강조하고 있다.

이 5품에 문수보살이 등장하기 시작한다. 『유마경』의 주연은 유마장자와 문수보살이다. 한 분을 더 포함시키면, 사리불존자이다. 유마거사는 행불行佛의 경지를 설해 주고, 문수보살은 대승 보살 사상의 경지를 표명해 주며, 사리불은 성문과 연각의 입장을 대변해 준다.

(6) **제6 부사의품**不思議品(유마의 부사의한 경지)

① 이 품부터 사리불을 비롯한 여러 제자들과 보살들이 회상에 참여해 대화하는 형식으로 구성되어 있다. 유마가 사리불에게 법의 실상을 설해 주며, '법을 구하는 자는 어떤 법도 구해서는 안 된다.'고 설한다. ② 이어서 유마가 방안에 수미상須彌相 세계로부터 3만 2천 개의 의자를 들여왔지만, 방은 좁지도 넓어지지도 않았다. ③ 다음 유마 거사는 겨자씨 속에 수미산을 넣어도 수미산은 적어지거나 커진 것도 아니라는 무애無碍하고, 하나(一)가 많음(多)이 되는 상즉相卽의 부사의한 해탈경계를 설한다. ④ 대가섭이 유마의 불가사의해탈법문을 듣고 미증유한 일이라고 찬탄하자, 유마는 이는 방편력으로 중생을 교화하기 위한 방법이라고 설하고 있다.

(7) **제7 관중생품**觀衆生品(중생을 관하는 법)

①문수보살이 "보살은 어떻게 중생을 관해야 합니까?" 하고 묻자 유마가 답하기를, '중생을 고정된 관점으로 봐서는 안 된다. 물속의 달·거울 속의 모습·아지랑이·허공 중의 구름·물 위의 물거품 등으로 봐야 한다. 곧 중생을 볼 때, 실체적인 관념을 여의고 공 사상적 측면으로 보되, 대자大慈(4무량심·6바라밀)로 중생을 제도해야 한다.'라고 한다. ② 이어서 모든 만물은 무주심無住心을 근본으로 해야 한다고 설한다. ③ 다음 천녀의 무심無心한 경지에 관한 법이 연설된다. 회중에 한 천녀가 보살들과 성문 제자들에게 하늘 꽃을 뿌렸다. 보살들에게 뿌려진 꽃은 붙지 않는데, 성문 비구들에게만 꽃잎이 붙었다. 비구들

이 아무리 떼려고 해도 떼어지지 않자, 천녀가 사리불에게 '왜 꽃잎을 떼려 하느냐?'고 물었다. 사리불이 '비구 옷에 꽃잎이 붙어 있는 것은 법답지 못하기 때문'이라고 답하자 천녀가 이렇게 말했다.

"이 꽃잎은 분별이 없습니다. 그대 스스로 분별심을 내는 것뿐입니다. 불법에 출가해 분별이 있다면 법답지 않은 것입니다. 만약 분별심이 없다면 이것이 바로 여법한 것입니다."

천녀의 설법은 대승 입장에서 성문승(小乘)을 비판하는 내용이지만 무분별심을 말하며, 곧 어떤 것에도 걸림 없는 분별하지 않는 마음을 설하고 있다.

(8) 제8 불도품佛道品(참 불도행)

이 품에서는 '부처님의 법을 어떻게 실천할 것인가'를 주제로 한다. 초기불교에서는 번뇌를 부정하며, 그 번뇌를 하나하나 제거함으로써 해탈함을 말하지만,『유마경』은 대승불교 경전으로 번뇌 속에 깨달음이 있음(煩惱卽菩提)을 말한다.

① 문수보살이 유마에게 "보살은 어떻게 불도를 통달합니까?" 하고 묻자 유마는 '비도非道가 보살의 길'이라고 답한다. 즉 불도는 지옥에 머물러도 죄업을 짓지 않고, 축생 속에 머물러도 어리석지 않으며, 색계와 무색계에 머물러도 쾌락에 탐착하지 않는다. 노병老病을 볼지라도 병의 근본을 끊으며, 세속에 살아도 오욕락에 탐착하지 않고, 열반을 보일지라도 생사를 끊지 않는다. 중생을 구제키 위해 비도를 행할 줄 알아야 불도를 행한다.

② 유마가 문수에게 "어떤 것들이 여래의 종자입니까?"라고 묻자, 3독·4전도·7식·8사법邪法·9고뇌·10불선不善·62견 등이 불종성佛種性이라고 답한다. 곧 번뇌가 여래의 종자인데, 이는 진흙 속에서 연꽃이 피어나는 것과 같다고 하였다. 이 품에서는 대승보살도를 천명하였다. 곧 "열반을 나타내어도 생사를 끊지 않는다."고 하였다. 해탈세계에 머물러 있을 만큼 청정행을 갖추어 열반에 들 수 있지만, 중생을 구제하기 위해 생사 세계에 머물러 있다는 뜻이다. "만약 무위를 보고 정위에 들어간다면 아뇩다라삼먁삼보리심을 내지 못할 것입니다. 비유하면 고원의 육지에서는 연꽃이 피어나지 않고, 낮고 습한 진흙밭에서 연꽃이 피어나는 것과 같습니다. 이처럼 무위법을 본 사람이 정위에 들어가려면 마침내 다시 불법에 태어나지 못하고, 번뇌의 진흙 가운데 있는 중생이어야 불법을 일으킵니다." 인간의 좋지 못한 사견邪見과 모든 번뇌가 부처가 될 종자라고 하는 것이다. 이 부분은 「문수사리문질품」과 유사하다.

③ 『유마경』은 게송이 많지 않은데, 이 「불도품」에 매우 긴 게송이 등장한다. 보현색신보살이 유마의 가족·노비·재물 등에 대해 묻자, 유마는 자신의 불도행에 대해 답(게송)하는 것으로 설정되어 있다.

(9) 제9 입불이법문품入不二法門品(불이에 대한 견해)

① 문수보살이 31명의 보살들에게 불이不二(상대와 차별을 넘어선 절대평등의 경지)에 대해 묻는다. 31명의 보살들이 이 세계에 존재하는 대립 개념을 제각기 말한다. 마지막으로 문수보살은 "일체법에 있어 말

할 것도 없고, 설할 것도 없으며, 보일 것도 없고, 알 것도 없으며, 모든 문답을 여의는 것, 이것이 불이법문에 들어가는 것입니다."라고 한다. ② 이어서 문수보살이 유마에게 불이법문에 대해 묻자, 유마는 묵연히 아무 말도 하지 않는다. 문수보살이 "참으로 훌륭하십니다. 문자도 없고 언어까지도 없는 그 자리가 참된 불이법문에 들어가는 것입니다."라고 한다. 선종에서 유마의 침묵을 '우레와 같은 침묵'이라고 하며, 주목하는 부분이다.

(10) 제10 향적불품香積佛品(향적불 세계)

① 사리불이 대중의 식사에 대해 염려한다. 이때 유마가 화현보살로 하여금 중향국에 가서 향적부처님께 음식을 얻어 오라고 한다. 중향국에서는 설법이 필요 없으며, 모든 것은 향내를 맡는 것으로 수행이 완성된다. 중향국의 향적불께서 공양하고 남은 밥을 발우에 담아 그곳의 보살들까지 따라와 유마의 방에 이르렀다. 한 발우의 밥으로 모든 대중이 공양을 하였다. ② 중향국 보살들의 질문에 유마는 '석가모니부처님은 사바세계 중생들의 근기가 부족해 모든 것을 낱낱이 설해 주어야 하고, 가르쳐야 한다'고 답한다. 곧 중생들에게 하나 하나 가르쳐야 한다고 말한다. ③ 사바세계 보살들은 10선법善法을 실천하고, 8법을 성취해야 정토에 태어나는 것을 시설하고 있다. 8법이란 보살이 중생에게 여덟 가지 이타행 실천에 대해 강조한 것이다.

즉 여덟 가지 실천은 이러하다. ㉮ 중생을 요익케 하되 되갚음을 바라지 않는 것, ㉯ 일체중생의 모든 고통을 받으며 짓는 공덕을 다 회향함, ⓭ 평등한 마음으로 중생을 대하며 겸손해 걸림이 없는 것, ⓮ 모든 보살을 대할 때 부처님과 같이 여기는 것, ⓯ 듣지 못했던 경을 들음에 의심이 없어야 하는 것, ⓰ 성문과 더불어 서로 등을 돌리지 않는 것, ⓱ 타인의 공양하는 것을 질투하지 않고 자기의 장점을 자랑하지 않으며 그 가운데 마음을 조복하는 것, ⓲ 항상 자기의 허물을 살피고 타인의 단점을 말하지 않으며 항상 일심으로 모든 공덕을 구하는 것이다.

(11) 제11 보살행품菩薩行品 (보살행에 관한 질문과 답변)

① 이 품부터 처음 부처님이 계시는 회중으로 돌아간다. 모든 것이 황금으로 빛나고 유마를 선두로 대중이 부처님 회상으로 온다. 이때, 대중의 털구멍에서 향내가 풍기자, 사리불은 아난에게 '중향국에서 가져온 공양을 한 탓'이라고 답한다. ② 석가모니부처님께서 향반으로 인연한 여러 세계에서 불법을 닦고 중생을 제도하는 불사佛事가 다르다는 인연을 말씀하신다. ③ 이어서 화현 보살들의 질문에 부처님께서 참다운 유위법有爲法과 무위법無爲法을 설한다. 법문은 사바세계에서 수많은 장애와 고난을 극복하고 보살의 도를 닦는 진리이다. 불국토(중향국) 보살들이 석가모니부처님의 설법을 듣고 만족한 뒤에 본래 국토로 되돌아간다.

이 품에서 "제불의 위의와 동작과 모든 행위가 불사 아닌 것이 없다다."라고 하였다. 즉 일상행위인 행주좌와行住坐臥 일체 동작이 법계法界가 되며, 3업(身口意)의 행위가 전부 부처의 행이라는 것이다. 달마의 『이입사행론二入四行論』에서도 보살은 일체의 장소를 버리지 않고, 일체의 장소에 얽매이지 않으며 일체의 장소를 가리는 일 없이 모두 불행佛行으로 삼으며 생사 그 자체를 부처의 일이라고 하는데, 달마가 말한 이 언구도 「보살행품」에 연원을 둔다.

(12) 제12 견아촉불품見阿閦佛品(여래의 실상과 묘희세계)

① 부처님이 유마에게 '어떤 것으로 여래를 보는가?'에 대해 묻자 유마는 '부처님을 보지 않는 것이 보는 것이고, 부처님을 3세에 보는 것으로 보아서는 안 된다.'라고 답한다. ② 사리불이 유마의 정체에 대해 궁금해 하며, "어디서 죽어서 이곳에 왔습니까?"라고 묻자 부처님은 유마가 묘희국 아촉불 국토에 거주하는데, 중생을 구제하기 위해 방편으로 사바세계에 머물러 있다고 답해 준다. ③ 대중이 아촉불 국토의 모습을 보고 싶어 하자, 유마가 한 손으로 불국토를 그대로 가지고 와서 보여 준다. 이때 대중들은 묘희국에 태어나기를 발원한다. ④ 이 품 말미에 경전을 수지·독송하는 공덕을 설하고 있다.

(13) 제13 법공양품法供養品(제석천의 서원과 법공양)

이 품은 부처님과 제석천의 대화 형식이다. ① 이 경을 수지·독송하면, 3세 모든 제불에게 공양함과 같다. 그러니 어떤 재보시財布施보다도 이 경전을 수지·독송하는 공덕이 매우 수승함을 설한다(깨달음과 부처님이 이 경에서 나오기 때문). ② 제석천의 질문에 부처님이 약왕여래불 재세시에 월개왕자 이야기를 들려준다. 약왕여래가 월개왕자에게 법공양에 대해 설해 주자, 월개는 유순인柔順忍을 얻고 출가해 보살행을 닦았다. ③ 그런데 그 월개는 바로 현재의 석가모니불이다.

(14) 제14 촉루품囑累品(이 경을 널리 유포하라)

　① 석가모니부처님이 미륵보살에게 말세에 경전을 널리 보급하고 유통시킬 것을 권장한다. ② 미륵보살이 경전 유포에 서원을 세운다. 또한 ③ 수많은 보살들과 사천왕이 독경자를 수호할 것을 서원한다.

용어 해설(법수와 가나다 순)

3계 = 25유(有는 존재의 세계)

세계를 25종으로 나눈 것이다.

선정禪定 차원	불교의 세계관 (25유有, 중생이 윤회하는 세계를 25종으로 나눈 것)			
	3계	25종의 세계		과 보
탐욕으로 가득 차 있는 세계	욕계 欲界 14유	4악도	지옥·아귀·축생· 아수라	전생에 악업을 쌓았기 때문
		4부주	동불바제·서구야니 북울단월·남섬부주	
		6욕천	사천왕천四天王天 도리천忉利天(삼십삼천) 염마천炎摩天 도솔천兜率天 화락천化樂天 타화자재천他化自在天	과거 전생에 보시나 지계 등 선업의 결과
탐욕이 없는 천인들이 지닌 마음과 같은 선정 상태 (4선)	색계 色界 7유	초선천初禪天·대범천大梵天· 2선천·3선천·4선천· 무상천無想天·정거천淨居天		색계천과 무색계천은 전생에 선정을 행한 과보로서 얻어진 세계. 또한 현세에서 선정을 닦은 자는 사후에 색계천과 무색계천에 출생.
탐욕으로부터 벗어나 모든 물질적인 속박을 받지 않는 높은 정신세계의 천인들과 같은 선정 상태 (4무색정)	무색계 無色界 4유	공무변처空無邊處 식무변처識無邊處 무소유처無所有處 비상비비상처非想非非想處		

3독

탐욕심貪慾心·진심嗔心·치심癡心이다.

3명 6통

3명은 숙명통宿命通(과거세를 꿰뚫어 아는 것)·천안통天眼通·누진통

漏盡通(번뇌가 완전히 소멸된 것), 6통은 3명에 천이통天耳通·신족통神足通·타심통他心通을 더한 것이다.

3학三學

① 계학戒學 : 3보에 귀의해 올바른 신심으로 계를 몸에 지니는 것

② 정학定學 : 계를 근본으로 지키며 수행에 몰입(혹은 마음이 고용한 상태)해 선정禪定에 드는 것

③ 혜학慧學 : 정학定學에 기초하여 번뇌를 깨뜨리고 진리를 관관觀하여 지혜를 얻는 것

3해탈문(空 · 無相 · 無願)

우리가 번뇌, 괴로움, 업장의 집착과 속박에서 해탈을 얻고자 한다면 공·무상·무원을 증득해야 한다. 실상實相은 곧 공상空相이며, 공상은 무상無相이다. 무원은 지향의 원동력을 의미한다. 해탈 후에도 중생을 위해 생사에 머물고자 하는 원력이다. 곧 보살도를 실천하겠다는 자세이다. 무원으로써 중생을 제도한다.

3혜三慧 : 문사수聞思修

불교는 형이상학적인 철학이 아닌 실존적인 가르침을 중시한다. 인간 존재의 실상實相에 관한 진리를 듣고(聞), 사유하며(思), 수행(修)을 통해 깨달음으로 향하는 종교이다. 즉 진리에 수반되는 수행체계 및 실천을 중시한다.

4념처四念處(cattāro satipaṭṭhānā)

① 신身(kāya) : 몸에서 일어나는 모든 현상을 관찰하는 수행

② 수受(vedanā) : 우리가 감수 작용으로 받아들이는 고苦·낙樂·

불고불락不苦不樂을 관찰하는 수행

③ 심心(citta) : 마음에서 일어나는 전반적인 활동을 관찰하는 수행

④ 법法(dhamma) : 세상에 존재하는 모든 것에 대해 관찰하는 수행

4무량심四無量心, brahmavihāra

네 가지 거룩한 마음의 명상이라고 하여 4범주四梵住라고도 한다.
일상생활뿐만 아니라 정신적인 향상과 성숙을 위한 수행이다. 네 가
지 무량한 마음(한량없이 성스러운 마음)을 일으키는 선정이라고 하여
'무량심정無量心定', '무량삼매', '무량정'이라고 일컫는다.

	의 미	수행하는 목적	번뇌를 극복	선정을 얻음
자무량심	자慈 : 자애 mettā 멧따	모든 존재들이 행복하기를 바라는 마음	욕망과 성내는 마음을 극복	색계 4선四禪 가운데 초선~제 3선 경지
비무량심	비悲 : 연민 kāruṇā 까루나	존재들이 고통에서 벗어나기를 바라는 마음	잔인함과 슬픔을 극복	
희무량심	희喜 : 기쁨 muditā 무디따	존재들이 행복할 때 함께 기뻐하는 마음	시기심이나 질투, 흥분을 극복	
사무량심	사捨 : 평온 upekkhā 우뻭까	존재들을 평등하게 대하는 마음 / 중생들이 자신이 만든 업은 자기 업의 상속자라는 이해를 바탕으로 마음을 평온하게 유지할 수 있기를 바라는 마음	분별심이나 무관심이라는 번뇌를 극복	색계 4선 가운데 제4선의 경지

4법계四法界

'법계法界'란 우주만유를 총칭한다. 곧 우리 눈앞에 펼쳐진 삼라만상 일월성신日月星辰 산하대지 어떤 것 하나도 법계 아닌 것이 없다. 이렇게 그 어떤 것이든 많은 거울이 서로 비추어 서로가 한없이 서로의 모습을 나타내듯이 중중무진重重無盡하게 관련지어 있다고 본다. 모든 사물과 현상이 항상 무수한 것들과 서로 관련지어 있어 전체에 대한 하나로서 존재하기 때문이다. 어떤 사물, 어떤 존재이든 홀로 존재하는 것은 없다. 서로서로의 시간적·공간적 인과관계 속에 존재하는 법이다. 우주의 삼라만상은 각기 서로 인因이 되고, 연緣이 되면서 중중무진한 연기를 하므로 이것을 법계연기라고 한다.

일심一心을 기본으로 하여 이루어지는 법계를 네 가지 방식으로 나눈 것이 4법계이다.

① 사법계事法界는 인연으로 말미암아 있기도 하고 사라지기도 하는 차별의 현상계이다. 즉 우리들 눈앞에 전개되는 사사물물 곧 높은 산, 흐르는 물, 움직이는 사람들, 날아다니는 조류, 헤엄치는 물고기, 축생 등 그들 각자가 자기의 자성을 지키며 서로 섞임이 없이 질서정연하게 조화를 이루는 법계이다.

② 이법계理法界는 우주만유의 본래 평등한 본체계本體界로서 본질적인 측면을 말한다.

③ 이사무애법계理事無碍法界는 차별의 현상(事)과 평등한 본체가 서로 어우러져 있어 떨어질 수 없는 불가분의 관계를 말한다. 상대와 절대, 차별과 평등, 즉 이와 사가 원융무애한 법계이다.

④ 사사무애법계事事無碍法界란 이와 사가 무애한 것처럼 사와 사가 무애한 것을 말한다. 일체현상이 다 본체계에 상즉하는 것이라고 한다면 그 현상들 각각이 서로 서로 상즉상입하는 것이다. 온 법계가 하나의 큰 그물(인드라망)과 같은 만다라를 이룬다. 『화엄경』에서 "공간적으로는 시방의 모든 국토는 부처의 일모一毛에 들어갈 만큼 충분하다. 그 한 터럭의 구멍 중에 모두 분별하여 일체세계를 알며 일체세계 중에 모두 분별하여 한 터럭의 구멍을 안다. 시간적으로는 한순간에 일체세계를 아는 경지에 든다."라고 하였다. 무량겁이 바로 이 일념一念이며, 일념이 곧 이 무량겁이다. 곧 "일一은 곧 다多이며 다는 곧 일"인 일즉일체다즉일一卽一切多卽一, 사사무애법계인 원융 사상이다. 하나 하나의 사물이 각각 세계의 중심이 되고, 한 사물이 중심이 될 때는 그 이외는 주변이 된다는 상호관계가 성립된다. 사사무애법계란 만물의 하나하나가 서로 세계의 중심이 된다는 주체성 있는 사상으로 볼 수 있다.

4선 및 9차제정

3계는 인도에서 말하는 신화적인 세계관으로 불교 이전의 세계관이다. 중생이 윤회하고 왕래하며, 머무는 영역(세계)을 세 가지로 구분한 것이다.

불교에서 이 3계설을 받아들여 모든 교설에 쓰이고 있다. 한편 3계설을 인용해 선정 상태의 낮고 깊음을 3계에 비유하였는데, 곧 정신적인 세계를 구분하였다고 볼 수 있다.

4선四禪 : 초선~제4선 ················ 색계色界		
8등지八等至 : 4선 + 4무색정四無色定 ········· 무색계無色界		
9차제정九次第定 : 4선 + 4무색정 + 멸진정滅盡定 ···· 아나함(Anāgāmi, 不還果)		

① 4선四禪이란 색계 천인이 닦는 4가지 선정이다. 심일경성心一境性(마음이 하나의 대상에 집중된 상태)인 선정을 기반으로 닦는다. 『대념처경』에 의하면 "8정도 가운데 정정正定이 바로 4선四禪이다."라고 하였고, 『디가 니까야』에는 "8정도의 정정은 초선~제4선에 이르기까지 선정을 가리킨다."고 하였다.

㉮ 초선 : 고요한 곳에 주하면서 선정의 대상에 집중하면, 감각적 욕망(5蓋)이 사라지고, 마음이 편안한 경지에 이른다. 그러나 일으킨 생각(尋, vitakka)과 지속적 고찰(伺, vicāra)인 언어적 사유작용이 남아 있다.

㉯ 제2선 : 일으킨 생각과 지속적인 고찰 작용이 사라지고, 안으로 마음을 집중함으로서 삼매에서 생겨난 기쁨(喜)을 느끼고 마음이 경쾌한 경지이다.

㉰ 제3선 : 삼매로 인해 생겨난 기쁨은 사라지고, 오묘한 행복(樂)만이 머물러 있는 경지이다.

㉱ 제4선 : 제3선에서 느낀 행복을 여의고, 마음이 평등해지며, 불고불락不苦不樂의 평온함(捨 upekkhā)에 머물러 밝은 지혜가 현전한 경지이다.

• 제4선의 경지는 지관止觀이 균등하며, 가장 이상적인 선정禪定이

다. 호흡을 포함한 육체적 움직임(身行, kāya-saṅkhārā)이 고요하게 가라앉은 상태이다.

- 석가모니부처님은 제4선에 들어 있을 때, 3명(숙명통·천안통·누진통)을 얻어 정각을 성취했다. 부처님은 언제나 제4선의 경지에 머물러 있었고, 열반하실 때도 제4선의 선정에 머물러 열반에 들었다.

② 4무색정 : 무색계천無色界天의 천인이 닦는 수행이다. 물질적인 속박을 받지 않게 된 마음 상태(경지)이다.

㉤ 공무변처空無邊處 : 모든 물질적인 관념을 떠나 무변한 허공에 마음을 관觀하는 상태이다.

㉥ 식무변처識無邊處 : 마음의 작용이 허공과 같이 무변하며 무한함을 관하는 상태이다.

㉦ 무소유처無所有處 : 허공도 식도 초월하여 아무것도 존재하지 않음을 관하는 상태. 마음이 아무 것에도 걸리지 않는 선정 상태이다.

㉧ 비상비비상처非想非非想處 : 지각이 있는 것도 아니고, 없는 것도 아닌 깊은 단계. 의식과 무의식이 모두 끊어진 깊은 선정의 단계이다.

③ 멸진정滅盡定

멸진정에 든 장로를 다비하려 해도 법의는 물론이고, 불에 타지 않으며, 추위나 더위의 해를 입지 않는다. 상수멸정想受滅定이라고도 하는데, 6근의 작용과 느낌(受)과 지각(想)이라는 마음의 움직임(心行, cit-ta-saṅkhārā)이 작용하지 않는 경지이다. 4과 가운데 세 번째인 불환과不還果(아나함)에 해당한다.

㉖ 비상비비상처가 아주 미세한 무색계의 정신만 남아 있는 상태라면, ③ 멸진정은 ㉖ 비상비비상처의 선정을 바탕으로, 지혜의 힘이 작용하여 몸과 마음의 여러 현상들이 무상無常하고 무아無我이며, 고苦임을 꿰뚫어보면서 들어가는 상태이다. ③ 멸진정 경지는 선정뿐만 아니라 지혜가 있어야 이를 수 있는 최고 단계의 선정으로 불교만의 독특한 선정이다.

④ 정리

• 9차제정은 초기불교에서 선정으로 정립된 대표적인 초기불교 선정설이다.

• 원래 ① 4선과 ② 4무색정은 별개의 선정이었는데, 점차 두 가지가 관련되어 경전에 설해지게 되었다.

• ㉚ 무소유처와 ㉖ 비상비비상처도 각각 별개의 선정이었으나 후대에 4무색정으로 묶여진 것이다.

• 한역 경전에는 유심정有心定과 무심정無心定이라고 선정을 구분하기도 한다.

→ 유심정(① 4선+② 4무색정)은 공양하고 용변 보며 법문하고, 포살에 참석하는 등 의식이 있는 상태의 선정이다.

→ 무심정(③ 멸진정)은 일상생활을 전혀 하지 않고 깊은 선정에 들어 있는 경지이다.

4섭법四攝法

중생들에게 늘 베풀고(布施), 자비로운 말을 하며(愛語), 중생들에게 좋은 말을 해주고(利行), 그들과 더불어 함께 함(同事)으로써 중생을 교화하는 방법을 말한다.

4성제四聖諦(cattāo ariya-sacca)

네 가지 성스러운 진리. 부처님께서 깨달으신 내용은 연기설이다. 부처님께서 연기의 도리를 고찰하고 실천하기 위한 방법으로 제시한 것이 4성제이다. 5비구에게 최초로 설한 초전법륜初轉法輪이다.

12연기에 고苦가 생겨난 원인과 고를 소멸하는 원리가 담겨 있다면, 4성제는 어떻게 고를 소멸할 것인지에 대한 수행 방법(8정도)을 제시함으로써 불교의 실천적 원리를 담고 있다.

고성제 苦聖諦	dukkha-sacca 둑카 삿짜	고뇌에 찬 현실	과 果	철저히 알아야 함	유전문 流轉門
집성제 集聖諦	samudaya-sacca 사무다야 삿짜	고뇌의 근본 원인과 이유 (갈애渴愛)	인 因	욕망과 갈애를 철저하게 버림	=순관順觀
멸성제 滅聖諦	nirodha-sacca 니로다 삿짜	해탈과 열반 (갈애가 소멸된 경지)	과 果	열반을 실현	환멸문 還滅門[98]
도성제 道聖諦	magga-sacca 막가 삿짜	열반에 이르기 위한 정진과 수행	인 因	철저히 닦아야 함	=역관逆觀

---

98 유전문은 무명이 있으므로 행이 있고, 행이 있으므로 …… 노사 등의 괴로움이 어떻게 일어나는가에 대한 과정, 환멸문은 무명이 멸하므로 행이 멸하고, 행이 멸하므로 …… 노사 등의 괴로움이 소멸되는 과정이다.

4신족四神足(cattāro iddhipādā)

37조도품 가운데 하나이며, 4여의족四如意足이라고도 한다.

① 욕欲(chanda) : 열반에 이르기를 간절히 바라는 열망

② 정진精進(viriya) : 열반을 얻기 위한 부지런한 노력

③ 심心(citta) : 열반을 얻기 위한 강한 마음

④ 사유思惟(vīmaṁsa) : 열반에 도달하기 위한 지혜를 가지고 사유思惟하는 것

4정근四正勤(cattāro sammappadhānā)

37조도품 가운데 하나이다.

① 이미 생긴 악을 끊어서 다시 이어지지 않게 하는 것(已生之惡 斷令不續)

② 아직 생기지 않은 악을 생기지 않도록 하는 것(未生之惡 遏令不生)

③ 아직 생기지 않은 선을 생기도록 하는 것(未生之善 令生)

④ 이미 생긴 선을 더욱 증장시키는 것(已生之善 令廣)

4향4과四向四果 4쌍8배四雙八輩

실천 수행에 의해 진척되는 깨달음의 과정을 여덟 단계로 구별하는데, 여기서는 4과四果만을 언급한다.

4향이란 예류과에 도달하기 전까지는 예류향豫流向, 일래과에 도달하기 전까지는 일래향一來向, 불환과에 도달하기 전까지는 불환향不還向, 응공과에 도달하기 전까지는 응공향應供向이라는 수행 과위를 말

한다.

4과란 수다함·사다함·아나함·아라한과이다.

① 수다함과(Sotāpanna)는 예류과預流果로서 성인의 흐름에 들었다는 것이다.

② 사다함과(Sakadāgāmi)는 일래과一來果로서 수행을 잘하였으나 번뇌가 조금 남아 있어 열반에 들지 못하고 다시 한번 세상에 태어나는 것이다.

③ 아나함과(Anāgāmi)는 불환과不還果로서 번뇌를 모두 소멸했으므로 다시는 이 세상에 돌아오지 않는 것이다.

④ 아라한과(Arahant)는 응공과應供果로서 수행을 완성한 사람으로 일체 번뇌를 끊고 완전한 열반에 들어간 경지이다.

이 4과의 수도론은 윤회의 사고방식과 장소로서의 3계의 존재를 인정하고 있다. 이 세상의 수행만으로는 깨달을 수 없어 윤회를 반복하여 수행한다는 것이다. 불교의 세계관인 10계(지옥~불계佛界)도 이 시대부터 있었다고 볼 수 있다. 하지만 불교가 중국에 와서는 이번 한 생에 깨달을 수 있다는 성불론이 강조되었다. 반면 대승경전인『화엄경』에서는 52위位(10信·10住·10行·10回向·10地·等覺·妙覺),『유가론』에서는 42위位,『범망경』·『인왕반야경』·『보살영락본업경』에서는 42위와 52위의 수행 단계를 모두 설하고 있다.

5개五蓋

감각적인 욕망(kāmacchanda)·악의惡意(byāpāda)·회의懷疑(vivikiccha) · 혼침(thīnamiddha) · 도거(uddhaccakukkucca)이다.

5근五根(pañcêndriya)

37조도품 가운데 하나이며, 다섯 가지 정신적인 기능이나 작용하는 능력을 말한다.

위빠사나에서 가장 근본이 되는 수행 방법이다.

① 신근信根(saddhā) : 믿음의 기능

② 정진근精進根(vīriya) : 정진의 기능

③ 염근念根(sati) : 알아차림의 기능

④ 정근定根(samādhi) : 삼매의 기능

⑤ 혜근慧根(pañña) : 지혜의 기능

5력五力(pañca balāni)

37조도품 가운데 하나이며, 5근과 유사한 덕목으로 열반에 이르도록 큰 힘을 발휘하는 다섯 가지이다.

① 신력信力 : 믿음의 힘

② 정진력精進力 : 정진의 힘

③ 염력念力 : 알아차림의 힘

④ 정력定力 : 삼매의 힘

⑤ 혜력慧力 : 지혜의 힘

5온五蘊(pañca-skandhāḥ)

온(蘊;skandha)이란 '모임·쌓임·무더기'라는 뜻이다.

육체 (물질)	색色	rūpa 루빠	인간 존재의 근저를 이루고 있는 물질적인 형체·형태
정신	수受	vedanā 웨다나	고와 락, 불고불락不苦不樂을 느끼는 감수感受작용이다.
	상想	saññā 산냐	표상表象 작용으로 개념의 정립이다. 혹은 지각작용이라고도 한다. / 5감을 통해 느끼는 것과 과거에 경험했던 기억 정보들과 더불어 지각작용이 일어난다.
	행行	saṃkhāra 상카라	마음의 의지작용이 나아가는 상태이다. 경향성·의도·형성이라고 할 수 있다.
	식識	viññāṇa 윈냐나	식별하는 인식·의식, 판단의 작용이다.

5온으로 이루어진 '나'는 영원하지 않고, 끊임없이 변화하고 있는 무상無常이다.

또한 고정적인 실체의 '나'가 없기 때문에 무아無我이다.

그러므로 '5온무아五蘊無我·5온가화합五蘊假和合·5온개공五蘊皆空'이라고 한다.

인간은 무상하다는 사실을 부정하고 불만족스러워하며, 자신에 집착하고 무아임을 부정하기 때문에 고苦가 발생한다.

5온의 세 가지 특성인 무상·무아·고를 분명하게 깨달을 때, 정견正見의 청정함을 얻는다.

6사 외도

① 도덕부정론 : 뿌라나 까사빠(Pūraṇa Kassapa)

뿌라나는 노예계급 출신이다. 살생·투도·사음·거짓말 등 악업惡業을 지을지라도 과보가 생기지 않으며, 제사·보시·인욕·진실한 말 등 선업善業을 행할지라도 선한 과보가 있지 않다고 주장하였다. 당시 인도 사상에 존재하던 업에 관한 모든 것을 부정하였고, 인과응보를 부정함으로써 윤리 의식에 대한 회의론를 표명했다. 그는 선악善惡의 관념이 사회적 관습에 의한 임시적인 것에 불과하다고 주장하였다.

② 숙명론 : 막칼리 고살라(Makkhali Gosāla)

막칼리는 인간을 포함한 모든 생명체의 운명에 대해 결정론적인 입장을 고수했다. 인간이 번뇌에 오염되는 과정이나 깨끗해지는 과정에 있어 인因과 연緣이 작용하지 않는다고 하였다.

따라서 사람이 선악을 스스로 행하는 것도, 다른 사람으로 하여금 행하게 하는 것도, 노력하는 자유와 의지를 부정한 사상가였다.

곧 수백 겁을 윤회한 후에 자연히 고苦를 해탈할 수 있는 것이요, 자신이 중간에 제어할 수도 없다는 숙명론적인 견해를 주장하였다.

그는 윤회의 주체로서 영혼(jīva)를 인정하고 있지만, 이것을 상주하는 물질적 존재라고 하여 지·화·풍·공 등의 5대 원소와 같은 원리로 보았다. 또한 득得·실失·고苦·락樂·생生·사死라는 하는 추상적인 관념을 하나의 원리로서 상정하고 이것을 실체로 보았다.

교단을 아지비카(Ājīvika)라고 하여 '생활법의 규정을 엄격히 지키는 자'라고 하였는데, 다른 교단에서는 '생활을 영위하기 위한 수단으로 고행하는 자'라고 비판하였고, 막칼리의 숙명론이 불교와 상반되었기 때문에 그들을 사명외도邪命外道라고 하였다.

③ 회의론 : 산자야 벨랏티뿟다(Sañjaya Belaṭṭhiputta)

진리를 있는 그대로 인식하고 서술하는 것은 불가능하다는 불가지론不可知論이다.

'내세는 존재하는가'라는 질문에 '그렇다고도 할 수 없고, 그렇다고도 그것과 다르다고도, 그렇지 않다고도, 그렇지 않은 것도 아니라고 생각할 수 없다.'고 답한다. 즉 형이상학적인 문제에 대하여 애매한 답변으로 판단 중지를 요구하는 형이상학적 회의론이다.

인식의 객관적인 타당성을 부정하는 입장인데, 인식은 그때의 기분에 따라 달라진다고 주장하여 기분파라고도 불리고, 미꾸라지처럼 붙잡기 어려운 교설이라고 불린다. 윤리적 또는 실천적 태도를 분명히 드러내지 않은 점이 불교로서는 수긍하기 어려웠던 파이다. 부처님의 십대제자들 중 사리불과 목건련이 산자야의 제자였다.

④ 유물론 : 아지따 께사깜발리(Ajita Kesakambalī)

아지따는 지·수·화·풍 4대 요소만이 참된 실재라고 하면서 윤리 도덕을 부정하였다. 인간은 죽음으로서 단멸하고, 4대는 모두 원래의 제 자리로 돌아간다.

현생에 아무리 악업을 지을지라도 그 과보가 있을 수 없으며, 현생에 선업을 지어도 과보는 있을 수 없고, 현실적인 쾌락이 인생의 큰 목적이요, 내세來世도 없다고 주장했다.

인식론으로는 감각론, 실천면으로 쾌락론자, 정신세계를 부정한 철저한 유물론자로서 인도에서는 순세파順世派(Lokāyata:세상에 순종하는 사람)라고 한다.

⑤ 상주론(=불멸론) : 빠꾸다 깟짜야나(Pakudha Kaccāyana)

지·수·화·풍·고苦·락樂·영혼인 7대 요소는 영원불멸한 존재라는 상주론常住論을 주장하였다. 7대는 다른 것에서 만들어지거나 형성된 것이 아니고, 생산·창조된 것도 아니며, 오래전부터 존재해온 것(常住)이다. 또한 이들 7대 요소는 서로 다른 것을 침범하는 일도 없고, 다른 것에 영향을 주는 일도 없는 독립 부동不動의 존재라고 주장했다.

이를 바탕으로 그는 영혼이나 자아自我는 불멸한다고 하였다. 따라서 사람을 죽이는 자도 죽임을 당하는 자도 없으며, 가르치는 자도 가르침을 받는 자도 없고, 아는 자도 알게 하는 자도 없다고 주장한다. 예를 들어 칼로 사람을 찌른다고 해도 '상대방의 생명을 빼앗은 것이 아니라, 칼이 신체의 요소 사이에 들어간 것'에 불과한 것이라고 주장하였다.

선업과 악업의 인과를 부정한다는 점에서는 도덕부정론과 유물론에 가깝다.

⑥ 자이나교 : 니간타 나타풋타(Nigaṇṭha Nātaputta)

불교와 마찬가지로 비정통非正統 바라문교에서 출발한 출가주의出家主義 종교이다. Nāta는 나타족 출신이라는 뜻이며, Nātaputta는 '속박을 벗어난 자'라는 의미이다. 최고의 완성자를 지나(Jina:勝者)라고 부르고, 그의 가르침이라 하여 지나교 또는 자이나교(jaina)라고 하였다. 교조 마하비라(Mahāvīra)는 베살리 부근 왕족 출신으로 부처님보다 연배이다. 32세에 출가해 12년간의 고행으로 완전지完全智를 얻었으며, 30년간 교화 활동하고 72세에 입멸했다.

마하비라는 바라문교에서 주장한 우주를 창조한 주재신의 존재를 인정하지 않았다.

윤회와 업 사상은 身신·口구·意의 3업 중 3벌을 세우고 결과를 중시하였다. 업을 소멸하기 위해서는 계율을 지키고 고행이 필요한데, 출가에 의해서만 가능하다고 보았다.

7각지七覺支(saṁbojjaṅga)

37조도품 가운데 하나이며, 7각분七覺分이라고도 한다. 지혜로서 참되고 거짓되며, 옳고 그릇된 것을 살펴 골라내고 알아차리는 일곱 가지이다. 이 일곱 가지는 깨달음의 요인, 혹은 깨달은 사람이 되기 위한 필수 요인이라고 할 수 있다.

① 택법擇法(dhamma-vicaya) : 지혜로 모든 법을 살펴서 좋은 것은 골라 내고 나쁜 것은 버리는 것

② 정진精進(viriya) : 수행에 도움 되지 않는 고행이나 그릇된 수행을 배제하고, 바른 도에 나아갈 수 있도록 정진하는 것

③ 희喜(piti) : 법을 얻어 기뻐하는 것

④ 경안輕安(passaddhi) : 몸과 마음이 경쾌하고 밝아진 상태

⑤ 사捨(upekkhā) : 바깥 경계에 집착하던 마음을 여의고, 평온을 유지하는 것

⑥ 정定(samādhi) : 삼매에 들어 번뇌 망상을 일으키지 않는 것

⑦ 염念(sati) : 알아차림을 잘 유지하는 것

7정화七淨華

일곱 가지 청정한 덕을 꽃의 청정에 비유한 것인데, 구마라집이 붙인 호칭이다.

① 계정戒淨 : 신구의 3업이 청정해 처음부터 끝까지 청정한 것

② 심정心淨 : 3승三乘으로 모든 번뇌를 굴복한 것

③ 견정見淨 : 참된 성품의 마음을 보는 것으로, 더 이상 망상이 일어나지 않는 상태

④ 도의정度疑淨 : 진리에 대한 견해가 깊어 일체 의혹을 끊은 것

⑤ 분별도정分別道淨 : 선악시비를 잘 분별해 어긋나지 않고 정당한 판단을 내릴 수 있는 것

⑥ 행단지견정行斷知見淨 : 행行이란 고난苦難 · 고역苦易 · 낙난樂難 · 낙역樂易 4행이고, 단斷이란 모든 의혹됨을 끊는 것이다. 곧 무학진지無學盡智 · 무생지無生智를 증득해 실천할 바와 끊는 바를 알고 통달해 분명한 것

⑦ 열반정涅槃淨 : 정각을 성취해 해탈한 것

8정도八正道(ariya aṭṭhangika magga)

정견正見 · 정사유正思惟 · 정어正語 · 정업正業 · 정명正命 · 정정진正精進 · 정념正念 · 정정正定

8정도는 해탈 · 열반을 얻기 위한 근간이며, 열반으로 인도하는 수행법이다. 최초 설법이라고 할 수 있는 중도中道의 실천행이며, 4성제 설법 가운데 마지막 도성제의 실천이고, 37조도품 가운데 하나이다.

중도 = 3학 = 8정도				* 빨리어표기
3학三學		8정도八正道(ariya-aṭṭhangika-magga, 아리야 아탕기까 막가)		
중도中道 majjhimā-paṭipadā (맛지마-빠띠빠다)	계戒 sīla	정어正語	바른 말	sammā-vacca (삼마-왓짜)	바르게 말하여 거짓이 없이 참된 말이다. 양설 · 악구 · 망어 · 기어 등을 하지 않고 좋은 말과 칭찬 등의 말을 하는 것이다.
		정업正業	바른 행위	sammā-kammanta (삼마-깜만타)	신체적으로 올바르게 행동하는 것으로 살생 · 도둑질 · 사음 등 그릇된 행위를 하지 않는 것이다.
		정명正命	바른 생활	sammā-ajīva (삼마-아지와)	바른 생계인데, 무소유적인 수행이다. 재가자 입장에서는 정당한 방법으로 의식주를 구하는 것이다.
		정정진正精進	바른 노력	sammā-vāyāma (삼마-와야마)	끊임없이 노력하여 물러섬이 없는 마음이다. 선법善法과 불선법不善法을 제대로 판단해서 선법을 행하고자 노력하는 것이다. 37조도품 중 4정근正勤이 해당됨. ** 네 번째 정정진은 견해에 따라 계정혜 3학 모두에 포함시키기도 한다.
	정定 samādhi	정념正念	바른 사띠	sammā-sati (삼마-사띠)	몸과 마음에서 일어나고 움직이는 현상을 순간순간 알고 관찰해서 기억하는 것이다. 곧 4념처 수행을 말한다.
		정정正定	바른 삼매	sammā-samādhi (삼마-삼마디)	바르게 집중 혹은 몰입하는 것이다.

중도 = 3학 = 8정도				* 빨리어표기
중도 中道 majjhimā -paṭipadā (맛지마– 빠띠빠다)	혜慧 paññā	정견 正見	바른 견해	samma -diṭṭhi (삼마–딧티)	"4성제의 교법을 분명히 앎으로써 있는 그 대로 보는 견해(것)이다."**99** "무엇이 나쁜 것이고, 무엇이 나쁜 것의 뿌리이며, 무엇이 좋은 것이고, 무엇이 좋은 것의 뿌리인지 분명히 아는 것" ↳『Majjhima-nikāya』 정견은 가르침의 전반적인 지식이자, 올바른 세계관과 진리관이다.
		정사유 正思惟	바른 사유	samma -saṅkappa (삼마–상깝빠)	올바른 견해에 입각해 건전한 마음자세를 갖는 것이다. 곧 욕망에서 벗어나는 마음, 살생·해코지하는 마음(不害), 세속적인 마음을 없애고, 평화롭고 자애로우며 번뇌가 없는 마음을 갖는 것이다(자비희사).

10대 제자

지혜智慧 제일 – 사리불(Sāriputta)

다문多聞 제일 – 아난(Ānanda)

밀행密行 제일 – 라후라(Rāhula)

계율戒律 제일 – 우바리(Upāli)

두타頭陀 제일 – 가섭(Kassapa)

신통神通 제일 – 목련(Moggallāna)

천안天眼 제일 – 아나율(Ānuruddhā)

설법說法 제일 – 부루나(Puṇṇa)

99　4성제는 부처님이 깨달으신 내용이며 가르침으로 이 4성제를 벗어나지 않는다. 잡아함『초전법륜경』에 의하면, "눈이 생겨나고, 지혜가 생겨나며, 통찰이 생겨나고, 밝음이 생겨나며, 광명이 생겨났다. 이와 같이 사성제에 관한 지혜와 견해가 청정해진 연후에 비로소 가장 높은 최상의 깨달음(無上正等正覺)을 얻는다."라고 하였다.

논리論理 제일 – 가전연(Kaccāna)

해공解空 제일 – 수보리(Subhūti)

10업業

업은 선업善業과 악업惡業으로 나뉘는데, '업'이라는 개념은 일반적으로 악업의 개념으로 통용되어 쓰인다.

① 신身 : 살생殺生 · 투도偸盜 · 사음邪淫

② 구口 : 망어妄語 · 기어綺語 · 양설兩舌 · 악구惡口

③ 의意(=3독毒) : 탐욕 · 성냄 · 어리석음

12연기설十二緣起說

괴로움의 발생구조와 소멸하는 구조를 설해 놓은 가르침이다. 12연기는 잠깐 동안 일어나는 연기緣起로 보기도 하고, 한 생 동안의 연기로 보기도 하며, 2생·3생에 걸쳐 있는 연기로 보기도 한다. 부파·대승불교시대에 3세三世에 걸쳐 인과가 걸쳐있다는 12연기설이 대두되었는데, 이를 '3세양중인과三世兩重因果'라고 한다(12연기설은 우주의 형성 원리와 구성 원리를 설명한 것으로 확대해석할 필요는 없다).

1	무명無明	avijjā 아윗자	4성제에 대한 무지 ↔ (正見) 무상·고·무아에 대한 무지	과거
2	행行	samskāra 상카라	무명을 조건으로 업력業力이 축적되어 잠재적으로 형성된 작용, 의지작용	2因
3	식識	viññāṇa 윈냐나	형성된 업력에 의해 인식이 생겨남. 과거와 현재를 이어주는 의식(結生識)	현재
4	명색名色	nāma-rūpa 나마루빠	정신과 육체(5온五蘊)	5果

5	6입六入	saḷāyatana 살라야따나	6근(眼·耳·鼻·舌·身·意)이 갖추어짐	
6	촉觸	phassa 팟사	근根과 대상 경계(境)가 만나 6식六識이 발생한 상태의 접촉	현재 5果
7	수受	vedanā 웨다나	즐거움·괴로움·즐겁지도 괴롭지도 않음	
8	애愛	taṇhā 탄하	감수 작용으로 받아들인 것에 대한 갈애, 애에도 세 가지가 있다. 욕애欲愛는 감각적인 욕망, 유애有愛는 다음 행복한 세계에 태어나고자 하는 욕망, 無有愛는 생을 받지 않고 싶은 욕망	현재 3因
9	취取	upādāna 우빠다나	갈애로 인해 발생한 강한 집착	
10	유有	bhāva 바와	욕유·색유·무색유의 3가지 생존 양식으로 새롭게 태어나는 조건이 됨	
11	생生	jāti 자띠	태어남	미래 2果
12	노사老死	jarā-maraṇa 자라-마라나	늙고 죽음	

18 불공법不共法

10력+4무외+대비+3념주를 말하는 것으로, 부처님의 정신상에 구족한 위덕을 뜻한다. 32상 80종호는 부처님의 육신상의 수승함이다.

① 10력力 : 부처님만이 가지고 있는 마음의 열 가지 힘이다. ㉮ 옳고 그른 곳을 아는 지혜인 시처비처력是處非處力, ㉯ 중생들이 업을 받고 업이 만들어지는 인연과 그 과보를 아는 업이숙지력業異熟智力, ㉰ 해탈삼매와 선정을 아는 힘인 정려해탈등지등지지력靜慮解脫等持等至智力, ㉱ 모든 이들의 근기가 뛰어나고 하열함을 아는 힘인 근상하지력根上下智力, ㉲ 중생들의 하고자 하는 욕망을 다 알고, 청정치 못한 행을 하는 이에게는 청정토록 해 주는 힘인 종종승해지력種種勝解智力, ㉳ 모든 중생들의 온갖 경계를 아는 힘인 종종계지력種種界智力, ㉴ 도를

깨달아 해탈에 이를 곳을 아는 힘인 지처도력至處道力, ㉘ 모든 중생들의 숙세 인연을 아는 힘인 숙주수념지력宿住隨念智力, ㉙ 모든 중생들의 선악 업력을 아는 힘인 생사지력生死智力, ㉚ 모든 번뇌를 다 없앤 힘인 누진지력漏盡智力이다.

② 4무외四無畏 : 불보살이 설법할 때 두려움이 없는 네 가지이다. ㉮ 모든 법을 평등하게 깨달았으므로 누구의 비난도 두려워하지 않는 정각무소외正覺無所畏 ㉯ 온갖 번뇌를 끊었으므로 모든 어려움을 두려워하지 누영진무소외漏永盡無所畏 ㉰ 일체법을 통달하여 법을 설할 때, 막힘이 없는 설장법무소외說障法無所畏 ㉱ 부처님은 세간과 출세간을 벗어난 분이므로 세·출세간에 대한 법을 설할 때, 두려움이 없는 설출도무소외說出道無所畏이다.

③ 대비大悲와 3념주三念住 : ㉮ 중생이 부처님을 믿어도 환희심을 일으키지 않고 정념正念에 머묾 ㉯ 중생이 부처를 믿지 않아도 슬픔을 일으키지 않고 정념에 머묾 ㉰ 중생이 부처를 믿거나 비방해도 흔들리지 않고 정념에 머묾

37조도품三十七助道品(bodhipakkhiya dhamma)

깨달음을 위한 37가지 실천 항목으로, 37보리분법三十七菩提分法이라고도 하는데, 4념처·4정근·4신족·5근·5력·7각지·8정도를 말한다(자세한 설명은 각 용어 해설 참조). 『아함경』에서는 이 37가지 실천 항

목이 여러 곳에 설해져 있으며, 대승경전에도 언급되어 있다. 일곱 가지 항목은 각각 독립된 수행 방법의 체계를 이루어 그것 하나만으로도 수행이 완결된다. 5근이나 5력은 신참 수행인을 위한 것이라면, 7각지는 선정에 의해 열반에 도달하게 하는 것이다. 따라서 자신의 근기에 적합한 항목을 선택해서 수행해도 된다.

그러나 일승도一乘道는 4념처·4신족·5온과 4제를 관觀하는 수행법으로서 초보부터 최고의 깨달음에 이르는 수행까지 일관되게 행하는 수행법이다. 한편 "안반념安般念(호흡수행)으로부터 출발해 집중을 얻은 뒤, 4념처를 관하며 4념처에서 수행이 충분해지면 7각지 수행에 들어가 7각지의 숙달이 끝날 때, 비로소 해탈의 경지에 이른다는 것이다. 즉, 수행의 계위대로 수행해 나간다."(잡아함 29권, 810 『아난경』)고 설하고 있다.

무생법인無生法忍

일체법이 생도 멸도 없는 둘이 아닌 경지(不二)이며, 어느 위치이든 어떤 것이든 집착하지 않는 무주상의 경지를 말한다. 곧 보살은 무생법인을 성취해야 비로소 대승의 경계로 진입할 수 있다. 무생법인에 대해서는 대승불교 경전이나 어록에 자주 등장한다.

"입불이법문入不二法門이 설해질 때 모여 있던 대중 가운데 오천명 보살이 불이법문에 들어가 무생법인을 얻었다"-『유마경』「입불이법문품」

"마음과 그 대상을 다 깨닫고 나면, 망상은 더 이상 생기지 않는다.

망상이 생기지 않는 것, 이것이 곧 무생법인이다."-『마조어록』

"털 끝만큼도 사량 분별이 없으며 의지할 것도 없고, 달라붙을 것도 없는 한 줄기 투명한 흐름이 바로 자성自性의 무생법인이다."-『전심법요』

"혹 다시 어떤 사람이 일체법이 무아인 것을 알고, 무생법인을 성취한다면, 이 보살의 공덕은 재물로 보시한 공덕보다 훨씬 뛰어나다."-『금강경』

"무생법인은 실상법 가운데 지혜와 믿음과 정진이 증진하여 제근諸根이 더욱 예리해진다." 등『법화경』에서는 곳곳마다 부처님 법을 듣고 깨달음(무생법인)을 얻는다고 하였다.

선법善法

『쌍윳타니까야』에 선법을 이렇게 말하고 있다. "바른 법(善法)은 무엇인가. 계율의 청정이며, 견해의 올바름이다. 그와 같이 비구가 계율이 청정하고, 견해가 올바르면, 그 비구는 계율에 의지하고, 계율 위에 서서 4념처의 확립으로 나아간다." 해탈을 위해 바른 법을 닦아 나가는 것을 선법이라고 할 수 있다.

시방삼세

시방十方은 동서남북·4간방·상하이고, 삼세는 과거·미래·현재이다.

일체법(12처處·18계界·4대)

6근六根	안眼	이耳	비鼻	설舌	신身	의意
6경六境	색色	성聲	향香	미味	촉觸	법法
6식六識	안식	이식	비식	설식	신식	의식

12처는 6근+6경, 18계는 12처+6식, 4대는 지수화풍을 말한다.

5감을 통해서 색, 소리, 냄새, 맛, 촉감의 외부 정보를 받아들인다. 6번째 의意(mano)는 오감을 통해서 입력된 감각정보와 이미 예전 경험을 바탕으로 자신에게 저장되어 있는 인식 정보들과 유기적인 결합을 통해 담마(法)라는 대상을 인식한다. 즉 안팎의 모든 정보들은 마노의 대상인 담마로 처리된다. 이 담마들은 마노에 의해 항상 '나의 것'과 '내 것이 아닌 것'으로 분류하여 갈애를 만들고 분별심을 일으킨다. 또한 몸과 마음이 '나의 것'이라고 생각한다.

정토세계

일반적으로 정토 신앙은 불교에서는 세 곳이다. 동방東方 아촉불이 있는 묘희국 정토, 서방西方 아미타불이 있는 극락 정토, 미륵 보살이 있는 도솔천 정토이다. 현재 신앙으로 실천되고 극락세계는 서방 아미타불이다. 『유마경』에 등장하는 정토는 제1 불국품에 차방정토此方淨土(淨佛國土), 즉 유심 정토唯心淨土가 등장한다. 또한 제10 향적불품에 중향국 정토, 제12 견아촉불품에 무동부처님의 묘희국 정토가 나타나 있다. 중향국과 묘희국은 타방 정토他方淨土라고 볼 수 있다. 『유마경』에 등장하는 정토관은 마음 닦는 차원에서 정토세계를 묘사한 것이다.

진여眞如 · 여여如如

반야부 경전에서 여如는 ① 법계法界(법의 근원) ② 실제實際 ③ 진여眞如(여래의 깨달은 내용) ④ 공성空性으로 넓게 볼 수 있다. 여如(tathā)는 '이와 같이', '그와 같이', '저와 같이' 등의 부사인데, '그 자체로 있는 것', '있는 그대로가 곧 진실인 것', '사실인 것', '진리인 것'이라는 의미이다.

이에 여래는 진실을 깨닫고, 진실을 보며, 진실을 말하고, 진실을 행하는 분이다. 여래란 법과 일체가 된 것, 진리와 일체가 된 것을 말한다. 『대지도론』에서 여래란 '법의 모습대로', '법상法相 그대로', '진실의 모습 그대로 이해하는 것'으로 보면 이해하기 쉽다. '여래'에 대해 정리해 보면 이러하다.

① 여래는 '있는 그대로가 곧 진실'인 것, '사실인 것', '진리인 것'을 의미한다. 지혜로써 제법諸法의 실상實相을 깨달은 사람을 '여래'라고 부른다. 한편 법法의 모습대로, 법상法相 그대로 이해하는, 그 자체를 여래라고 부르기도 한다.

② 여래란 '진리를 깨닫고, 진리를 설한다'는 뜻으로 해석하는 것이 전반적인 해석이다. 그래서 우주적 진리 그 자체를 뜻하는 여如 앞에 진眞이란 글자를 붙여 진여眞如라고 한다.

③ 이런 진여 사상에서 발전되어 중기 대승불교 시대에 여래장·불성 사상이 등장한다.

'행行'의 여러 의미

① 5온의 행온行蘊은 '상카라(saṃkhāra)'라고 빨리어 발음으로 하는 것이 가장 정확한 해석이다.

② 5온에서의 행은 의지작용·의도·반응·심리현상 등이다.

③ 3법인 가운데 제행무상諸行無常의 행은 조건에 의해 생멸 변화하는 모든 현상(有爲法)을 의미하며, 복수로 쓰인다.

④ 12연기에서 행은 신身·구口·의意 3업으로부터 비롯된 일체 행위 및 경험의 집적되어 업력業力이 형성된 작용이다.

유마경

2023년 9월 10일 초판 1쇄 발행

옮긴이 정운 스님

펴낸이 이규만
편집 상현숙
디자인 아르떼203

펴낸곳 불교시대사
출판등록 제1-1188호(1991년 3월 20일)
주소 서울시 종로구 인사동 7길 12 백상빌딩 1305호
전화 02-730-2500
팩스 02-723-5961
이메일 kyoon1003@hanmail.net

ISBN 978-89-8002-181-9 03220